Frankreich
mit dem Wohnmobil

Etappenziel Sartène, die »korsischste Stadt Korsikas«

Thomas Cernak

FRANKREICH MIT DEM WOHNMOBIL

Die schönsten Routen von der Normandie
über die Côte d'Azur nach Korsika

BRUCKMANN

Auf Nebenstrecken
gemütlich durch's Land

INHALT

Spektakuläre Steilküste bei Porto im Westen von Korsika

WILLKOMMEN IN FRANKREICH

Jene, die Frankreich mit dem Wohnmobil erkunden, suchen mehr als Sonne und Strand. Sie treffen auf prunkvolle Schlösser, malerische Landschaften, spektakuläre Schluchten und pittoreske Altstädte – dazu auf monumentale Gotteshäuser sowie eine Lebensart, die Genuss und Leichtigkeit vereint.

Betörende Mischung

Das Land der Liebe und des Weins erstreckt sich von den Lavendelfeldern des Südens bis zu den schneebedeckten Alpen, vom Mittelmeer über die Pyrenäen zum Atlantik, von den Ardennen über das Elsass und Zentralmassiv bis in die Camargue. Geschmortes Lamm oder Hühnchen, Champagner, Croissants und delikater Käse haben auch die UNESCO überzeugt: Sie hat die »Cuisine Française« als immaterielles Kulturgut anerkannt. Bei den Gästen ebenso hoch im Kurs stehen Radfahren, Wandern und Schwimmen.

Die Milch macht's

Rund 400 französische Käsesorten soll es geben, mit Varianten sogar mehr als 1000 – davon tragen 45 das Gütesiegel AOP.

Das Auge isst mit

Egal, ob Vor-, Hauptspeise oder Zwischenmahlzeit: Das Servierte muss in Frankreich stets alle Sinne berühren, wie etwa dieser zarte Salat mit geräucherter Entenbrust auf dem Foto in einem Bistro in der Bretagne.

Felsen und Feinsand

Das Land verfügt über 5500 km Küste, darunter befinden sich die unterschiedlichsten Küstenformen: von Steilküsten über Kiesstrände bis zu feinen Sandstränden.

Rot-Weiß-Blau

Das Bressehuhn ist für die Franzosen ein besonderes Tier: Mit rotem Kamm, weißem Federkleid und blauen Beinen trägt es die Nationalfarben der Nation.

Bunter Trödel

Flohmärkte haben unter anderem ihren Ursprung in Frankreich. Woher ihr Name kommt, ist unklar. Eine Theorie bezieht sich auf die Lumpenhändler, die Kleidung mit Flöhen verkauften – eine andere auf die Vielfalt der angebotenen Dinge und das Gewusel der Menschen auf Plätzen und in den Gassen.

Mut zur Farbe

Pinkfarbene Klappstühle und hellblaue Fensterläden: Die Franzosen mögen es farbenfroh, was auch in den zahllosen Festen landauf, landab zum Ausdruck kommt – von entlegenen Bergdörfern bis zu den Karnevalshochburgen an der Côte d'Azur.

Mit dem Rad, Kamerad

2600 km Fahrradwege durchziehen Frankreich. »Véloroutes« bezeichnen die gesicherten und markierten Radwege. Daneben gibt es die »Grünen Wege« (»Voies Vertes«). Mit Streckenlängen zwischen 20 und 50 km und zahlreichen Sehenswürdigkeiten am Wegesrand eignen sich diese hervorragend für Radtouren mit der Familie.

Eldorado für Wohnmobilfahrer

Kein Land in Europa bietet mehr Stellplätze für Wohnmobile als Frankreich. Auch die Gebühren sind in der Regel moderat. Am Atlantik ist die Stellplatzdichte höher als am Mittelmeer. Fast jedes zweite Dorf auf dem Land bietet ebenfalls Stellplätze an. An der Côte d'Azur dagegen sind Wohnmobile oft nicht gern gesehen und daher sind viele Parkplätze dort mit »Stationnement Camping-Car Interdit« beschildert und man muss auf Campingplätze ausweichen – von einfach bis luxuriös. Manche Kommunen wandeln die alten »Camping municipal« in Reisemobilstellplätze um; die Sanitäranlagen bleiben dabei erhalten.

Wein und Weite im Vaucluse –
im Hintergrund der Mont Ventoux

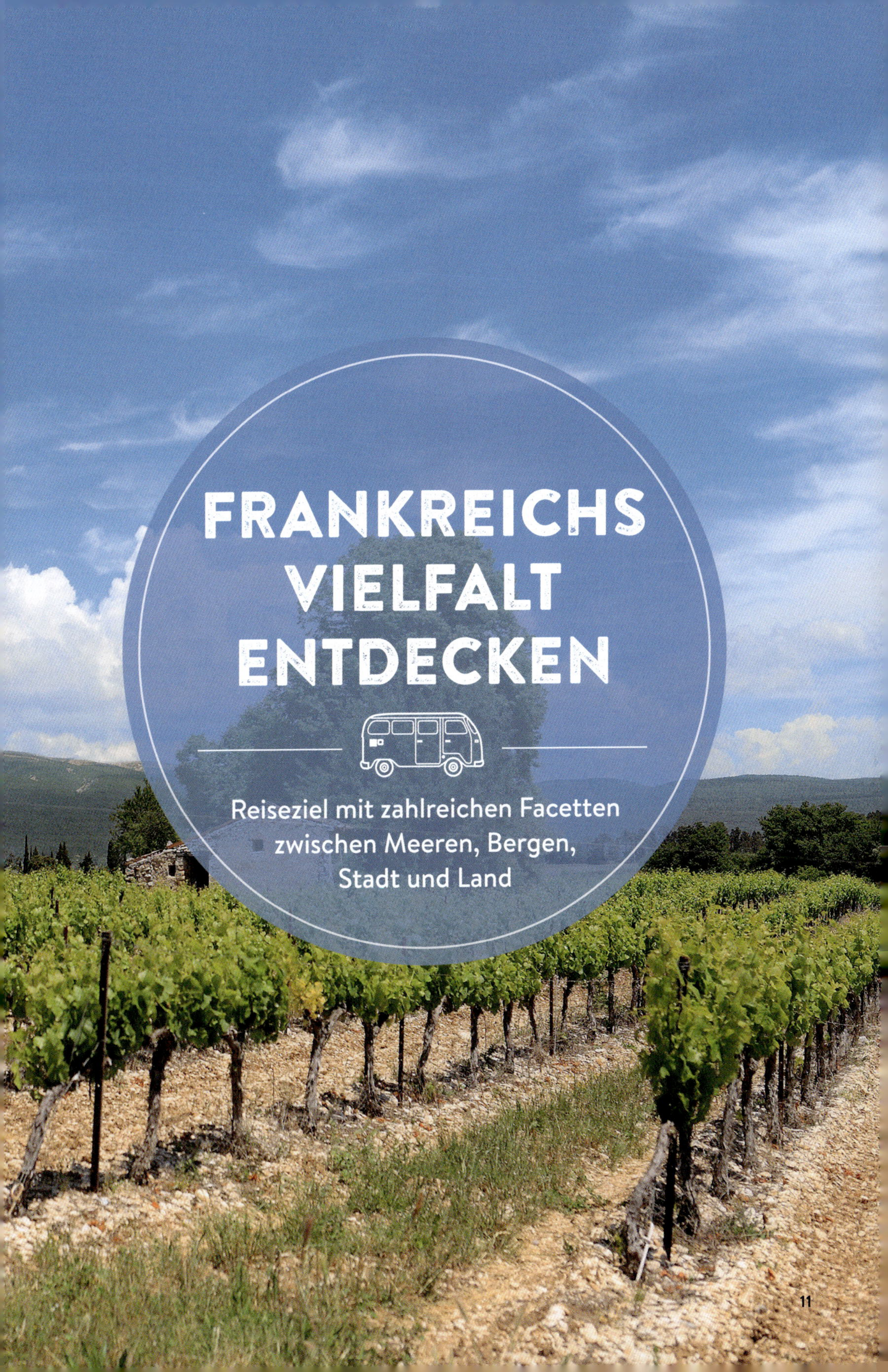

FRANKREICHS VIELFALT ENTDECKEN

Reiseziel mit zahlreichen Facetten zwischen Meeren, Bergen, Stadt und Land

Sonnenaufgang über der Düne von Pilat (Bucht von Arcachon)

Frankreichs Faszination gründet maßgeblich auf seinen vielfältigen Landschaftsformen, den genussfreudigen und den schönen Seiten des Lebens zugewandten Bewohnern sowie seiner großen Zahl an eindrucksvollen Bauwerken und Kulturgütern. Das Land mit dem Wohnmobil zu bereisen ist ein sehr individuelles Vergnügen, das immer mehr Freunde findet. Die in diesem Reiseführer vorgestellten Routen sind im Hinblick auf besonders reizvolle Nebenstrecken ausgewählt. Gut vorbereitet zählt diese ungezwungene Art des Unterwegsseins sicherlich zu den schönsten Reiseformen, um dem unverwechselbaren Charakter der »Grande Nation« nachzuspüren. Diesen bei den Nachbarn bisweilen spöttisch gebrauchten Begriff nutzten vermutlich erstmals die Bewunderer der Französischen Revolution außerhalb der Grenzen. Franzosen verwenden ihn selten und sprechen dann meist von »einer« (»une«) und nicht von »der großen Nation« (»la Grande Nation«). Sie billigen also die Rolle auch anderen Ländern zu. Von der Fläche gesehen ist das Land aus europäischer Sicht allemal riesig: Sie umfasst 543 965 Quadratkilometer (ohne Korsika und Überseegebiete) – bei einer maximalen Ausdehnung von 973 und 945 Kilometer in Nord-Süd- beziehungsweise Ost-West-Richtung. Frankreich ist somit der größte Flächenstaat in der Europäischen Union. Seine Form kommt einem Sechseck (Hexagon) nahe.

Kitesurfer am Strand Goaz-Treiz in Trébeurden/Bretagne

Das Landschaftsbild bestimmen überwiegend Ebenen und sanfte Hügel. An den Grenzen präsentiert sich das Land weitgehend gebirgig. Es reihen sich dort aneinander (im Uhrzeigersinn von Norden aus): die Ardennen, Vogesen, Jura und Westalpen, wo auch der 4808 Meter hohe Mont Blanc – Frankreichs höchster Berg und zudem höchster Alpengipfel – in den Himmel ragt. Weitere bedeutende Erhebungen sind das Zentralmassiv im mittleren und die Pyrenäen im äußersten Süden, der eindrucksvolle, 430 Kilometer lange Gebirgskamm zu Spanien. Andorra, Belgien, Luxemburg, Deutschland, Schweiz, Italien und Monaco heißen die weiteren Anrainerstaaten. Auf über 3100 Kilometer Gesamtlänge erstrecken sich die oft feinsandigen Küsten an Nordsee, Atlantik und Mittelmeer.

Die Hauptstadt ist Paris mit rund 2 176 000 Einwohnern. Sie bildet zusammen mit dem Gemeindeverband Métropole du Grand Paris und den umliegenden Orten der Region Île de France den größten Ballungsraum der Republik mit ungefähr 12 533 000 Menschen. Zum unverwechselbaren Landschaftscharakter tragen die zahlreichen Flüsse und Bäche bei, die mal langsam dahinplätschernd, mal wild schäumend das Land durchqueren – ebenso die zahlreichen meist kleinen Seen und Weiher. Die beiden längsten und historisch bedeutsamsten Ströme Loire (1020 km) und Seine (775 km) entspringen im Zentralmassiv. Während sie nordwärts fließen, schlägt die Dordogne, welche dort ebenfalls ihren Ursprung hat, den Weg nach Westen ein. Deren idyllischer Verlauf ist unter anderem Thema in diesem Buch (Route 9).

MIT ALLEN WETTERN

Aufgrund der Lage zwischen den Meeren ist das Klima Frankreichs, von entlegenen Bergregionen abgesehen, ausgeglichen und mild. Die drei Klimazonen – maritim, mediterran, kontinental – stoßen im Zentralmassiv aufeinander und bescheren der Mittelgebirgsgegend eine wechselhafte Witterung. Ausgesprochen maritime klimatische Verhältnisse herrschen in der Bretagne und an der übrigen Atlantikküste. Dies schließt mit ein, dass man in diesen meernahen Gebieten zu allen Jahreszeiten mit Niederschlägen rechnen muss und die Temperaturen gemäßigt sind, besonders wegen des beinahe ständig wehenden Windes.

Da der Golfstrom die Süd-Bretagne streift, sind ihre Winter in einem schmalen Band angenehm mild. Die Temperaturunterschiede zwischen Sommer und Winter sowie zwischen Tag und Nacht werden landeinwärts

Im Schutz der Bastion: der Hafen von Bonifacio an Korsikas Südspitze

rasch größer. Südlich und südwestlich des Zentralmassivs gewinnt das Mittelmeerklima mit heißen Sommern und Sonne satt großen Einfluss, je näher man sich der Küste nähert – unterbrochen lediglich von feuchtwarmen Winden, »marin« genannt, die im Frühjahr und Herbst auf die Südhänge des Zentralmassivs treffen und in deren Stau zu Starkregen führen. Betroffen sind auch, wenngleich in abgeschwächter Form, die Region Albi und die Provence mit dem

Vaucluse. Typisch – besonders für die Normandie – ist ein Wechsel aus Sonne und Wolken, begleitet von rasch durchziehenden Regenfronten oder kurzen Schauern.
Die meisten Sonnenstunden darf man in einem breiten Streifen von der bretonischen Südküste (1950 Std./Jahr) über Südfrankreich (2400 Std.) bis zur Côte d'Azur mit bis zu 2800 Stunden erwarten. Schon im Februar kann man dort etwa an der Mimosenstraße im Durchschnitt täglich fast sechs Stunden die Sonne genießen. Auch im Herbst präsentiert sich das Wetter an der azurblauen Küste oft spätsommerlich – ab Oktober jedoch unterbrochen von ersten kräftigen Regenfällen, die den kurzen Winter einleiten.
Viele Campingplätze schließen spätestens im November. Ein wichtiger Klimafaktor in ganz Südfrankreich sind die Winde, etwa der berühmt-berüchtigte Mistral, der in Sturmstärke durchs Rhône-Tal fegt. Besonders heftig bläst dieser im Frühjahr, wenn sich im Golf von Lyon ein Tiefdruckgebiet eingenistet hat. Dann strömt Kaltluft aus den Alpen wie durch eine Düse zum Mittelmeer. Im Gegensatz dazu gelingt es hin und wieder im Sommer dem heißen afrikanischen Schirokko, bis Lyon vorzudringen. Anders sind die Bedingungen am Atlantik, wo – bedingt durch das kalte Meerwasser – die Temperaturen bis Juni nur langsam steigen. Auch endet die Badesaison etwa in der Bretagne schon Ende August, etwa zwei Wochen länger dauert sie an der Küste um Biarritz.
Wegen der hohen Berge gibt es mehrere Klimazonen auf Korsika. Die Winde spielen auch hier eine große Rolle: Bastia etwa wird durchschnittlich an mehr als 100 Tagen im Jahr vom staubigen Schirokko heimgesucht. An den Küsten überwiegt mediterranes, in den Bergen kontinental alpines Klima. Baden kann man normalerweise von Mitte Mai bis Ende Oktober. Im Landesinneren der Insel schneit es gelegentlich noch im Mai, weshalb sich diese Zeit besonders für Wanderungen im Vorgebirge empfiehlt. Bei Bergtouren im Sommer sollte man für jedes Wetter ausgerüstet sein.

Willst du Streit? – futterneidische Inselbewohner

WAS DA SO ALLES WÄCHST

Gemäß seiner Größe weist das Land viele Vegetationsformen auf. Landwirtschaft und die Abholzung für den Schiffsbau haben die einst dichten Wälder Frankreichs auf etwa 30 Prozent der Landesfläche zurückgedrängt. Umgekehrt sind die weiten Kiefernwälder entlang der südlichen Atlantikküste – sie bilden mit rund 10 000 Quadratkilometern das größte zusammenhängende Waldgebiet – das Ergebnis von umfangreichen Aufforstungsmaßnahmen im 19. Jahrhundert. Allerdings richtete dort Sturm »Klaus« im Jahr 2009 schwere Schäden an.
Steineichen und Strandpinien aus dem Mittelmeerraum gedeihen im gemäßigten Klima

↑ Ein Leuchtturm markiert die Hafeneinfahrt in Bonifacio. ↓ Herausgeputzt: Landhaus in der Süd-Champagne

↑ Reben an den Hängen des Uomo di Cagna (Korsika) ↗ Spaziergang durch die Altstadt von Bormes-les-Mimosas ↘ Herrlich, dieses Panorama! Küstenwanderweg bei Collioure

Aquitaniens erstaunlich gut. In der Bretagne und Normandie überwiegen Eichenwälder im Wechsel mit Heide und Ginsterbüschen. Landeinwärts gewinnen Birken, Eschen, Linden und Weißbuchen die Oberhand. Immergrüne Eichen- und Pinienwälder prägen den mediterranen Süden, die in den Höhen von Kastanien- und Kiefernwäldern verdrängt werden. Den Ölbaum führten vor 2500 Jahren die Griechen ein; er fand daraufhin bis weit ins Rhône-Tal hinein Verbreitung. Die Macchia (frz. »maquis«) besteht aus einem Sträucherdickicht, das sich nach dem Raubbau in den vergangenen Jahrhunderten großflächig ausgebreitet hat. Die Provence ist in aller Welt berühmt für ihre aromatisch duftenden Kräuter wie Rosmarin und Thymian, ebenso für ihre ins Auge stechenden Lavendelfelder.

In Frankreich sind Jagen und Angeln sehr populäre Freizeitbeschäftigungen, was die Wild- und Fischbestände sehr reduziert hat. Eidechsen, Geckos und Schildkröten leben versteckt in schwer zugänglichem Gelände im Süden. Wer sich dort hineinwagt, trifft nicht selten auch auf Nattern und Vipern. Zurzeit gibt es acht Nationalparks, die sich weitgehend auf das Hochgebirge beschränken (www.parcsnationaux.fr). Der bekannteste ist der Parc National des Pyrénées (www.pyrenees-parcnational.fr). Dazu kommen, gleichmäßig im ganzen Land verteilt,

48 Regionale Naturparks. Sie befinden sich meist in ländlichen Gebieten, die mit starker Abwanderung zu kämpfen haben. Die eingerichteten Gebiete sollen sowohl das Ökosystem als auch den Tourismus stärken und somit den Bewohnern eine Existenzgrundlage bieten.

Auf dem französischen Festland leben rund 65 Millionen Menschen. Ihre Verteilung unterscheidet sich jedoch deutlich von der in Deutschland. Während in Deutschland die Bevölkerungsdichte 227 Einwohner pro Quadratmeter beträgt, liegt sie in Frankreich mit 106 Einwohnern deutlich niedriger. Fast 80 Prozent der Franzosen wohnen in Städten und gleichzeitig zählen 80 Prozent der Gemeinden weniger als 1000 Seelen. In manchen Gegenden haben über die Hälfte der Gemeinden sogar weniger als 250 Einwohner. Die französische Sprache hat sich aus dem Vulgärlatein entwickelt, das die keltischen Gallier von den römischen Eroberern übernahmen. Einige keltische Wörter blieben jedoch bis heute erhalten. Die Sprache des Königs und seines Hofs wurde 1539 zur Amtssprache. Daneben existieren aber in Frankreich viele weitere Sprachen, die trotz jahrhundertelanger Verbote nicht nur überlebt haben, sondern seit den 1970er-Jahren eine gesteigerte Wertschätzung erfahren. Dazu gehört beispielsweise das Okzitanische, das noch millionenfach in der Südhälfte gesprochen wird. Im Elsass und in Teilen Lothringens halten etwa eine halbe Million Menschen das alemannische Elsässerditsch aufrecht. Basken und Bretonen sind besonders stolz auf ihre Sprachen, was sie mit der Forderung nach hoher Eigenständigkeit verbinden.

Gefiederter Freund am Radweg in Meung-sur-Loire

KRIEG UND FRIEDEN

Frankreich ist eine demokratisch-parlamentarische Republik, wobei der Staatspräsident über eine große Macht verfügt. Ganz am Anfang der französischen Nation stand die Teilung des Frankenreichs im Jahr 843. 987 folgte die Krönung von Hugo Capet zum ersten französischen König. Die erste Republik wurde 1792 ausgerufen. Nationalfeiertag ist der 14. Juli; er erinnert an den Tag des Sturms auf die Bastille im Jahr 1789. In drei fürchterlichen Kriegen standen sich Deutsche und Franzosen ab 1870 als erbitterte Feinde gegenüber. Umso bemerkenswerter erscheint die völlige Aussöhnung zwischen beiden Ländern, die im 1963 geschlossenen deutsch-französischen Freundschaftsvertrag (Élysée-Vertrag) besiegelt wurde; er regelt den Austausch und das Miteinander auf den Feldern Politik, Wirtschaft und Kultur.

Seit dem 1. Januar 2016 ist das Land in 13 teils neu gefasste Regionen gegliedert. Unverändert erhalten blieben zum Beispiel Bretagne und Normandie. Zusammengelegt etwa wurden Burgund und die Franche-Comté oder Aquitanien, das jetzt mit

Limousin und Poitou-Charentes die Region Nouvelle Aquitaine bildet. Die Regionen sind in 96 Départements unterteilt. Jene Départements, die von einem Präfekten geleitet werden, nennt man Arrondissements. Diese sind wiederum in Kantone und Gemeinden gegliedert.

Zwei Drittel der exportierten landwirtschaftlichen Produkte – darunter Obst, Gemüse und Wein – gehen in die weiteren Länder der Europäischen Union. Der Norden gilt als die Kornkammer. Im Süden und in den Gebirgen dominiert die Viehzucht. Die Almwirtschaft beispielsweise in den Pyrenäen ist extrem rückläufig, was zu einer Verwilderung der Weideflächen führt. Frankreich ist nach wie vor in puncto Qualität das weltweit führende Weinerzeugerland. Zu den Hauptanbaugebieten gehören unter anderem Bordelais, Burgund und die Champagne. Die Hauptfangzonen der Fischerei liegen im Atlantik und an der Kanalküste; 30 Prozent aller Kutter sind in den Häfen in der Bretagne registriert. Bedeutende bretonische Häfen sind zum Beispiel Lorient oder Erquy. Einen großen Anteil am Gesamtumsatz haben die Austern- und die Muschelzucht.

Nur eine von vielen Wein-Routen, die durchs Burgund führen

AUF DEM RICHTIGEN WEG

Das weiträumige Land durchzieht ein engmaschiges, gut ausgebautes Straßennetz. Infolge der dünnen Besiedlung gibt es sehr viele kleine Nebenstrecken. Alle Straßen zusammen haben eine Länge von mehr als einer Million Kilometer. Von den etwa 12 000 Kilometer Autobahnen sind ungefähr drei Viertel gebührenpflichtig; diese werden von Privatgesellschaften betrieben. Kostenfrei zu befahrene, vom Staat unterhaltene Nationalstraßen verlaufen sehr häufig parallel.

Im 18. Jahrhundert entstand in Frankreich ein regelrechter Boom in Sachen Kanalbau, was zu einem einzigartigen Wasserstraßennetz führte. Seine Länge betrug 14 000 Kilometer, wovon heute noch etwa 6700 Kilometer genutzt werden und davon wiederum mehr als ein Drittel ausschließlich für touristische Zwecke. Sehr beschaulich wirken diese Strecken mit ihren vielen Schleusen. Kanäle wie den Canal du Midi und den Canal de Bourgogne kann man wunderbar auch mit dem Wohnmobil begleiten. Stellplätze mit Aussicht auf die vorbeifahrenden Schiffe und Hausboote sowie gemütliche Schleusencafés laden dazu ein.

Jedes Jahr besuchen weit mehr als 70 Millionen Menschen Frankreich. Ein Großteil von ihnen sind Urlauber. Die Deutschen bilden mit etwa 13 Millionen Gästen das größte Kontingent, dicht gefolgt von den Briten mit ungefähr 12 Millionen. Der Tourismus ist ungeheuer wichtig für die französische Wirtschaft – als Devisenbringer rangiert er auf Platz eins. Große Wirtschaftszweige wie Landwirtschaft und Automobilbau sind in diesem Punkt weniger bedeutend.

Man spürt überall im Land, dass der Tourismus im Gegensatz zu einigen anderen Ferienländern ein entsprechend hohes Ansehen genießt. Dies kommt nicht nur im fast

Hier beginnt der Süden: liebliches Bauernland um Albi.

durchgehend guten gastronomischen Angebot zum Ausdruck, sondern auch im Campingbereich. Fast jeder Ort mit nur wenigen hundert Einwohnern verfügt über einen Camping- oder Wohnmobilstellplatz, nicht selten sogar über beides. Der Hauptgrund dafür liegt wohl darin, dass die Franzosen selbst leidenschaftliche Anhänger dieser zwanglosen Urlaubsform sind.

Das Gewerbe nennt sich offiziell »Hôtellerie de Plein Air«. Campingplätze sind demnach »Freiluft-Hotels« und stehen ebenbürtig neben anderen Beherbergungsbetrieben. Manche Gegenden, wie etwa das dünn besiedelte Limousin, zählen mehr Übernachtungen im Jahr auf Campingplätzen als in Hotels und Pensionen. »Camping Rural« ist eine weitere beliebte Unterkunftsform; sie entspricht unserem »Camping auf dem Bauernhof«. Mit geschätzten 10 000 Campinglätzen nimmt das Land in Europa den Spitzenrang ein. Aber man muss nicht immer gleich die großen Ferien dort verbringen. Wie wäre es zum Beispiel mit einem Wanderwochenende im Naturpark Vogesen oder einer kleinen Entdeckungstour durch Lothringen?

CAMPING MIT NIVEAU

Mehr als 300 Campingplätze in ganz Frankreich tragen das Gütesiegel »Camping Qualité«, die einzige und offizielle Auszeichnung für das Gastgewerbe unter freiem Himmel. Mit einer Teilnahme an dem Qualitätslabel verpflichtet sich der Betreiber zu einer

↑ Montalivet-les-Bains: Der Stellplatz liegt direkt an der Düne. ↓ Bezaubernde Abendstimmung am Kap Seninu auf Korsika

angemessenen Qualität der Leistungen sowie zu einer regelmäßigen Kontrolle des Campingplatzes alle drei Jahre anhand von über 500 Kriterien. Alle Plätze werden nach denselben Anforderungen kontrolliert: Ablauf der Reservierung und korrekte Informationen, Zugang, Lage und Umgebung, Empfang bei der Ankunft, generelle Sauberkeit, Zustand und Sauberkeit der Sanitäranlagen sowie der übrigen Einrichtungen und des Geländes (www.campingqualite.com).
Viele Gemeinden bieten darüber hinaus Gästen, die mit dem Wohnmobil reisen, gesonderte Stellplätze an. Dank ihnen sind die Campingurlauber auf ihren Touren durchs Land außerordentlich flexibel und können spontan Halt machen, wenn ihnen ein Ort besonders gut gefällt. Bei den Wohnmobilstellplätzen, häufig »Aire de Camping-car« genannt, handelt es sich in der Regel um ausgeschilderte Flächen. »Aire de Stationnement« oder »Aire d'Accueil de Camping-car« sind weitere gebräuchliche Bezeichnungen. Die Areale befinden sich etwa am Rand von Großparkplätzen und verfügen größtenteils über eine Ver- und Entsorgungsstation. Besonders bieten sie sich zum Beispiel für Einmalübernachtungen bei Stadtbesuchen an. Es gibt sowohl sehr schlichte, kostenlose als auch besser ausgestattete, gebührenpflichtige Stellplätze, die über sanitäre Anlagen verfügen. Mitunter ist das Umfeld parkähnlich gestaltet und wartet mit Picknickbänken auf. Oft schließen sich auch Freizeitanlagen mit Badestrand, Liegewiese und Sportanlagen an. Die Bezahlung erfolgt immer häufiger mit Kreditkarte am Parkscheinautomaten, aber auch reine Münzgeräte sind noch im Einsatz. Und manchmal kommt sogar noch – wie früher üblich – ein Gemeindemitarbeiter oder eine -mitarbeiterin mit einer umgehängten Zahltasche am Abend vorbei, um die kleine Übernachtungsgebühr zu kassieren – nicht selten bietet sich dabei eine gute Gelegenheit für ein Schwätzchen. Die maximale Verweildauer auf den Plätzen beträgt zwischen 24 Stunden und sieben Tagen. Zahlreiche Rastplätze in Frankreich – besonders auf Autobahnen – verfügen ebenfalls über Serviceeinrichtungen für Wohnmobilfahrer. Mit mehr als 4500 Entsorgungsstationen in Frankreich ist es einfach, sich umweltfreundlich zu verhalten. Das Übernachten auf Autobahnrastplätzen wird zwar geduldet, ist aber aus Sicherheitsgründen nicht zu empfehlen.

VON KUNST UND KULTUR

Weshalb reisen so viele Menschen gern nach Frankreich? Berge und Meer sind gewiss ein wichtiger Grund, Kunst und Kultur ein weiterer. Die Anfänge der Kunst reichen sehr, sehr weit zurück: Sie liegen in der Altsteinzeit um 30 000 vor Christus, als Menschen

Da geht's lang: Zufahrt zum Camping Navarre in Langres.

Tiere in Malereien auf Höhlenwänden verewigten. Im Périgord nördlich des Dordogne-Tals sind mehrere solcher Höhlen bekannt, zum Beispiel die Grotte von Lascaux, die man 1940 entdeckt hat und von der man heute eine Nachbildung besichtigen kann (www.archeologie.culture.gouv.fr/lascaux).

Aus der Jungsteinzeit (ab 7000 v. Chr.) datieren die mysteriösen Steinsetzungen rund um Carnac in der Bretagne. Ab etwa 2000 vor Christus stießen die Römer ins Land vor. Die Zeugnisse ihres Wirkens sind sowohl in Form von berühmten Arenen wie in Arles als auch in Städtchen wie Vaison-la-Romaine im Vaucluse zu bewundern, wo zahllose Relikte, wie etwa die erhaltenen Grundmauern eines großen Theaters, die frühere Pracht vor Augen führen. Auch Besançon, Reims und Toulouse besitzen beeindruckende Zeugnisse aus dieser Epoche. In den von Römern angelegten Thermen kann man vielerorts heute noch baden.
Zur Römerzeit kamen auch die ersten Christen nach Frankreich. Erste christliche Stätten entstanden, zum Beispiel in Nîmes und Metz (4. Jh.). Beeindruckende Gotteshäuser, darunter Saint-Philibert in Tournus in der heutigen Region Burgund-Franche-Comté, folgten etwa ab dem Jahr 1000. Erste namhafte Klöster wie in Germigny-des-Prés an der Loire wurden um 800 eingeweiht. Ab dem 11. Jahrhundert entwickelte sich langsam der romanische Stil. Den Namen bekam er, weil bestimmte Formen auf Vorbilder aus römisch-spätantiker und byzantinisch-orientalischer Zeit zurückgingen. Quadratische, kreis- und kugelförmige Bauelemente kennzeichnen die Romanik – besonders schön zu sehen in Rundbögen, Tonnen- und Kreuzgratgewölben. Cluny III galt als die größte und prächtigste romanische Kirche. Leider wurde sie nach der Französischen Revolution zerstört.
Während die Romanik in Cluny im Burgund ihr Zentrum hatte, kamen weiter im Süden die ersten Hallenkirchen auf. In Aquitanien indes orientierte man sich mehr an der byzantinischen Bauweise. Die Zisterzienser bauten vollkommen anders: schmucklos und sehr streng. Es entsprach ihrer Vorstellung einer asketischen Lebensweise. In Burgund zierten Tierskulpturen die Gotteshäuser, im Süden die Figuren von Christus und seinen Jüngern. Als eine Mischung von beidem gelten die herrlichen Darstellungen über dem Portal der Abteikirche in Moissac.

Nachtkorso in Mandelieu-La-Napoule: schrill, bunt und laut

BAUSTILE KOMMEN UND GEHEN

Wichtigster Baustil in Frankreich war über vier Jahrhunderte die darauf folgende Gotik. Ihre Glanzzeit war das 13. Jahrhundert, als die in die Höhe strebenden Kathedralen des Nordens entstanden, zum Beispiel in Reims oder Rouen. Spitzbogen, Strebepfeiler und Kreuzrippengewölbe waren die architektonischen Grundelemente. Riesige leuchtende Glasfenster betonten die Leichtigkeit. Der neu erworbene Wohlstand des Adels in die-

↑ Saint-Martin mit mächtigem Turm in Veules-les-Roses ↗ Place Nationale in Montauban, gesäumt von schönen Arkaden ↘ Ganz aus Holz errichtet: Sainte-Catherine in Honfleur

ser Zeit spiegelte sich im Bau von Burgen und Schlössern wider. Reiche Stadtbürger dagegen bauten repräsentative Wohnhäuser und besonders betuchte Gönner stifteten Hospize für die Armen, Alten und Vergessenen.

Im 16. Jahrhundert markierte die Renaissance, also die »Wiedergeburt« der Antike, den Übergang zur Neuzeit. Der gotische Spitzbogen wurde abgelöst durch den Rund- und den Korbbogen, auf das Kreuzrippengewölbe folgte die Kassettendecke. Doch jetzt standen nicht mehr Sakralbauten im Mittelpunkt, sondern prachtvolle Schlösser. König Franz I. ließ ruhende Schlossneubauten seines Vorgängers Karl VIII. fertigstellen und gab Blois und Chambord in Auftrag. Die Renaissance-Schlösser bekamen einen rechteckigen Hof, die Treppengestaltung zeigte den Einfluss eleganter italienischer Formgebung.

Die Barockzeit ging in Frankreich fast spurlos vorüber. Ausnahmen sind etwa das Rathaus im bretonischen Rennes, errichtet 1740, oder einige Prunkräume in Schloss Versailles. Ein wichtiges Kapitel der Kunstgeschichte in Frankreich ist der Impressionismus, jener subjektive Malstil, der Künstler wie Monet und Renoir in aller Welt berühmt gemacht hat. Es gelang ihnen meisterhaft, die je nach Tageszeit verschiedenen Lichtstimmungen auf der Leinwand einzufangen.

Noch ist's ruhig zum Saisonstart im Baskendorf Ainhoa.

LEBENDIGES BRAUCHTUM

Viele Menschen in Frankreich sehen sich in erster Linie als Bretonen oder Provenzalen und nicht als Franzosen, was sich auch in den zahlreichen traditionellen Festen widerspiegelt. Im Elsass und in Lothringen feiert man zum Beispiel Weihnachten mit besonders stimmungsvollen Märkten. Berühmt sind auch die im Lichterglanz erstrahlenden Nikolaus-Umzüge in Metz und Nancy.
In der Provence steht stets die festlich geschmückte Krippe mit bemalten Figuren aus Steingut oder Holz im Mittelpunkt.
Der Karneval wird nicht nur in Nizza groß gefeiert, sondern ebenso in Chalon-sur-Saône. Weinfeste bestimmen den Festkalender im ganzen Burgund. Die bretonischen Wallfahrten gelten als besonders ursprünglich. Im Elsass hat auch das Sauerkrautfest einen guten Namen. Der Almabtrieb in der ersten Oktoberhälfte lockt Tausende Besucher ins Münstertal.
Zu wichtigen Festen trägt man nach wie vor gern Tracht. Im Roussillon gehören Espadrilles (bunte Stoffschuhe), Zipfelmützen und Hüfttücher zur traditionellen Festtagsgarderobe. Man tanzt dort mit großer Hingabe die »Sardana«, einen Rundtanz, begleitet von einer großen Kapelle, die mit ungewöhnlichen Instrumenten für Stimmung sorgt. Die bretonischen Frauen schmücken sich mit kunstvoll bestickten Schürzen und Hauben sowie Halskrausen. Typisch für die baskische Männertracht ist die berühmte schwarze Mütze, die bei besonderen Anlässen auch mal rot sein darf.
Die Tänze im Baskenland mit ihren akrobatischen Darbietungen gelten als besonders spektakulär. Die Männer imitieren dabei das Krähen eines Hahns. Unter den Musikins-

trumenten stechen das »Ttun Ttun« hervor, eine Tamburin-Art, und die Flöte Xirula. In der Bretagne pflegt man auf ausgelassenen nächtlichen Festen (»Fest-noz«) keltische Volksweisen. Dabei sind vor allem Dudelsack und Harfe tonangebend.

FRANKREICH BITTET ZU TISCH

Von den lebensfrohen Festen ist es nur ein kurzer Weg zu gutem Essen. Auch in diesem Punkt kann die Bretagne glänzen: Für die Liebhaber von Fisch und Meeresfrüchten ist die große Halbinsel ein echtes Schlaraffenland. Beliebt ist ein großer Teller mit Seespinnenfleisch (»araignées«), Krebsen (»crabes«), Seeigeln (»oursins«) und zahlreichem anderen Salzwassergetier. Jakobsmuscheln (»coquilles Saint-Jacques«) gelten als eigenständige Delikatesse. Die besten Austern stammen angeblich von den Zuchtbänken in Cancale, wo sie unmittelbar nach der Lese in den zahlreichen Hafenlokalen serviert werden. Crêpes, dünne Pfannkuchen gefüllt mit Pikantem wie Schinken und Muscheln oder mit Marmelade und Eis, gelten als bretonische Nationalspeise.

Die Normandie muss sich mit ihrem Angebot aus dem Meer überhaupt nicht vor der Bretagne verstecken, wie der köstliche Fischtopf à la Dieppe (»marmite dieppoise«) zeigt. Seezunge normannisch (»sole normande«) bedeutet Meeresfrüchte und Champignons als Beilage. Unangefochtener Star unter den Käsesorten ist der Camembert. Fleischgenuss pur verspricht ein Kalbskotelett mit Calvados, Cidre und Sahne verfeinert (»côte de veau à la normande«), ebenso Lamm von den Salzwiesen (»agneau pré-salé«) rund um

Beste Auswahl: Spezialitätengeschäft Halle aux terroirs in Gaillac

↑ Abendlicher Streifzug durch die Gassen von Carcassonne ↗ Bretagne: hauchdünne Pfannkuchen an jeder Ecke

den Mont Saint-Michel. Wild wie Fasan und Perlhuhn, Fisch wie Karpfen und Forelle sowie Spargel und Erdbeeren sind einige der vielen Spezialitäten, die das Loire-Tal für Genießer bereithält.

Steinpilze, Nüsse und Trüffel bereichern im Herbst die feine, ländlich geprägte Küche Aquitaniens. Stopfleber von Enten oder Gänsen ist die ganz große Spezialität im Südwesten. »Zirkiro« ist der Name eines delikaten baskischen Hammelfleischspießes. Eine sanfte Schärfe zeichnet die heimische Chilischote (»piment d'Espelette«) aus, das Nationalgewürz im Baskenland. Der Elsässer liebt es vor allem deftig: angefangen bei Schlachtplatten, Fleischpasteten und Eintöpfen aller Art – und weiter über Flamm- und Zwiebelkuchen bis zum berühmten Munsterkäse aus der Milch der Kühe in den kleinen Vogesenbauernhöfen. Den legendären »Kugelhopf« gibt es sowohl mit Rosinen und Mandeln gespickt als auch mit Speck und Nüssen.

Burgund wartet mit dem aromatischen Fleisch der weißen Charolais-Rinder und der Bressehühner auf. Als weitere bekannte Gaumenfreuden gelten unter anderem der Senf aus Dijon und Schinken in Petersilienaspik.

Die provenzalische Küche nimmt eine Sonderstellung ein: Reichlich Olivenöl und Tomaten bilden hier die Geschmacksbasis – als Gewürze dienen hauptsächlich Knoblauch, Zwiebeln, Rosmarin, Thymian und Salbei.

Salade à la Bourgogne mit Weinbergschnecken und Petersiliensülze

↑ Trödelabteilung auf dem Wochenmarkt in Lavaur ↓ Sag's durch die Blume: Stand in Besançon.

Viele schätzen die »Bouillabaisse«, eine kräftige Fischsuppe mit ganzen Knoblauchzehen und Safran. Und fast jeder Deutsche kennt den »Salade Niçoise«, grünen Salat mit Thunfisch und Ei.
»Zarzuela« heißt ein Ragout aus Fisch und Meeresfrüchten, das gern im Languedoc-Rousillon auf den Tisch kommt. Das berühmte »Cassoulet« darf auch nicht unerwähnt bleiben: In den sehr deftigen Bohneneintopf aus den Midi-Pyrénées kommen Ente oder Gans, Schinken, Schweinshaxe, Speck und Knoblauchwurst.

IM WEIN LIEGT DIE WAHRHEIT

Zum guten Essen gehört – vor allem am Abend – ein guter Wein. Man bekommt ihn im Restaurant im Glas, in der Karaffe (0,5 l), als kleine oder normal große Flasche serviert.
In der Provence wuchsen schon Reben, als griechische Händler wahrscheinlich um 600 vor Christus in Massalia (Marseille) anlandeten, einer von Phöniziern gegründeten Stadt. Heute beträgt der Anteil französischer Weine an der Weltproduktion rund 20 Prozent. Bordeaux und Burgund sind klangvolle Namen, die einem sofort höchsten Genuss verheißen. Nach wie vor rufen die Weine von dort, trotz riesiger Konkurrenz aus Italien und Übersee, nicht nur bei Kennern große Entzückung hervor.
Nur der Schaumwein, der in der Champagne und nach festgelegten Regeln hergestellt wird, darf die Bezeichnung Champagner tragen. Beliebte Schaumweine aus anderen französischen Regionen heißen Mousseux oder Crémant. Falls bei ihnen das klassische Champagner-Verfahren zum Einsatz kommt, ist dies auf dem Etikett mit »Méthode traditionnelle« gekennzeichnet.
Frankreich gehört zu Recht zu den gefragtesten Reisezielen weltweit. Natur- und Kulturschätze, Küche und Weine bilden die Glücksformel für einen erholsamen Urlaub. Die charmante Republik im Herzen Europas bietet allen Reisenden mit Wohnmobil das Richtige für jeden Geschmack.

ETWAS FRANZÖSISCH

Es schadet nicht, ein paar französische Worte zu beherrschen. Die Franzosen freuen sich, wenn man versucht, ihre Sprache zu verstehen, und gerade in abgelegeneren Gegenden vereinfacht es den Urlaub ungemein. Nachfolgend haben wir einige wichtige Begriffe und Redewendungen thematisch zusammengestellt, die Ihnen bei der Verständigung helfen.

↑ Verkaufsgalerie im kunstsinnigen Honfleur
↓ Verschnaufpause im Vaucluse-Dorf Flassan

KLEINES WÖRTERBUCH

DAS WICHTIGSTE

bitte	**s'il vous plaît (s. v. p.)**
danke	**merci**
Entschuldigen Sie!	**Excusez-moi!**
geradeaus/links/rechts	**tout droit/à gauche/à droit**
Gern geschehen!	**De rien!**
Grüß dich/Hallo!	**Salut!**
Guten Abend!	**Bonsoir!**
Guten Tag!	**Bonjour!**
Hilfe!/Achtung! Vorsicht!	**Au secours!/Attention!**
Ich habe eine(n) Panne/Unfall!	**Je suis en panne/accident!**
Ich habe hier Schmerzen.	**J'ai mal ici.**
Ich heiße ...	**Je m'appelle ...**
Ich möchte/würde gerne ...	**J'aimerais ...**
Ich spreche kein Französisch.	**Je ne parle pas français.**
Ich spreche nur wenig Französisch.	**Je parle un tout petit peu français.**
Ich verstehe nicht.	**Je ne comprends pas.**
ja/nein	**oui/non**
Klappt/funktioniert nicht!	**Ne marche pas!**
Krankenwagen	**ambulance**
Polizei	**police**
Rathaus	**hôtel de ville**
Tschüs/Auf Wiedersehen!	**Salut!/Au revoir!**

HILFREICHE FRAGEN

Gibt es in der Nähe eine Werkstatt?	**Est-ce qu'il y a un garage près d'ici?**
Haben Sie ...?	**Vous avez ...?**
Können Sie mir bitte helfen?	**Vous pouvez m'aider, s. v. p.?**
Können Sie mir einen Abschleppwagen schicken?	**Est-ce que vous pouvez m'envoyer une dépanneuse?**
Sprechen Sie Deutsch/Englisch?	**Parlez-vous allemand/anglais?**
Verzeihung, wo ist ...?	**Pardon, où se trouve ... s. v. p.?**
Was ist das?	**Qu'est-ce que c'est?**
Wie bitte?	**Comment?**
Wie viel kostet das?	**Ça coûte combien?**
Wie viel Uhr ist es?	**Quelle heure est-il?**
Wo finde ich einen WLAN-Zugang?	**Où puis-je trouver un accès internet wi-fi?**
Wo gibt es hier ein gutes Restaurant?	**Pourriez vous m'indiquer un bon restaurant?**
Wo ist bitte die Toilette?	**Où sont les toilettes, s. v. p.?**
Wo ist die nächste Apotheke?	**Où est la pharmacie la plus proche?**
Wo ist die nächste Tankstelle?	**Où est la station-service la plus proche?**

Nur Feinstes vom Fisch, edel garniert im l'Épicurien in Orléans

ZAHLEN

0	**zéro**	19	**dix-neuf**
1	**un, une**	20	**vingt**
2	**deux**	21	**vingt et un/une**
3	**trois**	22	**vingt-deux**
4	**quatre**	30	**trente**
5	**cinq**	40	**quarante**
6	**six**	50	**cinquante**
7	**sept**	60	**soixante**
8	**huit**	70	**soixante-dix**
9	**neuf**	80	**quatre-vingts**
10	**dix**	90	**quatre-vingts-dix**
11	**once**	100	**cent**
12	**douze**	101	**cent et un**
13	**treize**	200	**deux cents**
14	**quatorze**	300	**trois cents**
15	**quinze**	1000	**mille**
16	**seize**	2000	**deux mille**
17	**dix-sept**	10 000	**dix mille**
18	**dix-huit**	1/2	**un demi**
		1/4	**un quart**

WOCHENTAGE

Montag	**lundi**
Dienstag	**mardi**
Mittwoch	**mercredi**
Donnerstag	**jeudi**
Freitag	**vendredi**
Samstag	**samedi**
Sonntag	**dimanche**

MONATE

Januar	**janvier**
Februar	**février**
März	**mars**
April	**avril**
Mai	**mai**
Juni	**juin**
Juli	**juillet**
August	**août**
September	**septembre**
Oktober	**octobre**
November	**novembre**
Dezember	**décembre**

SPEISEN UND GETRÄNKE

Es ist hilfreich und erspart Ihnen allzu große bzw. unerwünschte Überraschungen, wenn Sie die Speisekarten interpretieren können. Hier einige Speisen und Getränke, die Sie kennen sollten.

FRÜHSTÜCK	PETIT DÉJEUNER
Butter	**beurre**
Kaffee mit Milch	**café au lait**
schwarzer Kaffee	**café noir**
Müsli, Getreideflocken	**céréales**
Wurstaufschnitt	**charcuterie**
(heiße) Schokolade	**chocolat (chaud)**
Marmelade	**confiture**
koffeinfreier Kaffee	**décaféiné**
Käse	**fromage**
Früchte	**fruits**
Schinken	**jambon**
Fruchtsaft	**jus de fruit**
Honig	**miel**
weiches Ei	**œuf à la coque**
Rühreier	**œufs brouillés**
Spiegeleier mit Speck	**œufs au plat avec du lard**
Brot/Brötchen	**pain/petits pains**
Tee mit Milch/Zitrone	**thé au lait/au citron**
Kräutertee	**tisane/infusion**
Joghurt	**yaourt**

SUPPEN UND VORSPEISEN	SOUPES ET HORS-D'ŒUVRES
Krebssuppe	**bisque d'écrevisses**
Fischsuppe (Südfrankreich)	**bouillabaisse**
Hühnerbrühe	**consommé de poulet**
dünner Pfannkuchen aus Buchweizenmehl	**crêpe galette**
Gemüse, roh oder blanchiert	**crudités**
Schnecken	**escargots**
Bauernpastete	**pâté de campagne**

Leberpastete	**pâté de foie**
Pasta	**pâtes**
grüner Salat mit Speckwürfeln und Croûtons	**salade lyonnaise**
grüner Salat mit Thunfisch und Ei	**salade niçoise**
Räucherlachs	**saumon fumé**
Zwiebelsuppe	**soupe à l'oignon**
Fischsuppe	**soupe de poisson**

FLEISCH	VIANDES
Lamm/Lammkeule	**agneau/gigot d'agneau**
Steak	**bifteck**
Rindfleisch	**bœuf**
Eintopf mit Fleisch	**cassoulet**
eingemachtes Fleisch	**confit**
Gänse-/Entenstopf-leber	**foie gras d'oie/du canard**
Rippenstück vom Rind	**entrécôte**
Schnitzel	**escalope**
Grillplatte	**grillades**
Hackfleisch	**hachis**
Hammelfleisch	**mouton**
Schweinefleisch	**porc**
Braten	**rôti**
Kalbsragout	**sauté de veau**
blutig/halbdurch/durchgebraten	**saignant/medium/bien cuit**

GEFLÜGEL UND WILD	VOLAILLES ET GIBIER
Ente	**canard**
Hirsch	**cerf**
Rehkeule	**cuissot de chevreuil**
in Rotwein geschmorter Hahn	**coq au vin**
Truthahn/Pute	**dinde**
Fasan	**faisan**
Kaninchen	**lapin**
Hase	**lièvre**
Gans	**oie**
Perlhuhn	**pintade**
Huhn	**poulet**
Wildschwein	**sanglier**

FISCH UND KRUSTENTIERE	POISSONS ET CRUSTACÉS
Kabeljau	**cabillaud**
gebackener Tintenfisch	**calmar frit**
Jakobsmuscheln	**coquilles Saint-Jacques**
Garnelen	**crevettes**
Goldbrasse	**daurade**
Hummer	**homard**
Austern	**hûitres**
Seeteufel	**lotte**
Seewolf	**loup de mer**
Makrele	**maquereau**
Stockfisch	**morue**
Miesmuscheln	**moules**
Saibling	**omble chevalier**
Barsch	**perche**
kleine Fische, gebacken	**petite friture**
Rotbarbe	**rouget**
Zander	**sandre**
Seezunge	**sole**
Thunfisch	**thon**
Forelle	**truite**
Steinbutt	**turbot**

GEMÜSE UND BEILAGEN	LEGUMES ET GARNITURES
Artischocke	**artichaut**
Sauerkraut	**choucroute**
Zucchini	**courgettes**
Spinat	**épinards**
Fenchel	**fenouil**
Bohnen	**haricots**
Nudeln	**nouilles**
Zwiebeln	**oignons**
Erbsen	**petits pois**
Paprikaschoten	**poivrons**

Kartoffelkroketten	**pommes dauphine/ duchesse**
Salzkartoffeln	**pommes de terre nature**
Bratkartoffeln	**pommes de terre sautées**
Reis	**riz**
Tomaten	**tomates**

NACHSPEISEN UND OBST – DESSERTS ET FRUITS

Aprikosen	**abricots**
Kirschen	**cerises**
Löffelbiscuits mit Früchten und Vanillecreme	**charlotte**
Karamellpudding	**crème brûlée/flan**
Schlagsahne	**crème Chantilly**
Erdbeeren	**fraises**
Himbeeren	**framboises**
Kuchen	**gâteau**
Speiseeis	**glace**
Fruchtsalat	**macédoine**
Brombeeren	**mures**
Blaubeeren	**myrtilles**
Feingebäck	**pâtisserie**
Pfirsiche	**pêches**
Birnen	**poires**
Äpfel	**pommes**
Pflaumen	**prunes**
Trauben	**raisins**
Weinschaumcreme	**sabayon**
Apfelkuchen	**tarte aux pommes**

Die Pasteten eignen sich nicht zur Gewichtsreduzierung.

GETRÄNKEKARTE	LISTE DES CONSOMMATIONS
Espresso	**café (exprès)/ un petit noir**
Kaffee mit Schuss	**café arrosé**
Milchkaffee	**café crème/au lait**
Apfelwein	**cidre**
Apfelweinbrand	**calvados**
Cola	**coca**
helles/dunkles Bier/ ohne Alkohol	**bière blonde/brune/ sans alcool**
Flaschenbier	**bière bouteille**
Bier vom Fass	**bière pression**
Schnaps	**eau de vie**
Mineralwasser mit Kohlensäure/stilles	**eau minérale gazeuse/ plate**
Anislikör	**pastis/anisette**
Likör aus Traubensaft und Weinbrand	**pineau**
eine Karaffe Wein (0,5 l)	**une carafe/un pichet de vin**
ein Glas Weißwein	**une verre de vin blanc**
ein Viertel Rotwein	**un quart de vin rouge**

WEINBEGRIFFE	TERMES DU VIN
überwachte Herkunftsbezeichnung	**appellation d'origine contrôlée AOC**
Herkunftsbezeichnung seit 2010	**appellation d'origine protegée AOP**
leicht süß	**demi-sec**
süß	**doux**
trocken	**sec**
Weißwein aus roten/ weißen Trauben	**blanc de noirs/ blanc de blancs**
Weinkeller/Weinkellerei	**cave/caveau**
Rebsorte	**cépage**
Schlossgut	**château**
Lage, Weinberg	**clos**
Verschnitt	**cuvée**
Weingut	**domaine**
geschützte geografische Bezeichnung	**indication géographique protegée**
Flaschengärung bei Schaumwein	**méthode traditionnelle**
Jahrgang	**millésime**
abgefüllt bei …	**mis en bouteille …**
junger Wein	**nouveau**
Spätlese	**vendange tardive**
Wein ohne geografische Herkunftsbezeichnung	**vin sans indication géographique**

La Grange du Relais, Colombey/Champagne

↑ Feierabend für heute! – Fischer in Trébeurden in der Bretagne ↓ Ausflug zur Vogelinsel an der Côte de Granit Rose

DIE ROUTEN

14 spannende Strecken zwischen Ärmelkanal und Mittelmeer

Tarn-Metropole Albi, erbaut aus Ziegelstein

Grüner geht's nicht! Landschaft
Marais de Dol im Nordosten

1

WO DAS MEER UNAUFHÖRLICH AM GRANIT NAGT

Von Carnac nach Rennes rund um die bretonische Halbinsel

Tag für Tag Neues zu entdecken ist die Triebfeder, die das Reisen mit dem Wohnmobil zu einem außerordentlich spannenden Erlebnis werden lässt. Die besten Grundvoraussetzungen dafür bietet die Bretagne, der große, vom Atlantik umspülte Westzipfel Frankreichs. Das Gebiet ist überaus reich an Natur- und Kulturschätzen, dazu umgibt es – befeuert durch Mythen und Legenden – eine Aura des Geheimnisvollen. »Breizh« nennen die Bretonen ihr vom Wind geformtes, salzgetränktes Land. Es klingt wie eine Einladung, in das Abenteuer Bretagne einzutauchen und dem Zauber nachzuspüren. Der Ausruf »Be Breizh!« fällt daneben häufig, um guten Freunden »Viel Glück und Erfolg!« zu wünschen.

Zwei reizende Knirpse mit rotem zauseligen Schopf und lustigen Sommersprossen auf der Nase hüpfen ausgelassen hin und her. Es scheint, als wollten sie, mit bunten Schaufeln und Eimerchen ausgerüstet, den Strand für sich allein in Besitz nehmen. Das ist gut nachzuvollziehen, denn die Plage de Légenèse in **Carnac** an der bretonischen Südküste ist in der Tat ein außergewöhnlich schönes Fleckchen Erde: Aus dem puderzuckerfeinen, perlmuttschimmernden Sand ragen immer wieder seltsam geformte Granitsteine hervor.

Alt-Carnac auf einem Hügel, gekrönt von der Kirche Saint-Cornély

VIELES IM DUNKELN

Noch weitaus eigenartiger wirken jedoch die vor langer Zeit von Menschenhand angelegten Steinsetzungen, die sich am nördlichen Ortsrand von Carnac ausbreiten. Die Bedeutung der rund 3000 Menhire (aus dem Keltischen, zu Deutsch: lange Steine) ist gänzlich unbekannt. Waren die grob behauenen Blöcke Ausdruck eines religiösen Kultes oder dienten sie vielleicht astronomischen Berechnungen? Wie konnten die viele Tonnen schweren »Hinkelsteine« überhaupt transportiert werden? Fragen über Fragen, die kein seriöser Wissenschaftler bislang beantworten kann. Ebenso wenig weiß man, welche bis heute weitgehend unbekannte Zivilisation dafür verantwortlich ist. Als sicher gilt, dass es ein Seefahrervolk war, das vor annähernd 4500 Jahren lebte. Denn ähnliche Setzungen wie auch Steinkreise findet man überall in Europa ausschließlich in Küstennähe. Völlig einig sind sich die Forscher ebenfalls darin, dass Dolmen – das sind Gebilde aus Stützsteinen und Deckplatten – Grabkammern darstellten. Womöglich wird die Megalithkultur (von griechisch megas = groß, lithos = Stein) für immer ein ungelöstes Rätsel bleiben.

ROUTE 1

START- UND ENDPUNKT
Carnac und Rennes

BESTE JAHRESZEIT
April bis Oktober

STRECKENLÄNGE
651 Kilometer

FAHRZEIT
6 bis 8 Tage

MAUTSTRECKEN
keine

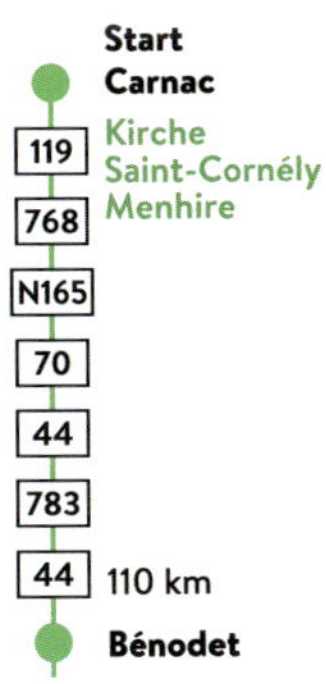

HILFE, DIE RÖMER KOMMEN

Und natürlich bietet diese alte Kultur Stoff für zahllose Legenden: So soll etwa der heilige Cornelius, früherer Oberhirte in Rom, sich strikt geweigert haben, dem antiken Kriegsgott Mars ein Opfer darzubringen, woraufhin er Hals über Kopf in die Bretagne floh. Doch das römische Heer heftete

Die schönen Strände von Carnac laden zum Verweilen ein.

↑ Kapelle Saint-Colomban, westlich von Carnac ↗ Locronan: Hortensien, wohin man schaut.

sich an seine Fersen. In seiner Not erbat der Geistliche Beistand von »seinem Gott«. Mit Erfolg: Die Armee erstarrte zu den genannten mysteriösen Ansammlungen, die das Umland von Carnac kilometerweit durchziehen. Große Steine stehen normalerweise in Gruppen, kleine meist geordnet in langen Reihen.

Carnac-Plage heißt der unmittelbar an der Küste gelegene Ortsteil. Er präsentiert zwei Gesichter: zum einen gediegene Viertel mit prächtigen Gründerzeitvillen im Schatten hoher Pinien, zum anderen neuzeitliche, umtriebige Straßenzüge mit plastikbestuhlten Eisdielen und Cafés. Von dort führt ein zirka viertelstündiger Spaziergang zum schmucken alten Kern auf einer kleinen Anhöhe. Glanzvolles Herzstück dort ist die Kirche Saint-Cornély mit ihrem markanten spitzen Turm und üppiger Innenausstattung. Sie ist vermutlich dem besagten heiligen Cornelius geweiht und ersetzte im 17. Jahrhundert ihre baufällig gewordene Vorgängerin aus romanischer Zeit.

Bénodet
Sandstrände
Küstenwanderwege
44
785
2
784
2
765
63
61 km
Pointe du Raz

RONAN VON LOCRONAN

Ein weiteres empfehlenswertes Etappenziel im Süden stellt der vornehme Badeort **Bénodet** dar, der ebenfalls mit einem schönen, geschützten Sandstrand und mehreren gut

↑ Wer zum Teufel hat in Carnac die Steine errichtet? ↓ Die Boote in Bénodet kommen und gehen.

geführten Campingplätzen aufwartet. Die nachfolgenden Stationen am Weg sind die aussichtsreiche **Pointe du Raz**, die westlichste Landspitze Europas, und das Dorf **Locronan**, das sich zu den »schönsten Dörfern Frankreichs« zählen darf. Dessen Bewohner wurden einst durch die Segeltuchweberei sehr wohlhabend; davon zeugen die eleganten Steinhäuser. Sie dienten des Öfteren als Filmkulisse, wie zum Beispiel in »Tess« von Roman Polański. Die autofreien Gassen münden am Kirchplatz der kleinen Stadt. Die schönen Glasfenster im Inneren der Kirche (15. Jh.) erzählen vom heiligen Ronan. Er lebte vermutlich im 5. Jahrhundert als Eremit in den umliegenden Wäldern; sein Grabmal von 1430 ist in der Chapelle du Pénity nebenan zu finden. Ronan werden sowohl zahlreiche Wunder als auch die Erfindung der Weberei zugeschrieben. Jedes Jahr am zweiten Sonntag im Juni findet eine große Wallfahrt zu Ehren des Heiligen statt.

Nicht die vorhin besuchte Pointe du Raz, sondern die steilen Felsenklippen auf der benachbarten Halbinsel **Crozon** gelten als eindrucksvollster Punkt an der Westküste: 70 Meter hoch, mit tiefen Schluchten und engen Buchten. Dort kocht das Meer. Selbst bei schönem Wetter brechen sich die Wellen mit Wucht am Granit, Gischtschleier sprühen auf, kurz darauf erreicht der Donnerhall der Brandung jene, die das Naturspektakel von oben herab fasziniert verfolgen.

Pointe du Raz
Klippen
607
7
45 km
Locronan
Kirche St-Ronan
Granithäuser
63
887
34 km
Crozon
Klippen
887
791
770
18
764
30
69
N12
786
65
125 km
Trébeurden
Insel Millau
Strand
Goaz Treiz
Restaurant
Manoir de
Lan Kerellec
788
10 km
Trégastel-Plage

AUSFLUG

DIE INSELN DER VÖGEL

Tausende von Seevögeln, darunter Papageitaucher, Trottellummen und Krähenscharben, brüten auf den vor Perros-Guirec liegenden Sept-Îles (zu Deutsch: »die sieben Inseln«). Diese tragen die Namen Bono, Les Cerfs, Les Costans, Malban, Île aux Moines, Plate und Rouzic; sie sind karg und unbewohnt und stehen seit 1912 unter strengem Naturschutz. Rouzic ist die bekannteste und die am nördlichsten gelegene Insel, man nennt sie auch die »Vogelinsel« (Île aux Oiseaux). Der Basstölpel ist mit geschätzten 20 000 Brutpaaren dort die verbreitetste Art. Mit etwas Glück kann man auch Kegelrobben erspähen. In der Hochsaison verkehren mehrmals täglich Ausflugsboote von Perros-Guirec, Ploumanac'h und Trégastel aus zu den Inseln. Das einzige begehbare Eiland, das während eines einstündigen Landgangs erkundet werden darf, ist die Île aux Moines – die »Insel der Mönche« (www.perros-guirec.com).

ES WEHT EIN FRISCHER WIND

Während an der Südküste eher milde Temperaturen vorherrschen, ist das Klima im Norden der Bretagne deutlich rauer: Trotz der Nähe zum Ärmelkanal mit dem wärmenden Golfstrom weht etwa an der bekannten **Côte de Granit Rose** die meiste Zeit im Jahr ein kühles Lüftchen – oder zumindest eine frische Brise. Die Winter sind zwar vergleichsweise mild, das heißt schnee- und frostfrei, doch angenehme Luft- und Wassertemperaturen, die zu ausgiebigen Strandaktivitäten einladen und unbeschwerten Badespaß verheißen, wollen sich allenfalls für wenige Tage im Hochsommer einstellen.

↑ Findlinge im Blumenbeet: Strandpromenade in Trébeurden ↓ Stürmisch geht's zu am Küstenwanderweg bei Ploumanac'h!

ALLES ROSA!

Die Gegend ist daneben reich an kulinarischen Genüssen. Auf den Tisch kommen hauptsächlich Meerestiere wie Jakobsmuscheln oder Riesengarnelen – sehr delikat zubereitet zum Beispiel im örtlichen Sterne-Restaurant Manoir de Lan Kerellec. In Trébeurden beginnt auch die besagte Rosengranit-Küste; sie gilt mit ihren bizar-

Umso mehr hat die felsenreiche Küste Wanderern und Naturfreunden zu bieten. Ein besonderes Erlebnis ist der Besuch der kleinen Insel Milliau, die dem Hafen von **Trébeurden** vorgelagert ist. Nur für höchstens drei Stunden täglich zieht sich das Meer so weit zurück, dass sie trockenen Fußes erreichbar ist. Die genauen Tidenpläne sind im Tourismusbüro erhältlich. Über das dicht bewachsene Eiland führen Wege mit herrlichen Aussichtspunkten. Wind- und Kitesurfer schätzen Trébeurden ebenfalls. Sie zieht es in erster Linie an den nördlichen Strand Goaz-Treiz, wo vor allem am Nachmittag der Wind zuverlässig bläst.

Trégastel-Plage
Küstenwanderweg
788
8 km
Perros-Guirec
Sept-Îles
788
767
N12
81
786
17A
786
34
786
34A 123 km
Cap Fréhel

SPECIAL

AUSTERN-KNIGGE

Glaubt man Casanova, so sollen Austern die Manneskraft stärken. Falls daran Zweifel bestehen, gesund sind sie in jedem Fall: Sie enthalten Spurenelemente wie Zink und Kupfer, Mineralstoffe wie Kalzium und Magnesium, Enzyme sowie Vitamine. Für viele sind Austern darüber hinaus eine Delikatesse – doch wie isst man sie? Ihr Verzehr stellt eine Ausnahme bei den Tischsitten dar, denn man darf dabei (leise) schlürfen. Benötigt wird eine Austerngabel, um das Fleisch von der Schale zu lösen und in Richtung Mund zu führen. Im Restaurant sind die Schalen bereits geöffnet. Nehmen Sie die Auster in die linke Hand, dann halten Sie sie auf dem Teller mit Daumen und Zeigefinger fest. Trennen Sie das Fleisch mit der Austerngabel vom Austernpunkt ab. Führen Sie die Schale zum Mund und schlürfen Sie die Auster zusammen mit der Austernflüssigkeit aus der Schale. Kauen Sie das Fleisch gut und schlucken Sie es nicht im Ganzen herunter, wie Anfänger es manchmal tun. Mit Zitrone oder Pfeffer nachzuwürzen ist nach Ansicht von Gourmets nicht empfehlenswert, da sonst der Eigengeschmack verloren geht.

ren Felsformationen als der landschaftliche Höhepunkt in der Nord-Bretagne. Zur charakteristischen Farbe des Gesteins trägt unter anderem das Mineral Hämatit bei. Die seltsamen, aufeinandergetürmten Steinkolosse entstanden vor etwa 300 Millionen Jahren, als flüssiges, mehrere hundert Grad heißes Gestein als Magma aus dem Erdinneren hervortrat; sie lassen sich am besten auf einer kleinen Wanderung auf dem alten Zöllnerpfad von **Perros-Guirec** nach Ploumanac'h bewundern. Der Weg windet sich von Aussichtspunkt zu Aussichtspunkt – die Suche nach dem noch schöneren Panorama aus Felsen, Meer und Grün kann regelrecht süchtig machen.

KAP DER GUTEN AUSSICHT

Die hohe Sitzposition im Reisemobil beschert an der **Côte d'Émeraude**, der »Smaragd-Küste«, schon vom Fahrzeugfenster aus immer wieder fantastische Ausblicke. Eine besonders spektakuläre Strecke führt in großen Schleifen hinaus an die Spitze des **Cap Fréhel**. Man sollte dennoch nicht versäumen, anzuhalten, um die Aussicht auf die schäumenden Wogen und die weiten Sandbuchten zu Füßen schwindelerregend hoher Klippen wirklich genießen zu können.
Die Klippen bestehen aus rotem Sandstein, schwarzem Schiefer und dem typischen rosafarbenen Granit. Ein alter und ein neuer Leuchtturm markieren das windumtoste Kapende. Der alte stammt aus dem 17. Jahrhundert, der Zeit von General Vauban, dem großen Baumeister; der Leuchtturm sollte vor englischen Schiffen warnen. Besichtigen kann man aber nur den neuen, erst 1950 erbauten, der zu den historischen Monumenten in Frankreich gehört.

Cap Fréhel
Leuchtturm
Aussicht
16
16A
16
786
768
168 46 km
Saint-Malo
»Intra Muros«
Château
355 16 km
Cancale

Cap Fréhel: Das ist die Spitze!

↓ Immer wieder muss man anhalten, um zu schauen ... ↘ ... oder, um sich für die Weiterfahrt zu stärken.

Riesige Blütenteppiche aus Stechginster und Hyazinthen färben ab Frühjahr die sonst recht kahlen Flächen betörend gelb und violett ein.

Viele sagen, dass **Saint-Malo** die schönste Stadt an der bretonischen Nordküste sei. Stimmt. Der aus Rouen in der Normandie stammende Schriftsteller Gustave Flaubert (1821–1880) nannte die alte Korsarenstadt eine »Steinkrone auf den Wellen«, während sein Kollege und französischer Außenminister François-René de Chateaubriand (1768–1848), der in Saint-Malo geboren wurde, den Begriff »granitene Zitadelle« schuf. Vom Meer aus konnte die Festungsstadt, deren Mauern übrigens ein Schüler Vaubans verstärken ließ, nie erobert werden. Dafür wurden im August 1944 weite Teile der historischen Innenstadt, »Intra Muros« genannt, durch alliierte Luftangriffe zerstört. Man begann jedoch gleich in den Nachkriegsjahren mit dem Wiederaufbau im klassizistischen Stil. Das mächtige Schloss (15./16. Jh.) diente ebenfalls zur Verteidigung und Kontrolle der Stadt. Vom begehbaren Mauerring genießt man – je nach Gezeitenstand (bis zu 13 m Tidenhub) – mal mehr oder weniger grandiose Ausblicke auf das Meer, den Hafen und die Inseln.

Austern sind die Hauptattraktion in **Cancale**. Das Seebad und Fischerstädtchen, unweit östlich von Saint-Malo gelegen, ist seit dem 17. Jahrhundert ein Zentrum der Austernzucht. Die Meerestiere reifen in den weitläufigen Bänken im Hafen La Houle und werden superfrisch in den vielen Restaurants im Ort aufgetischt, zum Beispiel im Les Maisons de Bricourt.

↑ Die Altstadtkulisse von Rennes bezaubert die Gäste. ↓ Cancale, Treffpunkt der Austernliebhaber

MITTELALTER UND MODERNE

Rennes ist kultureller und wirtschaftlicher Mittelpunkt zugleich. Die Hauptstadt der Bretagne – sie zählt rund 215 000 Einwohner – liegt ein gutes Stück im Landesinneren im Département Ille-et-Vilaine. Der Ort war im Frühmittelalter eine wichtige Festung der Franken gegen die bretonischen Eroberer, später war er Sitz eines Großherzogtums. An Weihnachten 1720 brannte die Innenstadt nieder, vom Architekten Ange-Jacques Gabriel (1666–1742) wurde sie schachbrettartig und wie in Saint-Malo im Klassizismus-Stil wieder neu aufgebaut. Mittelalterliche Atmosphäre ist noch in einigen Häuserabschnitten um die Kathedrale Saint-Pierre zu spüren; sie blieben vom Brand verschont.

Etwa 50 000 Studenten machen heute aus Rennes eine sehr jung auftretende Metropo-

↑ Umfriedete Pfarrbezirke, wie etwa hier in Pleyben, gibt es nur in der Bretagne. ↗ Großstadt-Hinterhofidylle in Rennes

le. Typisch im alten Zentrum sind die meist gut gefüllten Straßencafés vor Fachwerkfassaden mit abgesetzten Obergeschossen und bunten, geschnitzten Balken. Besonders sehenswerte Häuser säumen die Rue de la Psalette: Nummer eins stammt aus dem Jahr 1609, in Nummer acht war einst die Kathedralchorschule untergebracht. Das schiefe, skulpturenreiche Fachwerkhaus Ty Koz (3, Rue St-Guillaume) aus dem 16. Jahrhundert gilt als das schönste der Stadt. Die mächtige, 1844 fertiggestellte Kathedrale Saint-Pierre wirkt innen düster – trotz ihrer prächtigen Verzierung mit Stuck und Gold. Hauptattraktion ist der flämische Altar von 1520 mit Szenen aus dem Leben Marias. Auf der Place des Lices, wo im Mittelalter die Turniere stattfanden, befinden sich heute zwei Markthallen aus dem 19. Jahrhundert – großer Markttag ist der Samstag.
Die Kirche Sainte-Mélanie, 1672 fertiggestellt, war ehedem Kirche einer Benediktinerabtei. Einige Pfeiler und Hufeisenbögen (11. Jh.) sind seltene Fragmente aus der Zeit der Romanik in der Bretagne. Erhalten ist auch ein schöner Kreuzgang (1663). Ein schmuckes schmiedeeisernes Tor führt in den Jardin du Tabor, den früheren Obstgarten des Klosters. Als botanischer Garten beherbergt dieser heute über 3000 Pflanzenarten.

SCHÖNE KÜNSTE

Im Universitätsgebäude an der Place de la République ist das Musée des Beaux-Arts untergebracht, das als das bedeutendste Kunstmuseum in der Bretagne gilt. Es zeigt Gemälde aus vielen Jahrhunderten, unter anderem Werke von Rubens, Zeichnungen zum Beispiel von Botticelli, da Vinci oder Dürer und des Weiteren archäologische Fundstücke (www.mbar.org). Wer zum Abschluss der Tour noch mehr über die Geschichte und Entwicklung der Bretagne von der Vor- und Frühgeschichte bis heute erfahren möchte, sollte unbedingt das reich ausgestattete Musée de Bretagne besuchen. Es befindet sich im Kulturzentrum Les Champs Libres (10, Cours des Alliés) nahe dem Bahnhof.

Cancale
76 74 Austernbänke Hafen-Restaurants
137 73 km
Rennes
Fachwerkhäuser
Kirche Sainte-Mélanie
Musée des Beaux-Arts
Musée de Bretagne

PRAKTISCHE HINWEISE

TOURISTINFORMATIONEN

Comité Régional du Tourisme de Bretagne
1, Rue Raoul Ponchon, 35000 Rennes, Tel. 02 99 28 44 30, www.bretagne-reisen.de

Office de Tourisme de Carnac
74, Avenue des Druides, 56342 Carnac Cedex, Tel. 02 97 52 13 52, www.ot-carnac.fr

Office de Tourisme de Bénodet
29, Avenue de la Mer, 29950 Bénodet, Tel. 02 98 57 00 14, www.benodet.fr

Office de Tourisme de Locronan
Place de la Mairie, 29180 Locronan, Tel. 02 98 91 70 14, www.locronan-tourisme.com

Office de Tourisme de Crozon
1, Boulevard de Pralognan la Vanoise, 29160 Crozon, Tel. 02 98 27 07 92, www.crozon-tourisme.bzh

Bretonische Flagge, auch »Gwenn-ha-du« genannt

Office de Tourisme de Côte de Granit Rose
2, Quai d'Aiguillon, 22300 Lannion, Tel. 02 96 05 60 70, www.bretagne-cotedegranitrose.com

Office de Tourisme de Trébeurden
Place de Crec'h Héry, 22560 Trébeurden, Tel. 02 96 23 51 64, www.bretagne-cotedegranitrose.com

Office de Tourisme de Perros-Guirec
21, Place de l'Hôtel de Ville, 22700 Perros-Guirec, Tel. 02 96 23 21 15, tourisme.perros-guirec.com

Dinan-Cap Fréhel Tourisme
3, Rue du Cap, 22240 Plévenon, Tel. 08 25 95 01 22, www.dinan-capfrehel.com

Office de Tourisme de Saint-Malo
Esplanade Saint-Vincent, 35400 Saint-Malo, Tel. 08 25 13 52 00, www.saint-malo-tourisme.com

Office de Tourisme de Cancale
44, Rue du Port, 35260 Cancale, Tel. 08 25 13 52 00, www.saint-malo-tourisme.com

Destination Rennes – Office de Tourisme
1, Rue Saint-Malo, 35000 Rennes, Tel. 08 91 67 35 35, www.tourisme-rennes.com

CAMPINGPLÄTZE UND STELLPLÄTZE

S1.1 **Aire d'Accueil Parking Kermor Kerjou-Anno**
(S. 280 C1) Avenue de Kerlun, 56640 Arzon, Tel. 02 97 53 44 60, www.arzon.fr
GPS: 47.538889, -2.880556
Schönes, von Bäumen und Büschen umrahmtes Stellplatzgelände für 49 Fahrzeuge. Eine automatische Schranke regelt die Zufahrt. Das Bezahlen ist nur mit Kreditkarte und Geheimzahl möglich. Im Sommer ist die Aufenthaltsdauer auf 72 Stunden begrenzt. Ver- und Entsorgung sind möglich. Ganzjährig.

C1.2 **Castle Camping Caravaning La Grande Métairie** (S. 264 C1)
Route des Alignements de Kermario, 56342 Carnac, Tel. 02 30 26 02 29, www.lagrandemetairie.com
GPS: 47.596776, -3.060395
Die Megalithfelder reichen bis an den Campingplatz. An-

Großartige Badelandschaft auf der Domaine des Ormes

sonsten bestimmen wie so oft Mietunterkünfte das Bild. Der Platz ist hervorragend ausgestattet, unter anderem mit riesiger Badelandschaft, Hochseil-Tarzanbahn (!), Amphitheater und Skaterbahn. April bis Anfang September.

S1.3 **Aire de Kerné**
(S. 280 B1)
Rue de Port Kerné, 56170 Quiberon, Tel. 02 97 50 07 84, www.quiberon.com
GPS: 47.491727, -3.139379
Ruhig gelegener, unparzellierter Stellplatz für 120 Reisemobile direkt am Meer. Die Zufahrt ist nur mit Kreditkarte und Geheimnummer möglich. Mitte April bis Oktober.

S1.4 **Parking du Stade Municipal** (S. 276 B6)
Rue de Gwaremm Zu, 29920 Névez, Tel. 02 98 06 87 90, www.ville-nevez.com
GPS: 47.816133, -3.790396
Stellplatz auf dem Parkplatz am Stadion, sehr ruhig gelegen (gilt nicht bei Sportveranstaltungen). Sowohl Bodeneinlass als auch Euro-Relais-Station stehen zur Verfügung. Die maximale Aufenthaltsdauer beträgt eine Nacht. Ganzjährig.

C1.5 **Camping Kérantérec**
(S. 276 B6)
1, Route Saint Laurent, 29940 La Forêt-Fouesnant, Tel. 02 98 56 98 11, www.camping-keranterec.com
GPS: 47.899123, -3.955000
Gepflegter Terrassenplatz mit Obstbäumen, gut ausgestattet, an einer schönen Bucht zwischen Concarneau und Port-la-Forêt. Er bietet einen großen beheizten Pool, ein überdachbares Schwimmbecken und vieles mehr. Neben einem kleinen Sandstrand steht noch ein größerer Strand in 400 m Entfernung zur Verfügung. April bis Mitte September.

S1.6 **Aire du Porzou**
(S. 276 B6)
Allée Jean Bouin, 29900 Concarneau, Tel. 02 98 97 01 44, www.tourismeconcarneau.fr
GPS: 47.863481, -3.905394
Stellplatz der Kommune am Ufer des Concarneau nahe dem Wald von Porzou. Strom gibt es nur an der Servicestation. Strand und Strandpromenade liegen 1,5 km entfernt, Restaurants befinden sich ebenfalls in der Nähe. Ganzjährig.

C1.7 **Camping du Letty**
(S. 276 B6)
Chemin de Creisanguer, 29950 Bénodet, Tel. 02 98 57 04 69, www.campingduletty.com
GPS: 47.864933, -4.090079
Luxusplatz (ohne Mobilheime) mit langem Sandstrand und Blick aufs Meer sowie die Glenaninseln. Herzstück ist der tropische Aquapark mit Hallenbad, geheiztem Außenbecken, Rutschen, Whirlpools und tropischem Garten. Mitte Juni bis Anfang September.

C1.8 **Camping La Plage de Treguer** (S. 276 A5)
Plage de Sainte-Anne la Palud, 29550 Plonévez-Porzay, Tel. 02 98 92 53 52, www.camping-treguer-plage.com
GPS: 48.145250, -4.269086
Campingplatz der Mittelklasse unmittelbar an einem breiten Sandstrand in einer weiten Bucht in der Süd-Bretagne. Er ist gut gelegener Ausgangspunkt für Ausflüge unter anderem zur Pointe du Raz, der Halbinsel von Crozon und dem berühmten Dorf Locronan. Die örtlichen Sportangebote umfassen beispielsweise Wandern, Segeln, (Kite-) Surfen, Boogie-Boarding oder

Gleitschirmfliegen. April bis Mitte September.

S1.9 **Parking Place de la Gare** (S. 276 A5)
Boulevard de Pralognan La Vanoise, 29160 Crozon,
Tel. 02 98 27 07 92,
www.crozon-tourisme.bzh
GPS: 48.247988, -4.491928
Großparkplatz für Pkws und zirka 30 Reisemobile beim Tourismusbüro im Ortszentrum. Servicestation und Papierkörbe sind vorhanden. Ganzjährig.

C1.10 **Yelloh! Village Les Mouettes** (S. 276 B4)
50, Route de la Grande Grève, 29660 Carantec,
Tel. 02 98 67 02 46,
www.les-mouettes.com
GPS: 48.657709, -3.928021
Komfortabel ausgestatteter Campingplatz, der von Miethütten geprägt wird. Ein Bach trennt das ansprechend gestaltete, 15 ha große Gelände in zwei Teile. Es besteht zwar keine Bademöglichkeit im nahen Meer, dafür steht aber eine riesige Badelandschaft (1100 m²) zur Verfügung, unter anderem mit Strömungskanal und Riesenrutschen sowie Hallen-Spaßbad. 2017 ist auch die Eröffnung eines neuen Aqua-Spielplatzes vorgesehen. April bis Anfang September.

S1.11 **Plage de Goas Treiz** (S. 276 B4)
Corniche de Goaz Treiz, 22560 Trébeurden,
Tel. 02 96 21 54 400,
www.trebeurden.fr
GPS: 48.781251, -3.578138
Ebener Stellplatz mit Servicestation und Strom auf großem Parkplatz, nur durch die Küstenstraße vom Strand getrennt. Im weitläufigen Badeort stehen noch eine Reihe weiterer Plätze ohne Versorgungseinrichtungen zur Verfügung. Ganzjährig.

C1.12 **Camping Le Port** (S. 276 B4)
3, Chemin des Douaniers, 22560 Landrellec,
Tel. 02 96 23 87 79,
www.camping-du-port-22.com
GPS: 48.810180, -3.540642
Gut geführter Platz direkt an steinigem, zerklüftetem Strand mit einzelnen Sandbuchten. Parzellen und Stellplatzgruppen sind durch Hecken unterteilt. Neu hinzugekommen ist eine kleine Badelandschaft mit Hallenbad. Ende März bis Oktober.

C1.13 **Yelloh! Village Le Ranolien** (S. 276 C4)
Sémaphore de Ploumanac'h, 60, Boulevard du Sémaphore, 22700 Perros-Guirec,
Tel. 02 96 91 65 65,
www.leranolien.fr
GPS: 48.828413, -3.475378
Miethütten prägen den luxuriösen Campingplatz; er liegt direkt am Zöllnerpfad. Die Stellplätze für Touristen befinden sich sowohl auf ebener oder leicht geneigter Wiese als auch auf naturbelassenem Terrain mit Felsen, teils unter Kiefern. Höhepunkte sind zum Beispiel die Badelandschaft mit mehreren Rutschen und Hallenbad oder der aufwendig gestaltete Minigolfparcours. Dazu kommt ein vielseitiges gastronomisches Angebot und ein gut sortierter Lebensmittelladen. Anfang April bis Mitte September.

S1.14 **Aire de Camping-car** (S. 276 B4)
Rue de Poul Palud, 22730 Trégastel, Tel. 02 96 15 38 38,
www.aire-service-camping-car-panoramique.fr
GPS: 48.824118, -3.499350
Außerorts gelegener Stellplatz für 60 Reisemobile auf dem Parkplatz an den Sportanlagen. Zufahrt erfolgt über absenkbare Poller. Die maximale Aufenthaltsdauer beträgt im August drei, sonst fünf Nächte. Eine Servicestation ist vorhanden, es gibt jedoch keine Stromanschlüsse. Ganzjährig.

S1.15 **Parking Ville Ballet** (S. 276 D4)
Rue des Français Libres, 35260 Cancale,

Appetitanreger im Lan-Kerellec

Tel. 02 99 89 63 72,
www.ville-cancale.fr
GPS: 48.669770, -1.865880
In mehreren Stufen angelegte Übernachtungsmöglichkeit (für maximal drei Tage), 300 m vom Meer und etwa 1 km vom Austernstädtchen Cancale entfernt. Der Untergrund ist eben bis leicht geneigt, dazu geschottert. Ver- und Entsorgungsstation sind vorhanden. Ganzjährig.

S1.16 Parking Camping-car Plage de Caroual (S. 276 D5)
Avenue de Caroual, 22430 Erquy-Caroual-Plage,
Tel. 02 96 63 64 64,
www.ville-erquy.com
GPS: 48.621389, -2.472222
Parzellierter Stellplatz für 60 Fahrzeuge an der Uferstraße im Südwesten der Stadt. Bezahlung ist nur mit 2-Euro-Münzen am Automaten möglich, die maximale Aufenthaltsdauer beträgt 72 Stunden. Ganzjährig.

S1.17 Aire de Camping-car Les Ilots (S. 276 D5)
Avenue de la Guimorais, 35400 Saint-Malo,
Tel. 02 99 20 24 32, www.campingcar-saintmalo.com
GPS: 48.680551, -1.962857
Wiesengelände mit zahlreichen Bäumen (ehemaliger Campingplatz) für 120 Wohnmobile. Die Altstadt erreicht man am besten mit dem Rad oder Bus. Ver- und Entsorgung sind möglich. Sanitäre Anlagen sind nicht vorhanden, wohl aber ein Geschirrspülraum und eine Kinderspielecke. Mitte März bis Mitte November.

Es wird Nacht in Carnac-Plage.

S1.18 Camping Des Chevrets (S. 276 D4)
38 rue de La Guimorais, 35350 Saint-Coulomb,
Tel. 02 99 89 01 90,
www.campingdeschevrets.fr
GPS: 48.689950, -1.942059
Großer Mittelklasse-Platz (20 ha) mit vielen Mobilheimen an großem Sandstrand mit Blick aufs Meer und auf die vorgelagerten Inseln. Die Stellplätze werden durch hohe Hecken begrenzt. Einzelne Bäume, Büsche und Ziersträucher schaffen ein ansprechendes Ambiente. April bis Mitte Oktober.

C1.19 Domaine des Ormes (S. 277 E5)
Les Ormes, 35120 Dol-de-Bretagne, Tel. 02 99 73 53 00,
www.lesormes.com
GPS: 48.488000, -1.732228
Der Platz mit gehobener Ausstattung und sehr vielen Mietunterkünften erstreckt sich auf einem waldreichen, extrem weitläufigen Schlossgelände (200 ha, entspricht 280 Fußballfeldern). Für Reisemobile gibt es mehrere auseinanderliegende Stellplatzbereiche. Das Sport- und Freizeitangebot umfasst zum Beispiel einen eigenen 18-Loch-Golfplatz oder eine Badelandschaft mit künstlichen Felsen, Strömungskanal und Wellenbad. Mitte April bis Mitte September.

S1.20 Aire de Camping-car La Valette (S. 277 E6)
Route de la Valette, 35510 Cesson-Sévigné,
Tel. 02 99 83 52 00,
www.ville-cesson-sevigne.fr
GPS: 48.118417, -1.591082
Ausgewiesener Reisemobilplatz am Flussufer in einer Vorstadt von Rennes in Nähe eines Einkaufszentrums. Strom und Wasser gibt es gegen Gebühr. Der Untergrund ist eben, geschottert, das Gelände nachts beleuchtet. Ganzjährig.

Château de Cany-Barville, umgeben von viel Wasser

2

KREIDEKLIPPEN, KÖSTLICHER CIDRE UND CALVADOS

Normandie: Höhepunkte zwischen Alabasterküste und Mont Saint-Michel

Viele Nordfranzosen fahren zur Erholung gern in die Normandie, etwa so, wie es Berliner und Brandenburger bevorzugt an die Ostsee zieht. Man stapft durch Sand oder Kies, schlendert über Strandpromenaden und erfreut sich an schöner Natur – mal auf Schusters Rappen, mal auf dem Rad. Aus der Landschaft lugen zwischen Apfelbäumen und Hecken verwunschene Villen mit Erkern und Türmchen hervor. Auch mit dem Wohnmobil lässt sich das Gebiet samt Binnenland bestens bereisen, denn Stellplätze – manchmal sogar mit Meerblick – gibt es zuhauf. Nur die Sonne scheint nicht so verlässlich wie andernorts. Ein heimisches Sprichwort bringt es auf den Punkt: »Wir haben täglich schönes Wetter, wenigstens für ein paar Minuten.«

Besonders spektakulär präsentiert sich die »Alabasterküste« den Besuchern – mit ihren hohen, von Wind und Wetter geformten Felsen. Doch Ausgangspunkt ist zunächst das Seine-Städtchen **Caudebec-en-Caux**, der Hauptort des Pays de Caux. Es wird beherrscht von der spätgotischen Kirche Notre-Dame (15./16. Jh.). König Heinrich IV. hielt sie für die schönste in seinem Reich. Besonders prächtig geraten ist ihr filigran gestaltetes Westportal. Samstags findet übrigens im Ort ein großer, bunter Markt statt. Auf Caudebec-en-Caux folgt alsbald die Côte d'Albâtre, die Alabasterküste, welche sich im Nordwesten der Flussmündung erstreckt. Erste Station hier ist der liebenswürdige Badeort **Veules-les-Roses**, der mit einer landesweiten Besonderheit aufwartet: dem kürzesten Fluss Frankreichs. Die Veules ist von der Quelle bis zur Mündung ins Meer gerade mal 1194 Meter lang. Die Rosen im Namen stehen für die zahlreichen romantischen Mühlen und strohgedeckten Fachwerkhäuser mit prächtigen Vorgärten.

Das benachbarte **Saint-Valery-en-Caux** glänzt mit einem herrlich gelegenen Stellplatz direkt am Leuchtturm und an den imposanten Klippen. Vom alten Kern ist nach den Zerstörungen im Zweiten Weltkrieg nicht mehr viel erhalten. Das Ortsbild wird geprägt vom großen Hafenbecken. Sehenswert ist vor allem die Maison Henri IV., ein reich verziertes Fachwerkhaus aus dem Jahr 1540. Es beherbergt heute ein Museum zur Stadtgeschichte.

GLANZ VON DAMALS

Es schließt sich **Veulettes-sur-Mer** an, ebenfalls flankiert von steil aufragenden Kalkwänden. Die beliebte Sommerfrische lockt mit dunklem Kiesstrand zum Bad im

ROUTE 2

START- UND ENDPUNKT
Caudebec-en-Caux und Mont Saint-Michel

BESTE JAHRESZEIT
April bis Oktober

STRECKENLÄNGE
378 Kilometer

FAHRZEIT
5 bis 7 Tage

MAUTSTRECKEN
Brückenmaut an der Pont de Normandie (Le Havre–Honfleur)

Start Caudebec-en-Caux
131 – Kirche Notre-Dame
131E
6015
N29
20
75
37 – 48 km
Veules-les-Roses
925 – malerisches Ortsbild Mühlen
7 km
Saint-Valery-en-Caux

Notre-Dame in Caudebec-en-Caux, spätgotisches Prachtwerk

Veules-les-Roses: nicht nur Badeort, sondern auch schmuckes Einkaufsstädtchen

Meer. Zwischen Strand und dem Flüsschen Durdent liegen verstreut hübsche Villen im normannischen Bäderstil – es ist also ein eher beschauliches Fleckchen Erde, das an längst vergangene Zeiten erinnert. Die Mischung kommt bei Reisemobilfahrern augenscheinlich gut an, denn der große Stellplatz gegenüber der Strandpromenade ist stets gut besucht.

Die weißen Klippen im Bereich von **Étretat** gelten als die eindrucksvollsten – sie erheben sich majestätisch über den türkis funkelnden Fluten. Romancier Alphonse Karr fand im 19. Jahrhundert dafür folgende Worte: »Wenn ich einem Freund zum ersten Mal das Meer zeigen sollte, würde ich Étretat wählen.« Und Claude Monet verewigte anno 1885 die ausgewaschenen Steinbögen in seinem Bild »Bateaux de pêche«. Die bis zu 85 Meter hohen Klippen mit teils brüchiger Kante ließen allerdings auch schon bei manchen böse Gedanken aufkommen. Bei Schriftsteller Maurice Leblanc etwa treibt der Ganove Arsène Lupin in dem Städtchen sein Unwesen – seither gilt Étretat als Ort, an dem man sich besonders leicht und unbemerkt eines unliebsamen Menschen durch einen Schubs entledigen kann. Weit oben über den Falaises d'Amont erhebt sich auch die kleine Kirche Notre-Dame de la Garde.

Saint-Valery-en-Caux
925B · 79 · Stellplatz an der Steilküste
10 km
Veulettes-sur-Mer
271 · 71 · 925 · Villen im normannischen Bäderstil
42 km
Étretat
940 · 232 · Kreideklippen Musée Arsène Lupin
28 km
Le Havre

SPECIAL

ES IST FEIN ANGERICHTET

Genussfreunde lieben diesen Landstrich sehr. Hier wird mit Hingabe geschlemmt. Natürlich kommt viel Maritimes auf den Tisch: Jakobsmuscheln in Butter-Calvados-Sauce zum Beispiel, Rochen mit Kapern oder Fischfilet à la Dieppoise in einem Weißweinsud aus Champignons, Garnelen und Muscheln. Wer's gern ländlich-deftig mag, wählt womöglich Ente à la Rouennaise, das heißt im eigenen Saft, oder geschmortes Kaninchen und als Dessert *tarte aux pommes*, Apfelkuchen aus dünnem Mürbeteig. Berühmt ist die Region für ihre Leckereien aus Patisserien und Schokoladenmanufakturen. Die Normandie hält eben nicht nur die drei berühmten Cs – Cidre (Apfelwein), Camembert und Calvados – bereit. Eine gern besuchte Speiseadresse ist das Restaurant Le Relais des Dalles im Hinterland von Fécamp nahe der Alabasterküste. Drei Menüs zwischen 38 und 59 Euro stehen zur Wahl – Reservierung wird empfohlen (www.lerelaisdesdalles.fr).

↑ Sicherer Hafen: Saint-Valery-en-Caux ↓ Stellplatz Parking de la Plage in Veulettes-sur-Mer

Hinauf führen 180 Treppenstufen, die sich lohnen – die Aussicht von oben über die Bucht ist fantastisch.

PERRET UND NIEMEYER

Wer sich nun bei so viel landschaftlicher Schönheit nach quirligem Stadtleben sehnt, dem sei der Besuch des nahe gelegenen **Le Havre** angeraten. Die zweitgrößte Stadt der Normandie – sie feierte übrigens im Jahr 2017 ihr 500-jähriges Jubiläum – zählt etwa eine Viertelmillion Einwohner. Und sie ist auf den ersten Blick beileibe keine Augenweide. Ihr Zentrum wurde im Zweiten Weltkrieg größtenteils zerstört, samt vielen prächtigen Reederpalästen; sie gingen unwiederbringlich verloren und der Beton fantasieloser Neubauten ist sicherlich nicht bestaunenswert. Berühmte Planer wie Auguste Perret und Oscar Niemeyer haben es jedoch verstanden, im neuen Stadtbild interessante Akzente zu setzen: Besichtigen kann man etwa eine liebevoll eingerichtete Musterwohnung nach Entwürfen von Perret mit Originalmöbeln und Accessoires von 1950 (Appartement Témoin Perret; Anmeldung im Tourismusbüro). Im Jahr 2005 wurden Teile von Le Havre durch die UNESCO zum Weltkulturerbe erklärt, als Symbol für eine Epoche des Aufbruchs.
Aufbruchstimmung kennzeichnet auch das alte Hafengebiet: Bröckelige Kais wurden zur Flaniermeile umgebaut, ein Hochhaus von Star-Architekt Jean Nouvel kratzt am Himmel, neue Containeranlagen machen Le Havre wieder weltweit wettbewerbsfähig. Eine beeindruckende Sammlung impressionistischer Kunst zeigt das Malraux-Museum (siehe Kasten); dessen kubischer Bau mit übergroßen Glasfronten, entstanden 1961, erhebt sich auf einer großen Landzunge an der Seine-Mündung. Im Jubiläumsjahr wurde darüber hinaus ein neuer Stellplatz mit Blick auf den Hafen eröffnet.

Le Havre
Musée Malraux
N282
A131
A29
580 25 km
Honfleur
Alter Hafen
Holzkirche
Ste-Cathérine
579
A132
A13
N814
A84
33
924 171 km
Granville

Kunstbegeisterte im Musée Malraux

EDLE SPIRITUOSEN UND GROSSE KUNST

Einer der größten Anziehungspunkte an der Küste ist das gegenüber der Mündung gelegene 8000-Einwohner-Städtchen **Honfleur**, das zu einem ausgiebigen Entdeckungsspaziergang einlädt. Herzstück ist das »Vieux Bassin«, das alte Hafenbecken mit seinen pittoresken, bis zu sieben Stockwerke hohen Gebäuden, den zahllosen gastronomischen Betrieben und am Kai liegenden Fischerbooten und Jachten. Eine Gasse weiter locken wunderbar altmodische Geschäfte, wie etwa der Feinkostladen von Philippe Gribouille mit seinem erstklassigen Sortiment an Hochprozentigem aus der Region. Gribouille animiert seine Kundschaft nachdrücklich zum Probetrinken – glücklicherweise parkt das Reisemobil in der Regel über Nacht mit

↑ Komm spielen! Die schöne Strandmeile von Veulettes ↓ Honfleur, einer der reizvollsten Küstenorte in der Normandie

Lichtstimmung in Honfleur – sie hätte Boudin auch begeistert.

Hunderten weiteren auf dem großen Stellplatz in Gehweite zur Altstadt. Auch die Künstler lieben seit jeher Honfleur. Große Meister waren hier einst zu Haus. Der berühmteste war der Impressionist Eugène Boudin, der anno 1824 in der Rue Bourdet das Licht der Welt erblickte. Sein erster Schüler war der 18-jährige Claude Monet, später erfolgreichster Vertreter des Im-

KULTUR

MUSÉE MALRAUX

Zu den spannendsten Gemäldesammlungen in der Region zählt das Malraux-Museum in Le Havre. Die Ausstellung zeigt Arbeiten vom 17. bis zum 20. Jahrhundert, unter anderem von Corot, Courbet, Delacroix und Léger. Sie basiert auf dem Fundus des Kunstliebhabers Olivier Senn, der Ende des 19. Jahrhunderts begann, erstklassige Werke von Monet, Renoir und Degas zusammenzutragen, die ebenfalls zu sehen sind. Sehr gut vertreten ist auch Eugène Boudin, der aus dem benachbarten Honfleur stammte, viele Jahre in Le Havre lebte und als Wegbereiter des Impressionismus gilt.
Musée d'art moderne André Malraux – MuMa, 2, Boulevard Clemenceau, Tel. 02 35 19 62 62, geöffnet täglich außer Dienstag von 11–18 Uhr, sonntags bis 19 Uhr, www.muma-lehavre.fr.

SPECIAL

BESUCH BEIM OBSTBRENNER

Wie Cidre hergestellt wird, kann man zum Beispiel in einem der schönsten Gutshöfe der Region mitverfolgen, der Domain Cœur de Lion im Dorf Coudray-Rabut. Wie in alten Zeiten lagert bei Christian Drouin, einem alteingesessenen Familienbetrieb, auch heute wieder die Apfelernte auf dem Dachboden des urigen Kelterhauses, von wo sie durch eine hölzerne Falltür direkt in den Trichter der Raspelmaschine purzelt. Drouin macht feinen Apfelwein, von dem anschließend ein Teil zweifach destilliert vier Jahre oder länger in alten Portwein- und Sherryfässern zu Calvados heranreift. Übrigens gilt es als streng gehütetes Geheimnis eines jeden Brennmeisters, welche Sorten Äpfel verwendet und gemischt werden.
Distillerie Cœur de Lion, RD 677, Pont l'Evêque-Deauville, 14130 Coudray-Rabut, Tel. 02 31 64 30 05, www.calvados-drouin.com.

pressionismus. Der junge Mann betrachtete Boudin genau bei der Arbeit und notierte: »Plötzlich hatte ich erfasst, was Malerei sein kann.« Neu war damals, dass die Maler ihre Staffelei hinaus in die Landschaft stellten. Sie machten Licht und Farben der Normandie, das wechselvolle Spiel von Himmel und Meer zu ihrem Thema. Ateliers und Galerien für jeden Geschmack säumen die Gassen der kunstsinnigen Hafenstadt.

MILLIONEN APFELBÄUME

Ein paar Kilometer weiter unterbrechen allenfalls ein paar Hufschläge rassiger Vollblüter die Landruhe, wie man sie hier vielerorts noch häufig vorfindet. »Die Normandie ist wie ein Apfelbaum, die Wurzeln fest in der Erde, die Stirn dem Meer zugewandt«, hat Autor Guy de Maupassant einmal trefflich geschrieben. Nirgendwo sonst im Land haben diese Bäume – um die zehn Millionen sollen hier wachsen – eine solch große Bedeutung wie in dieser Region. Man keltert aus den meist wenig wohlschmeckenden, weil stark tanninhaltigen Früchten Cidre, Apfelwein, brennt den legendären Calvados und mischt zudem einen süffigen Aperitif mit Namen Pommeau. Dazu schmeckt vorzüglich ein Stück Käse aus dem landeinwärts gelegenen Ort Camembert.

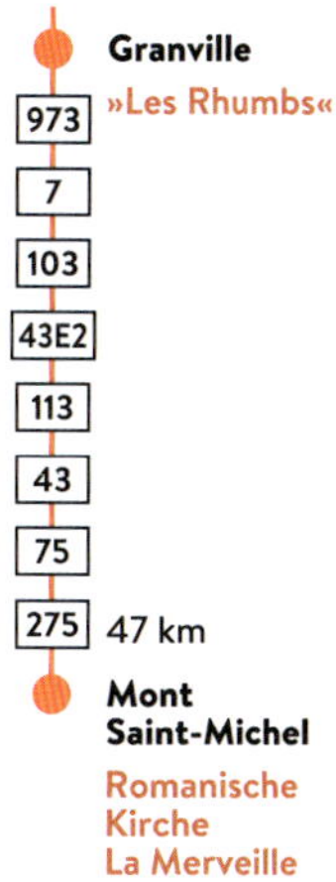

Ein berühmter Sohn der Normandie war übrigens Modeschöpfer Christian Dior, geboren 1905, Sohn eines Großindustriellen. Er begann seine Karriere als Galerist, stellte dann 1947 seine erste Modekollektion vor, die als »New Look« große Erfolge feierte. Schwingende Röcke, mutige

Die besten Calvas werden aus etwa dreijährigem Cidre gebrannt.

↑ Präsentation der Gespanne im Hof des Haras du Pin ↓ Die Normandie, wie man sie sich vorstellt

AUSFLUG

SCHLOSSARTIGES STAATSGESTÜT

Pferdeliebhaber lassen das »Versailles der Pferde«, wie man die berühmte nationale Zuchteinrichtung Haras du Pin südöstlich von Caen gern nennt, bestimmt nicht aus. Die prachtvollen Gebäude, erbaut im 18. Jahrhundert im tiefsten Inneren der Normandie, liegen eingebettet in einer 1000 Hektar großen Parklandschaft. Das Jahresprogramm beinhaltet unter anderem Kutschenfahrten und Trabrennen. Im Sommer findet jeden Donnerstag und manchmal auch am Dienstag um 15 Uhr im Ehrenhof eine musikalisch umrahmte Pferde- und Gespannvorführung statt (www.haras-national-du-pin.com).

Hüte und Schuhe waren die prägenden Elemente des neuen Stils. Zur Kundschaft zählten in jenen Tagen Größen wie Fürstin Gracia Patricia, Prinzessin Soraya, Sophia Loren und Jackie Kennedy. Dior starb 1957, das Unternehmen zählt heute zu den wichtigen Häusern der Branche. An den Modezaren erinnert ein Museum, das im Familienanwesen »Les Rhumbs« am Rand des Städtchens Granville hoch über der Steilküste eingerichtet wurde. Den parkähnlichen Garten zieren Baumriesen und exotische Pflanzen, von denen sich der Designer inspirieren ließ. In jeder Saison gibt es neue Sonderausstellungen (www.musee-dior-granville.com).

ZURÜCK ZUR NATUR

Ein markanter Kontrast zur Alabasterküste liegt am äußersten Südwestzipfel der Normandie, unmittelbar an der Grenze zur Bretagne: **Mont Saint-Michel**, ein imposanter Klosterberg mitten im Watt, ist nach Paris der meistbesuchte touristische Ort in Frankreich. Victor Hugo nannte ihn einst »Pyramide im Meer«. Der Legende nach soll im Jahr 708 der Erzengel Michael den Bau des Heiligtums auf der Felseninsel dem Bischof von Avranches im Traum in Auftrag gegeben haben.

Da die Bucht völlig zu versanden drohte (eine Auswirkung des 1879 gebauten Straßendamms), wurden vor mehr als 15 Jahren umfangreiche Renaturierungsmaßnahmen in die Wege geleitet. Diese bestanden unter anderem darin, den Damm durch einen Fußgängersteg auf Stelzen zu ersetzen, der das Flutwasser bei Ebbe rasch zurückfließen lässt. Infolgedessen sollen die bislang angeschwemmten Segmente nach und nach weggespült werden. Gleichzeitig wurden die Parkplätze inklusive des Reisemobilstellplatzes ins Hinterland verlegt; seit 2014 verkehren daher Shuttlebusse zum heiligen Berg.

↑ Das Bild täuscht: Der Klosterberg ist jetzt wieder eine Insel. ↓ Ausblick vom Garten der Villa Les Rhumbs in Granville

PRAKTISCHE HINWEISE

TOURISTINFORMATIONEN

Office de Tourisme de Dieppe
Pont Jehan Ango, 76200 Dieppe, Tel. 02 32 14 40 60, de.dieppetourisme.com

Office de Tourisme de Veules les Roses
27, Rue Victor Hugo, 76980 Veules-les-Roses, Tel. 02 35 97 00 63, www.veules-les-roses.fr

Office de Tourisme de Saint-Valery-en-Caux
Quai d'Amont, 76460 Saint-Valery-en-Caux, Tel. 02 35 97 00 63, www.cote-albatre-tourisme.fr

Office de Tourisme de Fécamp
Quai Sadi Carnot, 76400 Fécamp, Tel. 02 35 28 51 01, www.fecamptourisme.com

Office de Tourisme d'Etretat
Place Maurice Guillard, 76790 Étretat, Tel. 02 35 27 05 21, www.lehavre-etretat-tourisme.com

Office de Tourisme de l'Agglomération Havraise
186, Boulevard Clemenceau, 76600 Le Havre, Tel. 02 32 74 04 04, www.lehavre-etretat-tourisme.com

Office de Tourisme de Honfleur
Quai Lepaulmier, 14600 Honfleur, Tel. 02 31 89 23 30, www.ot-honfleur.fr

Office de Haras national du Pin
RD 926, 61310 Le Pin-au-Haras, Tel. 02 33 36 68 68, www.haras-national-du-pin.com

Mairie de Granville – Etat civil
Cours Jonville, 50404 Granville Cedex, Tel. 02 33 91 30 00, www.ville-granville.fr

Office de Tourisme du Mont Saint-Michel
Grand Rue, 50170 Le Mont-Saint-Michel, Tel. 02 33 60 14 30, www.ot-montsaintmichel.com

CAMPINGPLÄTZE UND STELLPLÄTZE

S 2.1 **Parking de la Falaise** (S. 277 H2)
Sentier à Douane, 76980 Veules-les-Roses, Tel. 02 35 97 64 11, www.veules-les-roses.fr
GPS: 49.875638, 0.792455
Schön gelegener Stellplatz am Ortsrand auf großer Wiese direkt über der Steilküste, stellenweise Meerblick. Man nähert sich ihm am besten von Südwesten her – andernfalls führt einen das Navigationsgerät mitten ins verwinkelte Zentrum mit Einbahnstraßen, vielen Sackgassen und überbordenden Blumenkübeln. Es gibt keine Serviceeinrichtungen. Ganzjährig.

S 2.2 **Aire de Camping-car Espace Mont Criquet**
(S. 277 H3) Place du Mont Criquet, 76560 Doudeville, Tel. 02 35 56 14 00, www.doudeville-capitale-du-lin.com
GPS: 49.720000, 0.787778
Das ausgewiesene, zentral gelegene Gelände besteht aus zwei Standreihen mit rotem Ziegelsplitt als Untergrund. Der Aufenthalt ist auf 48 Stunden limitiert. Eine Ver- und Entsorgungsstation steht zur Verfügung – die Jetons hierfür sind im Einzelhandel erhältlich.

S 2.3 **Stellplatz am Hafen – Plage ouest** (S. 277 G2)
Quai d'Aval, 76460 Saint-Valery-en-Caux, Tel. 02 35 97 00 22, www.saintvaleryencaux.fr
GPS: 49.871944, 0.709722
Die fantastische Lage am Leuchtturm unterhalb der Steilküste entschädigt dafür, dass die Fahrzeuge (max. 3,5 t)

Stellplatz in Saint-Valery-en-Caux: Die Lage macht ihn begehrt.

hier sehr eng beieinanderstehen. Es ist oft schwer, überhaupt ein Plätzchen zu ergattern. Das Ortszentrum liegt 500 m entfernt – die Zufahrt dort ist einspurig. Die Aufenthaltsdauer ist auf 48 Stunden beschränkt, Ver- und Entsorgung vorhanden. Ganzjährig.

S 2.4 **Parking de la Plage** (S. 277 G2)
Digue Jean Corruble, 76450 Veulettes-sur-Mer,
Tel. 02 35 97 54 00,
www.ville-veulettes-sur-mer.fr
GPS: 49.854167, 0.604722
Der große ebene Stellplatz für bis zu 75 Reisemobile erstreckt sich unmittelbar an der Küstenstraße gegenüber der Strandpromenade. Zum mittelalterlichen Stadtkern mit Sandsteinkirche aus dem 11. Jahrhundert sind es nur ein paar Schritte. Ein WC-Gebäude befindet sich am Platz, ebenso eine Servicestation. Ganzjährig.

S 2.5 **Camping Municipal de Renéville** (S. 277 G3)
Chemin de Nesmond, 76400 Fécamp, Tel. 02 35 28 20 97,
www.campingdereneville.com
GPS: 49.757636, 0.361506
Die Terrassenanlage in windiger Lage oberhalb der Steilküste gewährt einen weiten Ausblick über die Bucht und das Meer, ansonsten ist der Platz der Gemeinde einfach eingerichtet. April bis Oktober.

S 2.6 **Camping L'Aiguille Creuse** (S. 277 G3)
24, Résidence de l'Aiguille Creuse, 76790 Les Loges,
Tel. 02 35 29 52 10, www.
campingaiguillecreuse.com
GPS: 49.698886, 0.275731
Ruhig gelegen auf dem Land zwischen Fécamp und Étretat, besticht dieser Campingplatz vor allem durch sein beheiz- und überdachbares Schwimmbecken (14 x 6 m). Die 64 Stellplätze für Touristen werden durch hohe Hecken begrenzt. April bis Mitte September.

S 2.7 **Stellplatz am alten Bahnhof** (S. 277 G3)
Rue du Colonel Rynal/Place de la Gare, 76790 Étretat,
Tel. 02 35 27 05 21, www.
lehavre-etretat-tourisme.com
GPS: 49.708611, 0.215833
Einfache Übernachtungsmöglichkeit für zwölf Fahrzeuge in ruhiger Lage auf dem Seitenstreifen am Bahnhofsplatz vor

Spritziges Vergnügen – Rafting auf der Garonne

der Gendarmerie National. Es gibt keine Serviceeinrichtungen.

S 2.8 Aire de Camping-car Le Havre (S. 277 G3)
Rue Andreï Sakharov 94, 76610 Le Havre,
Tel. 02 32 74 04 04,
www. lehavre-etretat-tourisme.com
GPS: 49.504711, 0.171985
Ausgewiesener Stellplatz für 13 Wohnmobile an einer Durchgangsstraße. Geschäfte, Straßenbahn- und Bushaltestelle befinden sich in der Nähe. Ver- und Entsorgung sind möglich, Stromanschlüsse gibt es jedoch nicht. Ganzjährig.

S 2.9 Carport Honfleur (S. 277 G3)
Quai du Nord, 14602 Honfleur, Tel. 02 31 89 23 30,
www.ot-honfleur.fr
GPS: 49.419232, 0.242269
Riesiges ebenes Stellplatzgelände für etwa 240 Fahrzeuge am Hafen in unmittelbarer Nähe zur Altstadt. Eine Servicestation ist von März bis Oktober in Betrieb. Der Aufenthalt ist unbegrenzt, die Bezahlung erfolgt am Parkscheinautomaten. Ganzjährig.

C 2.10 Camping La Briquerie (S. 277 G3)
Route de Trouville, 14600 Équemauville,
Tel. 02 31 89 28 32,
www.campinglabriquerie.com
GPS: 49.397126, 0.208235
Zu den besonderen Stärken des komfortabel ausgestatteten Campingplatzes zählen etwa die beiden Schwimmbecken (eines davon überdachbar) oder das weitreichende Freizeitangebot – darunter Reiten und Golfen. Honfleur ist mit dem Rad oder zu Fuß zu erreichen (2,5 km). April bis September.

S 2.11 Aire de Camping-car (S. 277 F3)
Rue de Martrois, 14640 Villers-sur-Mer, Tel. 02 31 87 01 18,
www.villers-sur-mer.fr
GPS: 49.328889, 0.0113056
Stellplatz mit schmalen Parzellen für rd. 15 Wohnmobile am Ortsrand in Strandnähe. Er ist eben, geschottert und verfügt über Serviceangebote. Sehenswürdigkeiten sind unter anderem die Villa Durenne mit Museum, das Pastorenhaus und die Kirche Saint-Martin. Ganzjährig.

C 2.12 Camping La Vallée de Deauville (S. 277 G4)
Avenue de la Vallée, 14800 Deauville, Tel. 02 31 88 58 17,
www.camping-deauville.com
GPS: 49.329193, 0.087408
Die 19 ha große Anlage verfügt unter anderem über eine Badelandschaft, einen Angelteich und ein Outdoor-Fitnessgelände. April bis Oktober.

C 2.13 Camping Le Point du Jour (S. 277 F4)
75, Route de Cabourg, 14810 Merville-Franceville-Plage,
Tel. 02 36 81 00 01,
www.vacances-seasonova.com
GPS: 49.283214, -0.191047
Komfortabler Campingplatz auf grasbewachsenem Dünengelände mit direktem Zugang zum Meer – mitten in einem Naturschutzgebiet nahe eines Naturkundemuseums. Im

Juli und August werden täglich Animationen angeboten. Es gibt ein überdachbares Schwimmbad, dazu seit Neuestem einen Wellnessbereich. Kitesurfen und Wandern führen die Liste der möglichen Sportaktivitäten an. April bis Anfang November.

C 2.14 **Yelloh! Village La Vallée** (S. 277 F3)
88, Rue de la Vallée, 14510 Hohlgate, Tel. 02 31 24 40 69, www.campinglavallee.com
GPS: 49.299789, -0.065878
Eine Badelandschaft mit drei Becken – eines davon überdachbar – zeichnet diese Ferienanlage aus, die sich mit ihrem Angebot vor allem an Familien richtet. April bis Oktober.

S 2.15 **Aire d'Accueil de Camping-car** (S. 277 G4)
Avenue de la Gare, 14430 Beuvron-en-Auge,
Tel. 02 31 79 23 31 ,
www.beuvron-en-auge.fr
GPS: 49.187377, -0.047103
Der Ort darf sich zu den schönsten Dörfern Frankreichs zählen und ist als Blumendorf ausgezeichnet.
15 Fahrzeuge fasst der Stellplatz am Dorfrand, sein Untergrund besteht aus Schotterrasen und Rasengittersteinen. Eine Servicestation ist vorhanden.
Restaurants und Supermarkt liegen in unmittelbarer Nähe.

S 2.16 **Aire de Camping-car** (S. 277 F4)
Rue des Dunes/Boulevard Maritime, 14150 Ouistreham, Tel. 02 31 97 18 63, www.aire-service-camping-car-panoramique.fr
GPS: 49.287970, -0.249734
Gut ausgestatteter Stellplatz für 45 Fahrzeuge auf separat ausgewiesenem Gelände am Fährhafen, von Hecken umgeben. Eine Servicestation steht zur Verfügung, das Bezahlen ist nur mit Bankkarte möglich. März bis November.

S 2.17 **Parking Camping Le Champ de Course**
(S. 277 F3) Avenue de la Libération, 14470 Courseulles-sur-Mer, Tel. 02 31 37 99 26, www.courseulles-sur-mer.com
GPS: 49.332775, -0.446064
Wer einen Übernachtungsplatz für maximal eine Nacht sucht, ist hier auf dem Parkplatz vor dem kommunalen

Durchatmen zwischen Hecken und Bäumen am Mont Saint-Michel

Segeln lernen in Trébeurden

Campingplatz genau richtig. Es gibt eine Servicestation, aber keine Stromanschlüsse. Der Strand ist nur 200 m entfernt.

S 2.18 Parking Centre (S. 277 F3)
Rue François Carpentier, 14117 Arromanches-les-Bains, Tel. 02 31 22 36 45, www.arromanches.com
GPS: 49.338920, -0.625577
Das ausgewiesene Areal für 14 Reisemobile befindet sich vor dem städtischen Campingplatz im Ortszentrum. Man darf dort maximal 24 Stunden stehen. Zur Ausstattung gehören unter anderem Servicestation, Picknicktisch und Strom gegen Gebühr. Mehrere Restaurants, Supermärkte sowie Boule-Bahn und Strand sind leicht zu Fuß erreichbar.

S 2.19 Parking Place de la Vaucelle (S. 277 E4)
Promenade des Alluvions, 50000 Saint-Lô, Tel. 02 33 77 60 00, www.saint-lo.fr
GPS: 49.113889, -1.103056
Der asphaltierte Stellplatz befindet sich rund 1,5 km außerhalb des Stadtzentrums am südlichen Vire-Ufer. Strom sowie Ver- und Entsorgung stehen gegen Gebühr bereit. Ganzjährig.

S 2.20 Stellplatz Ferme de la Closerie (S. 277 E4)
La Closerie 1656, 50660 Annoville, Tel. 02 33 47 97 61
GPS: 48.958333, -1.505556
Zehn Plätze zur Einmalübernachtung auf nicht ganz ebener Wiese bietet der Obstbauernhof von Jacques Amelin. Ostern bis Allerheiligen.

S 2.21 Parking Rue de Roc (S. 277 E4)
Rue de Roc, 50400 Granville, Tel. 02 33 91 30 00, www.ville-granville.fr
GPS: 48.834881, -1.609815
Stellplatz für 20 Reisemobile am Aussichtspunkt in der Nähe des Leuchtturms und des Tourismusbüros. Der Aufenthalt ist auf 24 Stunden beschränkt. Ganzjährig.

S 2.22 Aire de Service et Stationnement (S. 277 E4)
Avenue Jozeau Marigné, 50380 Saint-Pair-sur-Mer, Tel. 02 33 50 06 50, www.saintpairsurmer.fr
GPS: 48.817222, -1.569722
30 asphaltierte Reisemobilstellplätze auf Parkplatz an den Tennisanlagen, 500 m vom Badestrand entfernt. Eine Euro-Relais-Station befindet sich am Platz, der Aufenthalt ist auf 72 Stunden beschränkt. Ganzjährig.

S 2.23 Camping Château de Lez-Eaux (S. 277 E4)
240, Avenue de Lez-Eaux, 50380 Saint-Pair-sur-Mer, Tel. 02 33 51 66 09, www.lez-eaux.com
GPS: 48.797107, -1.525486
Komfortabel eingerichteter Platz in einem Park mit einem Herrenhaus aus dem 19. Jahrhundert, 6 km südöstlich von

Granville. Zur Ausstattung gehören unter anderem ein großer Indoor-Wasserpark mit Rutschen, ein beheizter Außenpool und ein Tennisplatz. Schöne Wanderwege führen entlang der vier Kilometer entfernten Küste. Les Eaux ist Mitglied in der Schlosscamping-Gruppe Les Castels. April bis Mitte September.

S 2.24 Stellplatz La Bidonnière – Mont Saint-Michel
(S. 277 E5) 5, Route de la Rive, 50170 Ardevon, Tel. 06 25 55 30 70, www.labidonniere.fr
GPS: 48.603695, -1.476639
In Sichtweite zum Mont Saint-Michel finden hier Reisemobilfahrer alle Einrichtungen vor, die sie während eines Besuchs des »heiligen Berges« benötigen – inklusive Duschen und Brötchenservice. Die Stellflächen für etwa 50 Fahrzeuge sind eben und geschottert, dazu nachts beleuchtet. Mit dem Rad sind es etwa zehn Minuten bis zur Haltestelle des Bus-Shuttles.

S 2.25 Parking Camping-cars
(S. 277 E5)
Boulevard Léon Jozeau-Marigné/Chemin de la Boutonnière, 50300 Avranches, Tel. 02 33 58 00 22, www.avranches.fr
GPS: 48.686533, -1.367424
Eng und steil ist die Zufahrt zu dieser Übernachtungsmöglichkeit am Kulturzentrum. Unterlegkeile sind auf dem abschüssigen Terrain ebenfalls erforderlich. Dafür entschädigt die nahe städtische Gartenanlage (Jardins des Plants) mit prächtigem Ausblick auf die Bucht des Mont Saint-Michel.

S 2.26 Camping Municipal de Ducey La Sélune
(S. 277 E5) Rue de Boishue, 50220 Ducey, Tel. 02 33 48 46 49, www.ot-montsaintmichel.com
GPS: 48.616667, -1.293889
Mit moderaten Gebühren wartet der zentrumsnahe Gemeinde-Campingplatz in Ducey auf – außerhalb der Hochsaison gilt außerdem eine Wohnmobilpauschale inklusive Wasser und Strom. Die einzelnen Parzellen sind durch hohe Hecken unterteilt. April bis Ende September.

C 2.27 Camping Haliotis
(S. 277 E5)
Boulevard du Général Patton, 50170 Pontorson, Tel. 02 33 68 11 59, www.camping-haliotis-mont-saint-michel.com
GPS: 48.556944, -1.511389
Platz am Ufer des Flüsschens Couesnon, landschaftsgärtnerisch sehr schön angelegt. Die Stellplätze sind sehr großzügig dimensioniert, manche bieten direkt auf der Parzelle ein eigenes Badezimmer. Beheizter Pool, Sauna und ein Multisportgelände für Kinder sind weitere Merkmale. Ein Radweg führt zum neun Kilometer entfernten Mont Saint-Michel. April bis Anfang November.

Montalivet-les-Bains – Jugend trainiert.

Langres in der Süd-Champagne, bislang noch ein Geheimtipp

3

DIE WIEGE DES WELT-BERÜHMTEN SCHAUMWEINS

Stolze Städte und große Seen – die Champagne bietet mehr als edlen Rebensaft

Starke Kontraste prägen die Landschaft der Champagne – hervorgerufen durch sehr unterschiedliche Böden: zum einen die kreidehaltigen, welche die berühmten Weingebiete kennzeichnen, zum anderen die wasserreichen im regionalen Naturpark de la Fôret d'Orient mit seinen drei großen Stauseen. Diese und kleinere Gewässer locken im Sommer zahlreiche Wassersportler und im Frühjahr und Herbst noch deutlich mehr Zugvögel an. Die ursprüngliche Bauweise mit buntem Fachwerk ist vielerorts gut erhalten; sie trägt zum besonderen Reiz der Gegend bei. Kunstliebhaber finden eine Reihe bedeutender Museen vor, darunter das 2017 eröffnete im ehemaligen Wohnhaus des berühmten Impressionisten Auguste Renoir.

Die Champagne ist Teil der neuen französischen Region Grand Est, zu der etwa auch Lothringen gehört. Beginnen wir unsere Tour in **Langres**, denn Langres ist anders – anders als die vielen Orte in Frankreich, die ihren schönen Kern hinter Fabrikschloten verstecken oder sich in enge Flusstäler zwängen. Langres gleicht einer stolzen Festung aus dem Mittelalter; die Stadt thront weithin sichtbar auf einem Plateau im Südosten der Champagne. Das Geviert der Stadtmauer prägt damals wie heute das Leben. Sogar der kommunale Campingplatz befindet sich innerhalb des 3,5 Kilometer langen Walls. Er bietet – bewacht von den Türmen Navarre und Orval (16. Jh.) – Stellplätze mit Panoramablick auf die zu Füßen liegende grüne Landschaft.
Insgesamt zwölf Türme und sieben Tore der ehemaligen Befestigungsanlage sind erhalten. Der zum Spazierweg ausgebaute Wehrgang eröffnet immer wieder weitere wunderbare Aussichten, etwa auf den Lac de la Liez, den größten der vier umliegenden Seen. Die ersten Palisaden entstanden wohl im 4. Jahrhundert: zu Zeiten des heiligen Didier, des dritten Bischofs von Langres. Der Legende nach starb er bei einem Angriff den Märtyrertod. Er soll, nachdem er enthauptet wurde, nochmals auf sein Pferd gestiegen sein – mit dem Kopf in der Hand.

Blick in den Dom von Langres

1284 wurden Stadt und Land Teil des französischen Königreichs. Langres stellte für die Champagne – dicht an den Grenzen zu Burgund, Lothringen und zur Franche-Comté – über viele Jahrhunderte eine unbesiegbare Bastion dar, zuletzt im Deutsch-Französischen Krieg (1870–1871). Der Geschützturm Petit-Sault (16. Jh.) an der Nordwestecke birgt hinter seinen dicken Mauern zwei beeindruckende, überwölbte Säle; man gelangt zu ihnen nur im Rahmen einer Stadtführung über steile Treppen. Von der Plattform oben, die frei zugänglich ist, fällt der Blick hinab ins reizende Bonnelle-Tal.
Begleitet oder unbegleitet: Alle Besucher landen früher oder später in der Kathedrale Saint-Mammès, errichtet im 12. Jahrhundert. Sie ist 94 Meter lang und 23 Meter hoch. Vom heiligen Mammas erzählt man, dass er im 3. Jahrhundert lebte, aus Kappadokien stammte und zu wilden Tieren predigte. Als römische Gardisten ihn verhaften wollten,

ROUTE 3

START- UND ENDPUNKT
Langres und Mouzon

BESTE JAHRESZEIT
Mai bis Oktober

STRECKENLÄNGE
405 Kilometer

FAHRZEIT
5 bis 7 Tage

MAUTSTRECKEN
keine

Start
Langres
Kathedrale
St-Mammès
Stadtmauer
N19
619
65
65C
65B
619 61 km
Colombey-les deux-Églises

Baroville, umgeben von einem Meer aus Reben

beschützten ihn die Tiere; seine grausame Hinrichtung konnten sie aber nicht verhindern. Das Kircheninnere ist im Stil der burgundischen Romanik gehalten: Ein sechsjochiges Kreuzrippengewölbe überspannt das Hauptschiff, das bereits gotische Einflüsse zeigt. Hell erstrahlen – von einer Reihe Spitzbogenfenstern umrahmt – Chor und Apsis.

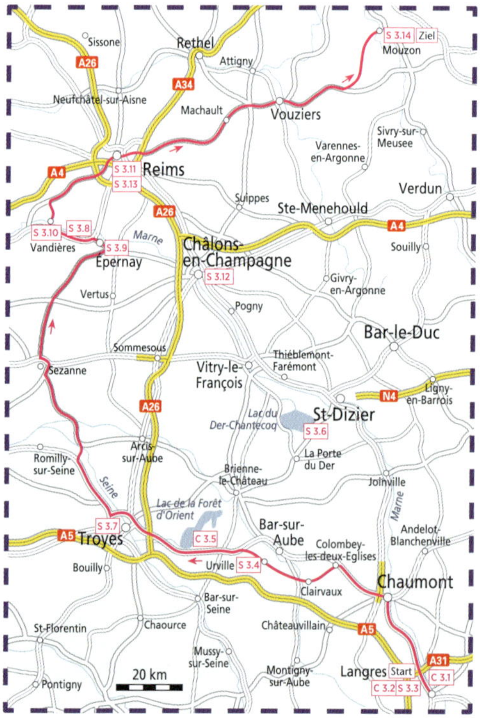

In die Altstadt von Langres gelangt man sowohl von Osten über einen Schrägaufzug vom weit unten liegenden Parkplatz Sous-Bie als auch von dem auf der großen Place Bel'Air im Süden. Von dort sind es nur wenige hundert Meter zum offiziellen Reisemobilstellplatz mit Entsorgung, schräg gegenüber am Ende einer Wohnstraße.

GENERAL UND STAATSMANN

In dem gut eine Fahrstunde entfernten **Colombey-les-Deux-Églises** lädt das Mémorial Charles de Gaulle zur Besichtigung ein. Der General hatte in dem kleinen Ort ein Anwesen, wohin er sich gern zurückzog. Daher war es auch sein Wunsch, auf dem Dorffriedhof – mit Blick auf die Landschaft, die er innig liebte – bestattet zu werden. Seine Ruhestätte wurde 2008 um eine Daueraus-

Champagner-Gut Drappier: edle Limousinen für besondere Anlässe

KULTUR

RENOIR NEU ENTDECKEN

Der Süden der Champagne ist seit Juni 2017 um eine Attraktion reicher: Das Wohnhaus des berühmten französischen Malers Pierre-Auguste Renoir in Essoyes im Département Aube wurde nach umfangreichen Renovierungsarbeiten der Öffentlichkeit zugänglich gemacht. Das neue Museum – eingerichtet im Stil des 19. Jahrhunderts – zeigt Originalwerke des Impressionisten. Renoir lernte 1880 in Paris Aline Charigot, kennen, 1890 heirateten sie. Nach der Geburt ihres zweiten Sohnes kauften sie 1896 dieses Anwesen. Sowohl Familien- als auch Künstlerleben fanden fortan in der Champagne statt. Das Haus blieb bis 2013 in Familienbesitz. Die Stadt ist jetzt die neue Eigentümerin. Wechselnde Sonderausstellungen begleiten das Jahr. Renoirs Atelier im Garten kann ebenfalls besichtigt werden (www.renoir-essoyes.fr).

stellung erweitert. Sie präsentiert in Bild und Ton die militärische und politische Laufbahn von de Gaulle; dabei wird das Familienleben nicht ausgespart. Über der Gedenkstätte ragt ein monumentales, fast 45 Meter hohes Lothringer Kreuz – Symbol des französischen Widerstands.

Feine Gaumenfreuden vor der Weiterfahrt am Nachmittag verspricht das Restaurant La Grange du Relais mit Terrasse und gemütlichem Gartenbereich an der Hauptstraße (www.lagrangedurelais.fr).

Das Leben der Zisterzienser war indes von Entsagung bestimmt, die sich in Form von Schmucklosigkeit und Strenge im Baustil ihrer Klöster widerspiegelt, so auch in der nahe gelegenen ehemaligen Abtei von **Clairvaux**. Gegründet wurde diese 1115 von einem jungen Mönch namens Bernard de Fontaine, der als

Mesnil-Saint-Père
43
Lac de la Fôret d'Orient
619
22 km
Troyes
610
Historisches Zentrum
619
Kathedrale
373
Kirche Ste-Madeleine
951
N4
951
40
105 km
Épernay

Bernhard von Clairvaux eine der Hochburgen des Christentums im Mittelalter schuf.

Das elegante Kreuzgratgewölbe im Schlafsaal im Konversenbau zeigt, dass schöne Formen dennoch nicht verpönt waren. Auch die Verwendung von gelbem Sandstein wie hier war nach Bernhards selbst verfasster »Bibel« ausdrücklich erlaubt; der warme Farbton sollte ein bisschen Wärme in die kalten Räume zaubern. Besichtigt werden können daneben das Refektorium, der große Kreuzgang und das Gästehaus der Damen. Die um 1140 erbaute Kirche wurde unter Napoleon abgerissen – im Zuge des damaligen Umbaus zu einer Haftanstalt.

PRICKELNDES ERLEBNIS

Charles de Gaulle mochte ihn und auch Barack Obama sagt man eine Vorliebe für ihn nach: Champagner aus der Domaine Drappier, 1802 im benachbarten **Urville** gegründet. Doch nicht nur Staatsoberhäupter, Würdenträger und andere hohe Persönlichkeiten, sondern auch »normale« Menschen sind auf dem Gut sehr willkommen, was zum Beispiel die Bereitstellung von Übernachtungsplätzen für Reisemobile im Innenhof des schicken Anwesens unterstreicht. Bei einer Kellerführung mit Kostprobe in den teils noch sehr viel älteren Gewölben erfährt man Näheres etwa zur zweiten Gärung, zum besonderen Klima oder den kreidehaltigen Böden in der Region (www.champagne-drappier.com). Unweit westlich erstreckt sich der Parc naturel régional de la Fôret d'Orient, ein 82 000 Hektar großer Naturpark aus Wäldern und vielen kleinen und großen Gewässern. Lac Amance, Lac du Temple und Lac d'Orient heißen die drei größten Seen, die auch das

Typisch für Troyes: die mit Holzschindeln verkleideten Häuser

↑ Drappier in Urville: Willkommen im Heiligtum!
↗ Die Vergangenheit ist in Troyes überall lebendig.

Herzstück bilden. Um sie herum führen Wander- und Fahrradwege. Am Amance-See kann man allen Arten des Motorbootsports nachgehen oder sich entspannt am Strand räkeln. Der Lac du Temple ist ein Paradies für Angler und Kanufahrer – und am letzten, dem Lac d'Orient, frönt man gern dem Segeln und Tauchen.
Gleich gegenüber dem großen Wassersport- und Freizeitgelände in **Mesnil-Saint-Père** befindet sich ein sehr schöner und komfortabler Campingplatz. Zu dessen Ausstattung zählen beispielsweise Frei- und Hallenbad. Für die Liebhaber rustikaler Landküche empfiehlt sich das La Mangeoire in der ehemaligen Poststation Paris–Basel (mit großem Parkplatz) im Nachbarort **Montiéramey**.

WAHRLICH EIN KATZENSPRUNG

Schiefes Fachwerk, schmale Gassen und glanzvolle Gotteshäuser: Ein Gang durch die historischen Viertel in **Troyes** zeigt ein Spiegelbild des Mittelalters. In der Cité rund um die Kathedrale Saint-Pierre-et-Saint-Paul (13.–17. Jh.) wohnten Adel und Klerus, im Stadtteil um die Kirchen Sainte-Madeleine, Saint-Urbain und Saint-Jean die Bürger und Handwerker. Dort verläuft die Ruelle des Chats, »die Katzengasse«, die so eng ist,

SPECIAL

ERFOLGREICHER EINGRIFF IN DIE NATUR

Die Seen im Naturpark Fôret d'Orient wurden 1970 künstlich angelegt, um die Flussläufe von Aube und Seine zu regulieren. In den Wäldern drumherum wachsen hauptsächlich Eichen, aber auch Buchen sowie Fichten und Kiefern, die nach dem Zweiten Weltkrieg neu gepflanzt wurden. Diese in großen Teilen »neue Landschaft« dient nun sehr vielen Zugvögeln als Rastplatz. 260 Arten konnten bislang gezählt werden, darunter seltene wie Graugänse, Schwarzstörche und Seeadler. Manche Spezies verbringen jetzt den ganzen Winter dort. Der Name des Waldes rührt im Übrigen von seinem früheren Besitzer: Chevaliers d'Orient, einem Johanniter und Tempelritter im 12. Jahrhundert.

Alles gut überschaubar: Zentrum von Hautvillers

dass die Katzen leicht von einem Giebeldach zum anderen auf der gegenüberliegenden Seite springen können. Doch durch das Viertel führen auch repräsentative Straßen, wie etwa die Rue Champeaux mit dem Haus des Bäckers gleich um die Ecke, einem stattlichen Renaissance-Gebäude mit rundem Erkerturm. Erker halfen damals, Steuern zu sparen, denn allein die Grundfläche bestimmte deren Höhe.

Die Glasmaler pflegten ab dem 14. Jahrhundert einen eigenen ausdrucksstarken, naturtreuen Stil, Schule von Troyes genannt. Berühmt sind die Glasfenster in der Kathedrale; an ihnen lässt sich die Entwicklung der Glasmalerei über die verschiedenen Epochen verfolgen. Die älteste Kirche der Stadt ist die Église Sainte-Madeleine, erbaut um 1150. Ihr bemerkenswertestes Ausstattungsstück ist der fast weiße, filigran gemei-

Épernay
1 Avenue de Champagne
22 Hautvillers
3
601
1 20 km
Vandières
23 Champagnerhaus Nowack
980 33 km
Reims

Kathedralenfenster im Stil der Schule von Troyes

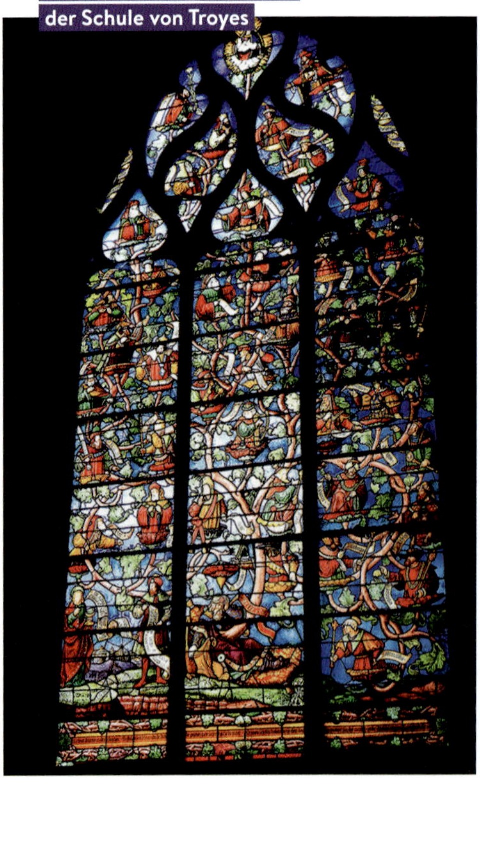

ßelte spätgotische Lettner (die Bezeichnung für eine im Mittelalter kunstvoll gestaltete Wand zwischen Chor und Langhaus). Troyes galt früher auch als die Hauptstadt der Strickhauben: Im 18. Jahrhundert zählte man bis zu 40 Betriebe, die Mützen und Strümpfe herstellten. Das Gewerbe kann sich bis heute gut behaupten. Kunstfans strömen gezielt ins Musée d'Art moderne im ehemaligen Bischofspalast mit Hunderten Gemälden, Zeichnungen und Skulpturen. Die Freunde der herzhaften Kost sollten zudem unbedingt die hiesige Spezialität Andouillettes probieren (Würste aus Innereien). Der Grundriss der Innenstadt hat im Übrigen die Form eines Champagnerkorkens.

SPECIAL

DIE CHAMPAGNER-STRASSE

Aus fünf Routen besteht die Champagnerstraße, eine Touristikstrecke, die alle sehenswerten Orte der Region einschließt. Zu diesen gehören sowohl bekannte wie Épernay, Hautvillers und Reims als auch weniger bekannte wie etwa Les Riceys. Auch das Winzermuseum von Verzenay und die Schlösser von Chacenay und La Motte-Tilly liegen am Weg und sind mögliche Stationen. Ein schöner Abschnitt führt zum Beispiel vom Massif de Saint-Thierry ins Ardre-Tal, ein anderer ins Marne-Tal und über die Höhen von Épernay.

Aussicht vom alten Kloster in Hautvillers

Épernay: Weltkulturerbe Avenue de Champagne

PIONIERLEISTUNG DES DOM PÉRIGNON

Wenn auch seit jeher viele Champagner-Messen in Troyes stattfinden, gilt doch ohne Frage **Épernay** als die Hauptstadt des edlen Getränks. Durch das Kreidegestein unter der 25 000-Einwohner-Stadt verlaufen 100 Kilometer Stollen, wo Abermillionen Flaschen lagern. Die Avenue de Champagne mit ihren Kellereien von Weltruf, die nahen Kalksteinhöhlen und Weinhänge, die als Wiege des Schaumweins gelten, wurden als schützenswert eingestuft: Sie gehören seit 2015 zum UNESCO-Weltkulturerbe. Zu den prestigeträchtigen Firmen zählt unter anderem Moët & Chandon. Die ausführlichen Führungen dort verdeutlichen den Besuchern die einzelnen Etappen der Champagner-Herstellung. Von Beginn an arbeitete man eng mit der Abtei in **Hautvillers** zusammen, wo Dom Pérignon (1639–1715) viele Jahre Prokurator und Kellermeister war. Pérignon gilt als der Wegbereiter: Er perfektionierte den Verschnitt von Trauben (Cuvée), verwendete erstmals Flaschen aus dickem Glas mit dem speziellen Korken und richtete Keller im Kreidegestein ein, wo der Wein bei gleichbleibender Temperatur reifen konnte. Das hübsche Weindorf – es erstreckt sich auf einer Anhöhe – durchziehen lauschige Gassen, geschmückt mit Pflanzenkübeln und handbemalten Zunftschildern an den Fassaden. Von dem bisweilen überbordenden Weintourismus wie in anderen Winzerhochburgen Frankreichs ist jedoch in Hautvillers nichts zu spüren.

Reims
Kathedrale
Palais du Tau
980 – 946 – 947 – 6 – 19
101 km
Mouzon
Abbatiale Notre-Dame
Filzmuseum

Westlich von Épernay liegt das Dorf **Vandières**, dessen Name sich vermutlich vom lateinischen »vinum dare« (»Wein einschenken«) ableiten lässt. Einzige Sehenswürdigkeit ist die romanische Kirche des Ortes mit schöner Vorhalle. Nur ein paar Gassen weiter hat das Champagner-Gut Nowack seinen Sitz. Zurückverfolgen lassen sich die Familiengeschichte und mit ihr die Weintradition bis ins Jahr 1795. Damals wurde Jean-Baptiste Nowack geboren, Sohn eines Einwanderers aus Osteuropa. Die Mutter stammte aus dem Dorf. Jean-Baptiste pflanz-

SPECIAL

EIN STÜCK AUTOMOBILGESCHICHTE

Philippe Charbonneaux (1917–1998) war Maler, Zeichner, Ingenieur, Architekt, Erfinder und Sammler und vor allen Dingen Designer, der sich auf Automobile spezialisiert hatte. Charbonneaux, der in Reims aufwuchs, begann bereits als Junge zu zeichnen. Er war fasziniert von allem Mechanischen und brachte dieses zu Papier. Nach dem Krieg designte er den Delahaye 235 GT, einen von Hand gefertigten französischen Luxuswagen. Er ging für kurze Zeit nach Amerika und entwarf dort die Urform der Chevrolet Corvette. Weitere Stationen waren Renault, wo er das Aussehen der Modelle R 8 und 16 gestaltete. 1985 schenkte er seine private Sammlung mit ungefähr 160 Oldtimern dem S.C.A.R. (Salon of Vintage Car Club Collectors Reims). Sie bildete die Grundlage für das Musée Automobile Reims Champagne. Zu besichtigen sind heute in diesem Museum auch Fahrzeuge großer Marken wie Porsche und Jaguar. Miniatur- und Tretautos, alte Plakate und Reklameschilder aus Emaille sind dort ebenfalls ausgestellt. (www.musee-automobile-reims-champagne.com).

te die ersten Rebstöcke – seine Nachkommen übernahmen sein Erbe und entwickeln es bis heute weiter. Vor ein paar Jahren hat man auf dem Gelände mit Verkaufsraum und Champagnerkeller einen kleinen Stellplatz für Reisemobile eingerichtet. Dieser musste sehr bald aufgrund hoher Nachfrage um die große Obstwiese hinterm Haus erweitert werden, wo jetzt auch Zelte und Wohnwagen Aufnahme finden. Eine gute Ausstattung unterstreicht die campingplatzähnliche Atmosphäre.

↓ Schmucke Dorfkirche im berühmten Winzerdorf Hautvillers

↘ Porte de Bourgogne in Mouzon, letzter Rest der Stadtmauer

DIE GROSSE ALTE DAME

Reims ist neben Troyes und Épernay ein weiteres wichtiges Zentrum des Champagner-Handels. Zu den renommiertesten Kellereien in der Stadt zählen beispielsweise Vranken-Pommery oder Mumm, gegründet im 19. Jahrhundert von einer deutschen Weinhändlerfamilie. Ihre 18 beziehungsweise 25 Kilometer langen Stollen stammen zum Teil aus gallorömischer Zeit.

↑ Kirche Notre-Dame in Carignan, Nachbargemeinde von Mouzon ↓ Einladender Champagner-Keller in Hautvillers

Die zum Weltkulturerbe gehörende Kathedrale Notre-Dame de Reims gilt als eine der bedeutendsten christlichen Kirchen. Sie war vom 12. bis zum 19. Jahrhundert die Krönungskirche der französischen Könige. Ihr einheitlicher Baustil, die herrlichen Buntglasfenster und der Skulpturenreichtum machen das Gotteshaus zu etwas ganz Besonderem. Die Fassade mit ihrer großen Rosette und den schmalen Säulen ist womöglich die schönste im ganzen Land. Im Palais du Tau, dem ehemaligen erzbischöflichen Palast, ist unter anderem der Kirchenschatz zu bestaunen.

Mouzon, ein Ort im Nordosten der Region, ist zwar klein, bietet aber alles, um diese Tour durch die Champagne stimmungsvoll zu beschließen. Dazu trägt vor allem der schöne Stellplatz direkt am Maas-Kanal bei, wo bisweilen im Minutentakt die Hausboote vorbeituckern. Schon die Kelten unterhielten hier einen Flusshafen. Durch Mouzon verlief einst auch die Römerstraße von Reims nach Trier.

Das gewaltigste Bauwerk im Ort ist die gotische Abteikirche Notre-Dame (12. Jh.); sie besitzt eine Orgel von Christophe Moucherel aus dem Jahr 1725. Das 65 Meter lange, 18 Meter breite und 21 Meter hohe Gotteshaus weist – trotz vieler Kriegsschäden, die immer wieder beseitigt wurden – eine bemerkenswert einheitliche Gestaltung auf. Der Innenraum besticht mit Wänden aus Hauptarkaden, Emporen, Triforium (Hochgang) und Fensterzone, darüber spannt sich ein sechsteiliges Rippengewölbe. Von der ehemaligen Stadtbefestigung ist lediglich die Porte de Bourgogne (15.–17. Jh.) erhalten. 1880 wurde in Mouzon eine Filzfabrik gegründet. Ein Museum zeigt, welche Bedeutung das Handwerk einst hier hatte, und es veranschaulicht die 8000-jährige Tradition der Filzherstellung, die ihren Ursprung in Zentralasien hat.

PRAKTISCHE HINWEISE

TOURISTINFORMATIONEN

CRT Champagne-Ardenne
5, Rue de Jericho, 51000 Châlons-en-Champagne, Tel. 03 26 21 85 80, www.tourisme-champagne-ardenne.com

Office de Tourisme du Pays de Langres et des 4 Lacs
Square Olivier Lahalle, 52200 Langres, Tel. 03 25 87 67 67, www.tourisme-langres.com

Office de Tourisme du Pays de Chaumont en Champagne
Place de l'Église, 52330 Colombey-les-Deux-Églises, Tel. 03 25 03 80 80, www.tourisme-chaumont-champagne.com

Office de Tourisme de la Côte des Bar en Champagne
4, Boulevard du 14 Juillet, 10200 Bar-sur-Aube, Tel. 03 25 29 94 43, www.tourisme-cotedesbar.com

Office de Tourisme des Grands Lacs et de la Forêt d'Orient
Forêt d'Orient Natural Regional Park, Maison du Parc, 10220 Piney, Tel. 03 25 43 38 88, www.lacs-champagne.fr

Troyes La Champagne Tourisme
16, Rue Aristide Briand, 10000 Troyes, Tel. 03 25 82 62 70, www.troyeslachampagne.com

Office de Tourisme Épernay Pays de Champagne
7, Avenue de Champagne, 51200 Épernay, Tel. 03 26 53 33 00, www.ot-epernay.fr

Office de Tourisme de l'Agglomération de Reims
6, Rue Rockefeller, 51100 Reims, Tel. 03 26 77 45 00, www.reims-tourisme.com

Office de Tourisme des Portes du Luxembourg à Mouzon
Rue du Colombier, 08210 Mouzon, Tel. 03 24 29 79 91, www.mouzon.fr

CAMPINGPLÄTZE UND STELLPLÄTZE

C 3.1 **Camping Koawa de la Liez** (S. 283 E1)
Rue des Voiliers, 52200 Peigney, Tel. 03 25 90 27 79, www.campingliez.com
GPS: 47.872057, 5.380912
Ein schönes Freibad mit tollem Blick über den See bildet das Herzstück des gut ausgestatteten Terrassenplatzes, der von vielen Mietunterkünften geprägt ist. Fast alle der 160 Parzellen verfügen über Festanschlüsse. Anfang April bis Mitte September.

C 3.2 **Camping Navarre** (S. 283 E1)
9, Boulevard du Maréchal de Lattre de Tassigny, 52200 Langres, Tel. 03 25 87 37 92,
GPS: 47.860382, 5.329738
Direkt an der Stadtmauer gelegen mit weitem Blick aufs Umland, teils unter Bäumen. Die Einrichtungen sind sauber

Reizvoll gelegen: Reisemobilstellplatz am Maas-Kanal in Mouzon

und gepflegt. Mitte März bis Anfang November.

S 3.3 Aire de Camping-car de Langres (S. 283 E1)
5, rue Jean Favre, 52200 Langres, 03 25 87 32 21
GPS: 47.854907, 5.335350
Zentrumsnahes, neu angelegtes Areal mit weitem Ausblick, unter anderem auf den Lac de la Liez. Der Untergrund ist asphaltiert. Zu den Serviceeinrichtungen zählen unter anderem 16 Stromanschlüsse. Ganzjährig.

S 3.4 Parking Champagne Drappier (S. 278 D6)
Rue des Vignes, 10200 Urville, Tel. 03 25 27 40 15, www.champagne-drappier.com
GPS: 48.169640, 4.653043
Einfache Übernachtungsplätze auf renommiertem Champagner-Gut mit Weinkeller aus dem 12. Jahrhundert. Einkauf ist erwünscht. Die Anreise ist bis 18 Uhr möglich. Ganzjährig, nicht an Wochenenden.

C 3.5 Camping Le Lac d'Orient (S. 278 D6)
17, Rue du Lac, 10140 Mesnil-Saint-Père, Tel. 03 25 40 61 85, www.camping-lacdorient.com
GPS: 48.263327, 4.346942
Der modernste und beliebteste Campingplatz in Seenähe, ausgestattet mit Freibad und Hallenbad. Riesenrutschen erfreuen die Kinder. Ein 300 m langer Fußweg führt jenseits der Straße zum langen und breiten Sandstrand der Gemeinde. Anfang April bis Mitte September.

S 3.6 Camping Presqu´île de Champaubert
(S. 278 D5) RD 153, 52290 Braucourt, Tel. 03 25 04 13 20, www.lescampingsduder.com
GPS: 48.554076, 4.792308
Gelände mit großen Stellplätzen in schöner Lage auf einer Landzunge im Stausee Lac du Der. Neben zwei Badestellen mit Liegewiesen steht auch ein Hallenbad mit Schiebewänden zur Verfügung.
April bis Oktober.

Stadtcamping Navarre in Langres

S 3.7 Aire de Camping-parc de Troyes (S. 278 C6)
Passage de Esplanade Belgique, 10000 Troyes,
Tel. 03 25 82 62 70,
www.troyeslachampagne.com
GPS: 48.291620, 4.075125
Unparzellierte Fläche in Zentrumsnähe auf Großparkplatz. Aufenthalt auf 24 Stunden beschränkt. Ganzjährig.

S 3.8 Halte Camping-car Rue du Parc (S. 278 C4)
Rue du Parc, 51700 Villers-sous-Châtillon,
Tel. 03 26 58 01 13,
www.champagne-bernardclouet.com
GPS: 49.096389, 3.800556
Ausgewiesener Parkstreifen am normalerweise ruhigen Ortsrand an einem kleinen Wald, nur während der Weinlese ist es dort laut. Jetons für Strom und Wasser sind im Haus gegenüber erhältlich. Nebenan befindet sich ein Spielplatz. Ganzjährig.

S 3.9 Camping Municipal d'Épernay (S. 278 C4)
Allées de Cumières, 51200 Épernay, Tel. 03 26 55 32 14,
www.epernay.fr
GPS: 49.057551, 3.949949
Auf einer Wiese mit Bäumen gelegen, am Fluss Marne neben dem städtischen Sportzentrum. Nicht aufgenommen werden Wohnmobile mit Doppelachse. Mai bis September.

Terrassen mit Seeblick: Camping Koawa de la Liez

S 3.10 **Camping Rural – Champagne Nowack** (S. 278 C4) 10, Rue Bailly, 51700 Vandières, Tel. 03 26 58 02 69, www.champagne-nowack.com GPS: 49.106649, 3.734037 Attraktiver Stellplatz hinter dem Weinkeller, sowohl neben als auch in einem Obstgarten. Ein Sanitärgebäude steht zur Verfügung. Ganzjährig.

S 3.11 **Aire de Camping-car de Reims** (S. 278 C4) Chaussee Bocquaine, 51100 Reims, Tel. 03 26 77 78 79, www.reims.fr GPS: 49.250013, 4.021656 Wer den zentrumsnahen Stellplatz nutzen möchte, benötigt einen Code für die Schranke. Dieser ist im Centre International Séjours de Champagne vor Ort erhältlich oder im Tourismusbüro bei der Kathedrale beziehungsweise vorab telefonisch. An der Einfahrt gibt es eine einfache Ver- und Entsorgungsstation. Die Straßenbahn hält direkt am Platz. Die maximale Aufenthaltsdauer beträgt 48 Stunden. Ganzjährig.

S 3.12 **Camping de Châlons-en-Champagne** (S. 278 D5) Rue de Plaisance, 51000 Châlons-en-Champagne, Tel. 03 26 68 38 00, www.aquadis-loisirs.com/camping-de-chalons-en-champagne GPS: 48.936238, 4.383766 Parkartige Anlage mit Standardeinrichtung im Süden der Stadt, lediglich 1 km vom Zentrum entfernt. Der Platz ist von Anfang März bis Anfang November geöffnet.

S 3.13 **Camping La Samaritaine** (S. 278 C4) Rue des Étangs, 08240 Buzancy, Tel. 03 24 30 08 88, www.camping-lasamaritaine.fr GPS: 49.426030, 4.940097 Sehr ruhig gelegener Platz, von einem Bach durchzogen und von Wald umgeben. Eine Freizeitanlage mit Badesee und Strandbad schließt sich an. Mitte April bis Mitte September.

S 3.14 **Accueil Camping-car à la Halte fluviale/ Capitainerie** (S. 279 E3) Rue du Moulin Lavigne, 08210 Mouzon, Tel. 03 24 26 10 63, www.mouzon.fr GPS: 49.606944, 5.076944 Parzellierter Stellplatz in verkehrsarmer Lage am Maas-Kanal. Die Innenstadt liegt nur einen kurzen Spaziergang entfernt. Ganzjährig.

Bergkapelle in Dabo; sie ist Papst Leo IX. geweiht.

4

KOSTBARE KUNSTSCHÄTZE UND GESCHMÜCKTE KÜHE

Herbstreise durch Lothringen ins elsässische Münstertal

Malerische Hügel, hohe Gipfel und tiefblaue Seen: Die ehemalige Region Lothringen – vereint mit anderen zur Region Grand Est – ist ein wahres Naturparadies, das besonders im Herbst zu einer erholsamen Tour mit dem Reisemobil einlädt. Das reiche Kulturerbe der Landschaft bildet das Sahnehäubchen obendrauf. Weitere Stationen sind unter anderem Sarreguemines (Saargemünd), Metz und die Hochvogesen. Lebendiges Brauchtum lockt zudem in der ersten Oktoberhälfte zahlreiche Gäste aus Nah und Fern ins elsässische Vallée de Munster, wenn die Kühe von den Hochalmen in die warmen Ställe im Tal heimgeführt werden. Es ist ein farbenfrohes Spektakel mit Tanz, Musik und gutem Essen.

In Gunsbach gibt's indes nicht nur feinen Käse zu kosten, sondern auch das Haus von Albert Schweitzer zu besichtigen; dort verbrachte der berühmte Arzt seine Kindheit und auch spätere Jahre, falls er nicht gerade in Afrika weilte.
Tourstart ist jedoch zunächst in **Saint-Louis-lès-Bitche** (Münzthal), einem kleinen Ort im Regionalen Naturpark Nordvogesen. Des Weiteren liegt er an der deutsch-französischen Touristikroute. Die Leitung und die Mitarbeiter in der hier ansässigen Kristallglasfabrik (Cristalleries de Saint-Louis) sind ungeheuer stolz auf ihre lange Firmengeschichte: Anno 1767 startete die Produktion; sie umfasst bis heute sowohl Gebrauchsgegenstände als auch reine Dekorationsartikel. Das integrierte Museum erzählt mit seiner großartigen Sammlung auf vier Stockwerken die Geschichte der Kristallglasherstellung – faszinierend in Licht und Szene gesetzt durch die Architekten Lipsky und Rollet. Ebenso können die Besucher die Entstehung aktueller Kollektionen live miterleben (www.saint-louis.com).
Die alte Bliesmühle in **Sarreguemines** (Saargemünd), die zur Herstellung von Steingut genutzt wurde, beherbergt heute das Museum für Fayence-Technik (Musée des Techniques Faïencières). Es veranschaulicht die Bearbeitungsschritte bei der Keramikherstellung im 19. und 20. Jahrhundert, das heißt: das Formen der Rohmasse, den ersten Brand, die Verzierung und schließlich den zweiten Brand. Im Laufe der Jahre gelang es der Stadt, eine bedeutende Sammlung von Maschinen und Spezialwerkzeugen in der Moulin de la Blies zusammenzutragen und stimmungsvoll zu präsentieren: Hier auf dem Tisch stapeln sich die Teller vor der Bemalung, dort im Regal müssen noch einige Krüge vor dem Brennen trocknen.

VON GLYZINIEN, GEISSBLÄTTERN UND BAMBUS

Um die Mühle herum sind nach und nach alle übrigen einstigen Werkstätten verschwunden. So konnte die Natur ihren alten Platz wieder zurückerobern. Aus dieser Ansammlung von wild wuchernden Pflanzen und Steinen ist der Garten der »Fayenciers« entstanden, den der Landschaftsarchitekt Philippe Niez entworfen hat. Niez ist es gelungen, mit Fayence-Farben eine Verbindung zwischen den Fabrikruinen und der Natur zu schaffen. Besonders sehenswert sind der

ROUTE 4

START- UND ENDPUNKT
Saint-Louis-lès-Bitche und Gunsbach

BESTE JAHRESZEIT
Frühherbst

STRECKENLÄNGE
411 Kilometer

FAHRZEIT
6 bis 8 Tage

MAUTSTRECKEN
keine

Start Saint-Louis-lès-Bitche
36 – Cristalleries de Saint-Louis
662
30 km
Sarreguemines
N61 – Musée des Techniques Faïencières
910
656
603
N3 – 73 km
Metz

Edles Handwerk: Kristallglasherstellung in Saint-Louis-lès-Bitche

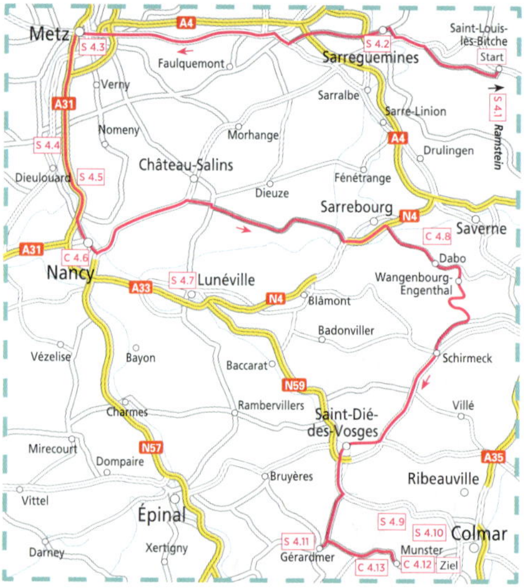

Küchengarten des Direktors und der Mühlsteingarten.

Die Anlage gehört zum grenzüberschreitenden Netzwerk »Gärten ohne Grenzen«. Japanische Glyzinien, Geißblätter und Klematis ranken am Weg. Unter den Trauerkirschweiden blühen die Pfingstrosen, im Bach im Garten plätschert leise ein Wasserfall. Im Musée des Faïences – ebenfalls im Ort – sind umfangreiche Keramiksammlungen zu bestaunen, dazu der 1882 angelegte Wintergarten von Paul de Geiger, dem ehemaligen Manufakturdirektor, monumentale Majolika-Brunnen, ein historischer Brennofen und weitere Schätze, die einst

Figuren aus gelb-goldenem Sandstein an der Kathedrale in Metz

KULTUR

PRACHTBASILIKA

Ein Glanzlicht spätgotischer Baukunst ist die Basilika Saint-Nicolas in der Industriestadt Saint-Nicolas-de-Port nahe Nancy. Wieder und wieder wurde das Gotteshaus beschädigt, etwa von den Schweden im Dreißigjährigen Krieg. Umfangreiche Renovierungsarbeiten ließen jedoch das lichtdurchflutete Innere nach jeder Zerstörung noch heller strahlen als zuvor. Herrlich anzuschauen sind im Übrigen die Glasgemälde in der Apsis, gefertigt im 16. Jahrhundert von Nicole Droguet aus Lyon. Zur Wallfahrtsstätte wurde die Kirche, weil in ihr ein Fingerglied des heiligen Nikolaus aufbewahrt wird und die Berichte über Wunder sich immer mehr häuften. Die wertvolle Reliquie hatten einst lothringische Ritter aus dem süditalienischen Bari mitgebracht (www.basiliquesaintnicolas.fr).

↑ Reisbauernhüte waren Vorbild für das Dach des Centre Pompidou. ↓ Lothringens Wälder laden zu herrlichen Wanderungen ein.

Saargemünd in aller Welt berühmt machten (www.sarreguemines-tourisme.com). Das ein gutes Stück westlich gelegene **Metz** – wichtige Metropole im Nordosten von Frankreich – ist reich an ausgeprägten Kontrasten: Es wirkt jung und alt, sehr modern und manchmal ein wenig verstaubt und in die Jahre gekommen. Beispiele? Zum einen das luftig-leicht gestaltete Kunstmuseum Centre Pompidou, zum anderen der massive Bahnhof nebenan – dieser nicht weniger beeindruckende Bau aus Kaiser Wilhelms Zeiten, als Lothringen deutsch war. Die geflochtenen Bambushüte der Reisbauern sollen den japanischen Architekten Shigeru Ban zur anmutig geschwungenen Dachkonstruktion des modernen Kunsttempels inspiriert haben. Die Ausstellungsgalerien zeigen Sammlungen moderner und zeitgenössischer Kunst in Europa, darunter Werke von Picasso, Duchamp und Gursky.

HARMONIE IN VOLLENDUNG

Auch verhalfen Meister wie Chagall der Kathedrale Saint-Étienne zu ihrem Beinamen »Laterne Gottes«; dieser beschreibt die weltweit größte Fläche an bemalten Kirchenfenstern. Ebenso einzigartig: Fassaden und Figuren aus gelbgolden leuchtendem Jaumont-Sandstein. Ein weiterer Glanzpunkt städtebaulicher Kunst in Lothringen ist die

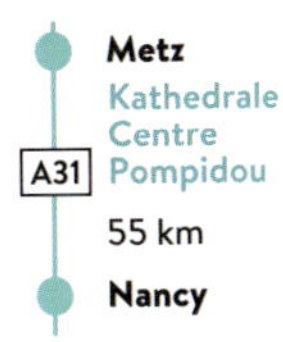

Place Stanislas in **Nancy**. Schmiedeeiserne Gitter – mit Ornamenten verziert – säumen den Platz, der ein Werk von vollendeter Harmonie darstellt. Er zählt seit 1983 zum Weltkulturerbe. Besuchenswert ist die Stadt des Weiteren wegen ihrer zahlreichen Jugendstilbauten.

PARC ANIMALIER DE SAINTE-CROIX

Eine Fahrstunde östlich von Nancy erstreckt sich in **Rhodes** nahe am Stock-Weiher (Étang de Stock) der weitläufig angelegte Wildpark von Sainte-Croix (Parc Animalier de Sainte-Croix). Auf dem weitgehend naturbelassenen, 120 Hektar großen Freigelände leben rund 1200 Tiere etwa 90 verschiedener europäischer Gattungen, darunter Wölfe, Luchse, Füchse und Störche. Zusätzlich kümmert man sich auf einem Bauernhof sehr um bedrohte Arten, wie zum Beispiel Vierhornschaf, Poitou-Esel oder Wollschwein.
Groß ist der Bestand an Hirschen, die in freier Wildbahn in Lothringen beinahe ausgestorben sind. Besonders schön ist es, die Paarhufer Anfang Oktober zu erleben, wenn ihr lautes Liebeswerben vom Waldrand her über die Wiesen schallt.
Der Park bietet daneben fast das ganze Jahr über zahlreiche Aktionen für Kinder, wobei vor allem die Tierfütterungen auch bei Erwachsenen großen Anklang finden (www.parcsaintecroix.com).

Falkenfelsen bei Dabo: Kletterrevier mit Anspruch

ADAM UND EVA UND EIN PAPST

Nach weiteren 15 Kilometern ist **Sarrebourg** (Saarburg) erreicht. Die kleine Stadt gehörte einst zum Bistum Metz, später zum Herzogtum Lothringen und kam schließlich am Ende des 18. Jahrhunderts zu Frankreich. Ihre Hauptattraktion ist das Glasfenster in der Franziskanerkapelle (Chapelle des Cordeliers), geschaffen von Marc Chagall. Die prachtvolle Arbeit aus Buntglas ist stattliche 12 Meter hoch und 7,50 Meter breit; das Fenster breitet sich über die gesamte Westseite aus und erzählt in leuchtendem Blau, Grün und Rot sehr anschaulich die Schöpfungsgeschichte. Das Meisterwerk ist aus 13 000 Teilen zusammengesetzt und wiegt nahezu eine Tonne.
Wenn sich ab Oktober der Nebel in den Niederungen Lothringens ausbreitet, dann beginnt in den Regionen darüber, wie etwa auf den Vogesengipfeln, die schönste Zeit mit oft überragender Fernsicht – für viele Gäste mit Wohnmobil ein guter Grund, wieder einmal

die Wanderstiefel zu schnüren. Jetzt dominieren die gelben und roten Farben in allen Schattierungen. Reizende Ausblicke bieten oft auch schon die mittleren Lagen, darunter die Gegend rund um den Ort **Dabo** mit dem Rocher de Dabo (Dagsburger Felsen) und seiner markanten Bergkapelle. Diese ist Papst Leo IX. geweiht, geboren als Bruno von Egisheim-Dagsburg (1002–1054). In der Nähe führt ein wundervoller Wanderweg zum bei Kletterern sehr beliebten Falkenfelsen mit darunterliegenden Felsenwohnungen, wo einst neben einem Eremiten böse Gesellen – darunter Wilderer und Räuber – außerhalb der Gesellschaft ein ärmliches Dasein fristeten.

AB IN DIE HEIDE

Die entzückenden »Jardins de Callunes« in **Ban-de-Sapt**, einer kleinen Gemeinde nordöstlich der Stadt Saint-Dié-des-Vosges, sind ein herrlicher Ort, um sich zu entspannen. Der Name der Landschaftsgärten leitet sich von der botanischen Bezeichnung Calluna vulgaris (= gewöhnliche Besenheide) ab. Das vier Hektar große Areal umfasst etwa 230 Heidearten zwischen blumengesäumten Steinpfaden, eine umfangreiche Azaleen- und Rhododendren-Sammlung und Ahornbäume, die für ihre farbintensive Blattfärbung bekannt sind. Der Park ist geöffnet von Mitte April bis Mitte Oktober, täglich außer montags (www.jardindecallunes.fr).

ZU WASSER, ZU LAND

Im **Vallée des Lacs** weiter südlich breiten sich die drei Seen von Gérardmer, Longemer und Retournemer aus, die während der Eiszeiten entstanden sind. Das tiefe Tal wurde gegraben, als der Gletscher, der vor langer Zeit das Hohneck-Massiv bedeckte, langsam hinabrutschte. Er schob Gestein und Geröll vor sich her, die natürliche Staudämme schufen, welche das Wasser sammelten – was letztendlich zur Seenbildung führte. Die vielen Wasserfälle sind ebenfalls letzte Überreste, die der Gletscher hinterlassen hat.

Der tiefblaue See von Gérardmer ist mit gut zwei Kilometer Länge und einer maximalen Breite von 750 Metern der größte in den Vogesen. Er und der Ort zogen schon früh die Gäste an: Anno 1852 erschien über die Gegend ein erster Reiseführer, worin der Autor eine ansehnliche Zahl von Fremden hervorhob. 23 Jahre später wurde das »Comité des

↑ Fruchtbares Weideland um Saint-Dié-des-Vosges ↓ Farbenprächtige Callunes-Gärten in Ban-de-Sapt

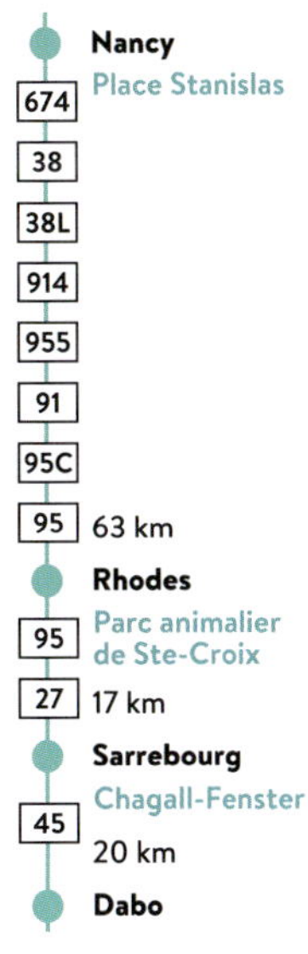

↑ Freizeitsportler lieben Gérardmer.
↗ Informativ: Maison du Fromage in Gunsbach

Promenades« gegründet, ein Vorläufer der Tourismusbüros in Frankreich. Das Gewässer lädt nicht nur zum Baden ein, sondern bietet auch viele Wassersportmöglichkeiten – darunter Segeln, Windsurfen und Tauchen. Beliebt sind zudem Fahrten mit einem Elektro- oder Tretboot. Das Gleiche gilt für den geheimnisvoll schimmernden Lac Longemer. Am Lac Retournemer, der am Talende liegt und den man »den Unberührten« nennt, sind dagegen nur Spaziergänge erlaubt. Auf den nahen Höhen lassen sich mit etwas Glück Gämsen und Auerhühner erspähen. Eine der beliebtesten Wanderstrecken führt über Hochweiden zum Hohneck, der höchsten Erhebung (1362 m) des Vogesenkamms. Vom Gipfel schweift der Blick weit über den Oberrheingraben.

Dabo
45 Rocher de Dabo Felsenwohnungen
218
392
1420
32 78 km
Ban-de-Sapt

FRÖHLICHER ZUG INS TAL

Der Hohneck markiert auch die frühere Grenze zur Region Elsass, die nun auch zur Grand Est gehört. Über den Pass »Col de la Schlucht« führt eine Straße hinunter ins **Vallée de Munster** (Münstertal). Dieses wartet im Oktober mit einem sehr schönen Brauch auf: dem Almabtrieb in den Vogesen. Dabei ziehen die Bauern mit ihren geschmückten Herden aus schwarz-weiß gesprenkelten Vogesenkühen von den Hochalmen in die tief gelegenen Winterquartiere – begleitet von lautem Glockengeläut und munteren Volksweisen.
Das Ganze läuft etwa so ab: Die Leittiere bekommen zunächst von ihren Besitzern einen Kopfschmuck aus kleinen Tannenbäumen mit bunten Schleifen aufgesetzt. Dann werden den Tieren die blank geputzten Glocken um die Hälse gelegt, so, wie es der Brauch verlangt. Vor dem Abstieg stärken sich alle einschließlich der Gäste, die sich dem Zug

AUSFLUG

Das Tal von Orbey gilt als eines der beeindruckendsten im Elsass. Man erreicht es von Westen her über die Route des Crêtes, die Vogesenkammstraße. Die kahlen Hänge um den Lac Noir und den Lac Blanc bilden einen scharfen Kontrast zu den sonst dicht bewaldeten Tälern in der Region. Es ist »welsches Land«, das heißt, dass alle, die hier in den kleinen Orten vor dem Ersten Weltkrieg geboren wurden, Welsch sprachen, eine romanische Sprache, die aus dem Volkslatein entstanden ist. Hohe Granitfelsen umgeben die dunkle Fläche des Lac Noir (954 m). Über dem 72 Meter tiefen Lac Blanc (1054 m) thront ein bizarrer Felsen, der in seiner Form einer Festung ähnelt.

anschließen möchten, ein letztes Mal – zum Beispiel in der Ferme-Auberge du Treh. Drinnen in der urigen Gaststube schwebt der süßlich-würzige Duft des berühmten Münsterkäses. Durch die beschlagenen Scheiben schimmert zartblau der wolkenlose Himmel, welcher einen goldenen Oktobertag verspricht. Bernsteinfarbenes Licht ergießt sich über die Kammlagen mit den vom Tau benetzten Wiesen.

Der 18 Kilometer lange Fußweg ins Tal führt zunächst über gelb-bunte, spärlich bewachsene Hochflächen, dann leicht abwärts durch noch immer dicht belaubte Wälder und später steil bergab. Bei der Ankunft im Dorf **Muhlbach-sur-Munster** bietet sich der Begleittruppe ein stimmungsvoll-heiteres Bild: Viele Besucher haben sich prächtig herausgeputzt. Sie tragen die grauen und blauen elsässischen Trachten mit schwarzem Hut und feiern bei Gugelhupf und Wein ein rauschendes Fest, das »Wandelfescht« – auf Französisch »Fête de la transhumance«. Musik und Tanz setzen ein, nachdem gegen Mittag die ersten der etwa zehn Herden mit gut 250 Tieren mit Trara empfangen wurden. Man bejubelt übrigens auch den Almauftrieb im Mai, traditionell am Namenstag des heiligen Urban. Informationen zu den Terminen gibt es im Internet unter www.vallee-munster.eu/de/neugierig/museen-und-traditionnen/transhumanz.html.

JEDE MENGE HOLZ

Dass das Leben im Tal nicht immer so vergnügt und ausgelassen war, erfährt man im Musée de la Schlitte et des Métiers du Bois, ebenfalls in Muhlbach beheimatet. Es zeigt den harten Alltag der früheren Waldarbeiter: Sie mussten noch bis 1965 die geschlagenen

↑ Alle im Tal feiern zusammen mit den Gästen den Einzug. ↓ Muhlbach-sur-Munster: ein sehr ländlich geprägtes Dorf

Stämme mit Holzschlitten teils aus den entlegensten Winkeln auf eigens dafür hergestellten Bohlenwegen zu Tal bringen. Das enorme Gewicht lastete auf ihren Rücken, mit dem sie auch lenkten – und zum Bremsen nutzten sie einzig ihre Fersen!

Ban-de-Sapt
Jardins des Callunes
32
49
415
8
417 41 km
Gérardmer
Vallée des Lacs
417
34 km
Munstertal
Musée de la Schlitte et des Métiers du Bois
Fête de la transhumance
Maison du Fromage
Musée Albert-Schweitzer

Das Münstertal gilt als die Wiege des Holztransports per Schlitten. Seit 1973 gibt das Museum darüber einen sehr genauen Einblick. Ebenfalls ausgestellt sind Werkzeuge von Böttchern, Drechslern und Holzschuhmachern. Zu den letztgenannten zählt André Haeberlé in **Luttenbach** nebenan. Er fertigt traditionelle Holzschuhe, die sehr gefragt sind. Er hat sogar schon hölzerne High Heels für die Fashion Week in Paris hergestellt. Diese und die herkömmlichen Modelle sind jedoch nicht dazu geeignet, um mit den Viehherden Schritt halten zu können, die auf dem Weg zu den Heimathöfen zum Teil ein beeindruckendes Tempo vorgeben.
Das Vallée de Munster besteht übrigens genau betrachtet aus drei Tälern: dem der Kleinen Fecht und der Großen Fecht sowie dem weiten vorderen Tal, das durch den Zusammenfluss der beiden Wasserarme geschaffen wurde. Nach der hohen Zahl nistender Vögel zu schließen, ist der mittelgroße Ort Munster nicht nur die Hauptstadt der Talbewohner, sondern auch die der Störche. Besonders viele Nester weist der ehemalige Abtspalast auf. Man kann die majestätischen Tiere zudem in einem Gehege im Norden der Stadt bewundern. Deren Name geht auf das frühere »Monasterium« zurück – ein Kloster, das irische Mönche im 7. Jahrhundert hier errichteten.

KÄSE, KÜMMEL, GEWÜRZTRAMINER

Bekanntester Exportschlager der Gegend ist der vorhin erwähnte Münsterkäse. Seine Herstellung erfolgt nach einem uralten Rezept, das die besagten Mönche erfanden. Man mischt dazu Abend- und Morgenmilch, erwärmt sie auf 32 Grad Celsius und fügt Lab hinzu – ein Enzym des Labmagens noch saugender Kälber, das die Milch gerinnen lässt. Danach lässt man sie in den typischen runden Formen abtropfen. In den Tagen darauf wird der langsam entstehende Käse gesalzen und ständig gedreht. Sobald dieser fest geworden ist, kommt er zum Reifen in den Keller. Die Laibe werden dort regelmäßig mit Wasser abgewaschen, was zu der charakteristischen Kruste führt. Nach rund drei Wochen darf man das Milchprodukt erstmals genießen. Der Käse entfaltet sein volles Aroma nur, wenn er eine Stunde vor dem Verzehr aus dem Kühlschrank genommen wird.
Die Elsässer gelten gemeinhin als vorausschauende Menschen: Im Hinblick auf eine gute Verdauung servieren sie den Käse gern mit Kümmel und trinken dazu ein Glas Gewürztraminer. Das alles und vieles mehr

Blick auf Soultzeren bei Munster

↑ Goldener Oktober: Weinberg in Wihr-au-Val
↗ Haus von Albert Schweitzer in Gunsbach

zum Thema Münsterkäse erfahren die Besucher im darauf folgenden **Gunsbach** in der »Maison du Fromage« – oder »S'Menschtertàlerkashüs«, wie die Einheimischen sagen. Die Produkte können dort auch verkostet und gekauft werden. Das Käsehaus soll im Übrigen den kleinen Milchlandwirten helfen, ihre Zukunft zu sichern, indem sie ihre Milch, wie in einer Genossenschaft, gemeinsam verarbeiten und vermarkten. Den Molkereien sind die Milchmengen zu gering.
Es gibt noch einen weiteren Grund, weshalb man Gunsbach besuchen sollte: Hier ist das Haus zu besichtigen, wo Albert Schweitzer, der weltberühmte Urwalddoktor, Theologe und Friedensnobelpreisträger seine Kindheit verbrachte. Zeitlebens zog es ihn immer wieder dorthin zurück. 1913 reiste er ins heutige Gabun und gründete in Lambaréné ein Tropenkrankenhaus. Einige Jahre später erwarb der vielseitig Begabte dieses Anwesen – vor allem, um in Ruhe seinen Studien nachzugehen. Auch kümmerte er sich zu Hause um Hilfsgüter und schöpfte Kraft für seine Afrikaaufenthalte. Heute ist in den Räumen ein schönes Museum eingerichtet. Zu sehen ist unter anderem sein Arbeits- und Wohnzimmer, so, wie er es 1959 bei seiner letzten Abreise nach Lambaréné hinterließ.

AUSFLUG

Eine besonders schöne Wanderung führt von Steinabruck – der Weg ist mit einem roten Balken gekennzeichnet – zum malerisch gelegenen Fischboedlesee auf einer Höhe von 794 Metern über dem Meer. Der Höhenunterschied vom Ausgangspunkt beträgt 300 Meter, die Gesamtgehdauer zwei Stunden. Im stillen Wasser des einstigen Gletscherkessels spiegeln sich Felsen und Bäume. Insgesamt laden im Münstertal 365 Kilometer markierte Wege zum Wandern ein. Auch Radprofis und Otto Normalradler freuen sich über beste Bedingungen. Steinabruck liegt neben dem Dorf Mittlach, wo sich in einsamer Waldlage der Campingplatz Langenwasen befindet.

PRAKTISCHE HINWEISE

TOURISTINFORMATIONEN

Comité Régional du Tourisme de Lorraine
Abbaye des Prémontrés, Rue Saint-Martin, 54704 Pont-à-Mousson Cedex, Tel. 03 83 80 01 80, www.tourisme-lorraine.fr

Agence de Développement Touristique de Haute-Alsace 1, Rue Camille Schlumberger, 68006 Colmar Cedex, Tel. 03 89 20 10 98, www.alsace-destination-tourisme.com

Office de Tourisme Sarreguemines Confluences
11, Rue du Maire Massing, 57200 Sarreguemines, Tel. 03 87 98 80 81, www.sarreguemines-tourisme.com

Office de Tourisme de Metz
2, Place d'Armes, 57007 Metz Cedex 1, Tel. 03 87 39 00 00, www.tourisme-metz.com

Nancy Tourisme et Évènements
Place Stanislas, 54011 Nancy Cedex, Tel. 03 83 35 80 10, www.nancy-tourisme.fr

Office du Tourisme et Syndicat d'Initiative
1, Rue du Musée, 57400 Sarrebourg, Tel. 03 87 03 11 82, www.tourisme-sarrebourg.fr

Office de Tourisme Saint-Dié-des-Vosges
6, Quai du Maréchal Leclerc, 88100 Saint-Dié-des-Vosges, Tel. 03 29 42 22 22, www.vosges-portes-alsace.fr

Office de Tourisme Intercommunal Gérardmer – Monts et Vallées
4, Place des Déportés, 88400 Gérardmer, Tel. 03 29 27 27 27, www.gerardmer.net

Office de Tourisme de la Vallée de Munster
1, Rue du Couvent, 68140 Munster, Tel. 03 89 77 31 80, www.vallee-munster.eu

CAMPINGPLÄTZE UND STELLPLÄTZE

S 4.1 **Camping Municipal Ramstein Plage**
(S. 279 G4) Rue du Ramstein, 57230 Baerenthal, Tel. 03 87 06 50 73, www.baerenthal.eu
GPS: 48.981667, 7.514444
Gut eingerichteter Campingplatz an einem Badesee, umgeben von Wald. Nebenan befindet sich eine Freizeitanlage. April bis Ende September.

S 4.2 **Aire de Camping-car Base Nautique**
(S. 279 G4) 1, Rue de Steinbach, 57200 Sarreguemines, Tel. 03 87 98 93 31, www.airecampingcar.com
GPS: 49.101970, 7.077013
Umzäuntes und parzelliertes Stellplatzareal am Jachthafen mit Blick auf den Kanal. Der Zugangs-Chip ist im Tourismusbüro (11, Rue du Maire Massing) erhältlich. Servicestation, Strom und Picknickplatz stehen zur Verfügung. Ganzjährig.

S 4.3 **Aire de Camping-car**
(S. 279 F4)
Allée de Metz Plage/Pont des Morts, 57000 Metz, Tel. 03 87 68 26 48, www.metz.fr
GPS: 49.123889, 6.168889
Stellplatz für acht Reisemobile bis acht Meter Länge vor dem städtischen Campingplatz, zentrumsnah am Moselufer. Der Aufenthalt ist auf sieben Tage begrenzt. Der Weg zur Kathedrale beträgt 500 m, zum Centre Pompidou 1,5 km. Das Abwasser kann gegen Gebühr auf dem Campingplatz entsorgt werden. Ganzjährig.

S 4.4 **Aire de Camping-car Port de Plaisance**
(S. 279 F5) Boulevard du Maréchal de Lattre de Tassigny,

54700 Pont-à-Mousson, Tel. 03 83 81 10 68, www.ville-pont-a-mousson.fr
GPS: 48.902764, 6.061136
Das große Stellplatzgelände liegt auf halbem Weg zwischen Metz und Nancy; es erstreckt sich am Moselhafen. Es verfügt über alle Versorgungseinrichtungen einschließlich Waschmaschine und Trockner. Eine Gaststätte befindet sich am Platz. Ganzjährig.

S 4.5 Aire Municipale Place du Souvenir Français
(S. 279 F5) Avenue de la Moselle, 54670 Millery, Tel. 03 83 24 96 43, www.tourisme-meurtheetmoselle.fr
GPS: 48.815278, 6.127500
Stellplatz für sechs Reisemobile am Moselufer, allerdings recht nah an der Durchgangsstraße. Vier Fahrzeuge stehen auf Asphalt, zwei weitere auf Schotter. Ein Restaurant gibt es in Belleville auf der anderen Flussseite. Ganzjährig, außer am letzten Wochenende im August.

C 4.6 Aire de Camping-car Port Saint-Georges
(S. 279 F5) Boulevard du 21 Régiment d'Aviation, 54000 Nancy, Tel. 03 83 37 63 70, www.ot-nancy.fr
GPS: 48.693440, 6.192556
Der separat ausgewiesene Stellplatz für sechs

Rast in den Hochvogesen – in den Tälern liegt noch Nebel.

Reisemobile auf dem Parkplatz vor dem Hafenamt ist mit einer Kette gesichert. Nach Ankunft muss man sich beim (deutsch sprechenden) Hafenmeister melden. Der Untergrund ist eben und asphaltiert. Die Sanitäranlagen befinden sich in der Capitainerie. Die Lage ist ideal für Stadtbesuche, denn das historische Zentrum und der Parc de la Pépinière liegen nur fünf Gehminuten entfernt. Der Aufenthalt ist auf zwei Nächte begrenzt. Ganzjährig.

S 4.7 **Aire de Camping-car des Bosquets** (S. 279 F5)
63 Quai des Petits Bosquets, 54300 Lunéville, Tel. 03 83 73 37 58, www.delunevilleabaccarat.fr
GPS: 48.596509, 6.499136
Neuer Platz für 22 Fahrzeuge bis maximal sieben Meter Länge am Südufer des Vezouze-Flusses. Strom und Wasser sind vorhanden, Entsorgung ist möglich, doch Duschen und Toiletten sind nur im Sommer während der Öffnungszeit des kommunalen Campingplatzes zugänglich. Der Platz befindet sich in der Nähe des Château des Lumières. Ganzjährig.

C 4.8 **Camping du Plan Incliné Annexe Hoffmuhl** (S. 279 G5) 98, Route Départementale, 57820 Henridorff, Tel. 03 87 25 30 13, www.camping-alsace-lorraine.com
GPS: 48.719738, 7.226818
Campingplatz mit guter Ausstattung auf ebener Wiese mit geschotterten Plätzen für Wohnmobile zwischen einem Fluss und dem Rhein-Marne-Kanal. April bis Mitte Oktober.

S 4.9 **Accueil Camping-car Les Terrasses du Lac Blanc** (S. 279 G6)
348, Route Lac Blanc, 68370 Orbey, Tel. 03 89 86 50 00, www.les-terrasses-du-lac-blanc.com
GPS: 48.135620, 7.091557

Küche in der Ferme-Auberge du Treh

Beschauliches Ambiente: Marktplatz Munster

Stellplatz für neun Reisemobile auf Restaurant-Parkplatz. Eine Serviceeinrichtung steht bereit. Ganzjährig außer März und November.

S 4.10 **Parking Trois-Épis** (S. 279 G6)
Place des Antonins, 68410 Trois-Épis, Tel. 03 89 27 38 44, www.turckheim.com
GPS: 48.100556, 7.229722
20 Plätze stehen auf dem Großparkplatz des Luftkurortes für Reisemobile zur Verfügung. Ein Jeton-Automat für Strom und Frischwasser im öffentlichen WC. Ganzjährig.

S 4.11 **Parking de la Prairie** (S. 283 G1)
Boulevard d'Alsace, 88400 Gérardmer, Tel. 03 29 27 27 27, www.gerardmer.net
GPS: 48.071944, 6.873056
Stellplatz mit Servicestation für 100 Reisemobile in Ortsmitte hinter dem Tourismusbüro, dort sind auch die Jetons zum Bezahlen erhältlich. Ganzjährig.

C 4.12 **Aire de Camping-car de Munster** (S. 279 G1)
Rue du Dr Heid, 68140 Munster, Tel. 03 89 77 32 98, www.munster.alsace/visiter-munster-et-sa-vallee/aire-de-camping-cars
GPS: 48.037702, 7.134985
Großzügig angelegtes Gelände für 50 Reisemobile bis acht Meter Länge hinter dem Bahnhof. Alle notwendigen Einrichtungen und ein gemütlicher Picknickplatz stehen bereit. Ganzjährig.

C 4.13 **Camping Municipal du Langenwasen** (S. 283 G1)
5 Chem. du Camping, 68380 Mittlach, Tel. 03 89 77 63 77, www.camping-alsace.info
GPS: 47.983138, 7.018607
Campingplatz mit Standardeinrichtungen und Kiosk in schöner Lage 3 km außerhalb des Ortes auf einer Waldlichtung. Die Parzellen sind durch Hecken unterteilt und bieten damit mehr Privatsphäre. Mitte April bis Mitte Oktober.

Wunderbarer Blick vom Fiefs-Turm auf den Weinort Sancerre

5

DEM LIEBREIZENDEN FLUSS DER KÖNIGE FOLGEND

Durch das Loire-Tal vom Weinort Sancerre in Richtung Meer

Beachtliche 1012 Kilometer legt die Loire zwischen ihrer Quelle im Zentralmassiv bis zur Mündung in den Atlantik zurück. Sie ist Frankreichs längster Fluss. Rasch wechselnde Fließgeschwindigkeiten und immer wieder neu entstehende Sandbänke führen dazu, dass nur flache Boote auf ihr verkehren können. Man nennt die Loire den letzten ursprünglichen Strom Europas. Daneben gehört die rund 280 Kilometer lange Uferregion zwischen Sully-sur-Loire und Chalonnes-sur-Loire wegen ihrer Dichte an imposanten Schlössern seit 2000 zum UNESCO-Weltkulturerbe. Ebenso säumen hinreißend schöne Landschaften mit urgemütlichen Weindörfern und alten Städten das Tal.

Sehr gut lässt sich das Loire-Tal nicht nur mit dem Reisemobil, sondern auch mit dem Fahrrad erkunden – auf bequemen, hervorragend markierten Strecken. Am besten hat man beides dabei: Reisemobil und Rad. Berühmt ist die Gegend natürlich auch wegen ihres hervorragenden Weines. Man muss kein ausgesprochener Weinkenner sein, um dem weißen »Sancerre« Bestnoten zu geben. Er schmeckt besonders gut zu Lachs in Blätterteig oder zu anderen, mit Saucen gereichten Fischgerichten. Dieser spritzige, fruchtige Wein begann seinen Siegeszug in den 1970er-Jahren in den Pariser Bistros. Seine Erzeuger brachten damals in Eigenregie einige Flaschen des Getränks in Pferdewagen und klapprigen Autos in die Riesenmetropole, dem genauen Gegenstück zu ihrem beschaulichen Heimatort **Sancerre**; dieser erhebt sich weithin sichtbar auf einem Hügel über dem linken Loire-Ufer. Fast alle Einwohner leben direkt oder indirekt vom Wein. Die Herstellung liegt ausschließlich in den Händen von Kleinbauern, die mit viel Herzblut ans Werk gehen.

Ein Zeichen für die besondere Güte der Weine ist die ihnen erteilte höchste französische

Im Garten der Maison de Sancerre

Qualitätsstufe AOP (Appellation d'Origine Protégée). Diese löste nebenbei bemerkt 2011 die Bezeichnung AOC (»C« für Controlée) ab. Einer AOP-Zertifizierung liegt der Landschaftsgedanke zugrunde: Der Wein muss klar abgrenzbare, auf seiner Herkunft beruhende Eigenschaften besitzen. Ferner muss er die lokale Tradition wiedergeben. Die Region mit dem geschützten Namen umfasst unter anderem die Nachbardörfer Chavignol, Montigny und Vinod.

In der »Maison de Sancerre« erfahren interessierte Gäste alles Wissenswerte über die besonderen Gegebenheiten vor Ort, was etwa das Klima und die Böden auszeichnet und vieles mehr. Darüber hinaus veranstaltet das Haus regelmäßig Weinproben und Führungen. Einer der angesehensten gastronomischen Betriebe im Ort ist das La Tour (31, Nouvelle Place, http://latoursancerre.fr). Verwunschene Schlösschen wie das nahe

ROUTE 5

START- UND ENDPUNKT
Sancerre und Champtoceaux

BESTE JAHRESZEIT
April bis Oktober

STRECKENLÄNGE
430 Kilometer

FAHRZEIT
7 bis 10 Tage

MAUTSTRECKEN
keine

Start Sancerre
955 malerisches Ortsbild
54 Maison de Sancerre
86
55
751
951
926
957
952
119
60 87 km
Saint-Benoît-sur-Loire

Saint-Benoît-sur-Loire
60
Benediktinerabtei
960
2152 36 km
Orléans
2152 Place du Martroi
Kathedrale
951 Altstadt
19 28 km
Beaugency

gelegene Château de Buranlure begleiten zunächst die Fahrtstrecke in Ufernähe in Richtung der Stadt Orléans. Freizeitradlern und Familien mit Kindern dürfte der hier ebenfalls verlaufende Loire-Radweg besonders gut gefallen: Es gibt kaum Steigungen und die Ausschilderung ist vorbildlich. Ein Großteil der empfohlenen Etappen ist nicht länger als 40 Kilometer. Zu den Sehenswürdigkeiten, die etwas entfernt vom Fluss liegen, führen speziell angelegte Rundwege. Mit Verzweigungen und Nebenwegen beträgt die Gesamtlänge der ausgewiesenen Strecken über 800 Kilometer.

Zu bestaunen gibt es aber nicht nur die bekannten Königsschlösser, sondern auch einige Glanzlichter mittelalterlicher Klosterbaukunst, wie zum Beispiel die Benediktinerabtei **Saint-Benoît-sur-Loire** – häufig auch Saint-Benoît-de-Fleury genannt. Diese war im Mittelalter ein bedeutendes geistiges Zentrum in Europa. Das Kircheninnere wartet mit einem herrlichen Reigen aus filigran gehauenen Kapitellen auf, die in figürlicher Weise unter anderem das Opfer Abrahams darstellen. Der älteste und nicht minder

SPECIAL

REGIONALE GAUMENFREUDEN

Sie passen perfekt zusammen: die Weißweine aus dem Loire-Tal und die hier auf traditionelle Art hergestellten Ziegenkäsesorten, darunter der prominente Crottin de Chavignol. Er ist zylindrisch in der Form, leicht nussig im Geschmack und mit zunehmender Reife bläulich. In gebackener Form krönt dieser Käse jeden Salat. Ebenfalls stets ein Genuss: »Pâtés« genannte Fleischpasteten, die oft mit Wildbret gefüllt sind. Während eine Pâté gebacken wird, gart eine »Terrine« – in Speck eingewickelt – im Tontopf, die ebenso auf den Tisch kommt. Typisch für die lokale Küche sind auch vielerlei Fischgerichte: etwa gebratener Hecht oder Aal auf Matrosenart mit scharfer Weinsauce. Eine süße Spezialität, die man nur im Loire-Tal findet, ist »La Poire Tapée«, »flach geklopfte Birne«. Die Früchte werden tagelang im Ofen getrocknet, dann geklopft und zum Verzehr schließlich in Loire-Wein aufgekocht, was den besonderen Geschmack ausmacht.

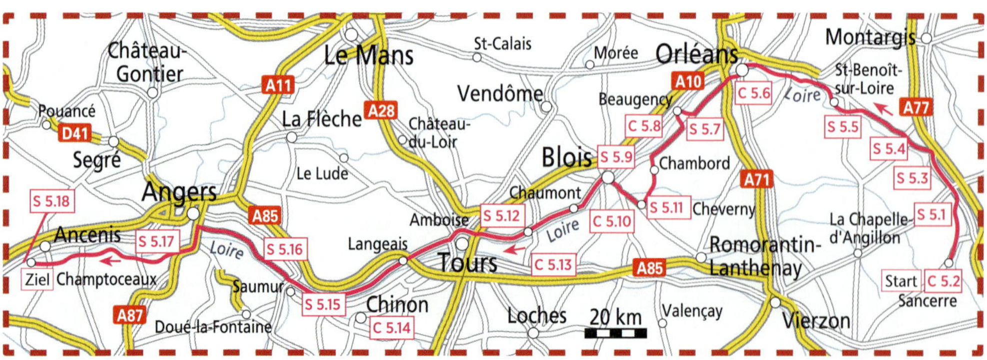

↑ Flussbegegnung: An der Loire treffen Radfahrer auf Wanderer. ↗ Der Turm von Saint-Benoît-sur-Loire sollte Angreifer abschrecken. ↓ Friedliches Bild: Château de Buranlure

beeindruckende Teil der Basilika ist der wuchtige Wehrturm (11./12. Jh.) mit schweren Bögen, die auf Halbpfeilern ruhen. Mit der massiven Bauweise wollte man sich besser vor Angriffen schützen, nachdem die Normannen die Vorgängerkirche zerstört hatten.

Beaugency
925 Steinbrücke
19 Église Notre-Dame
925
951
112B
112 24 km
Chambord
112 Königsschloss
102 17 km
Cheverny
765 Schloss und Garten
174
951
956 17 km
Blois

JOHANNAS SIEGREICHES HEER

Breit angelegte Plätze und Boulevards prägen das freundliche Erscheinungsbild von **Orléans**. Die mittelalterlichen Bezirke wurden komplett restauriert und die Fußgängerzonen erweitert. Auch das Loire-Ufer glänzt jetzt mit einer neuen Promenade. Das Herz der Metropole schlägt indes wie seit jeher an der Place du Martroi mit ihren zahlreichen Straßencafés und der Reiterstatue der legendären Jeanne d'Arc.

Die Stadtgeschichte ist untrennbar mit dem Namen der Johanna von Orléans verbunden, auch wenn sich diese hier nur wenige Tage aufhielt. Gerade mal 17-jährig, gelang anno 1429 der lothringischen Bauerntochter an der Spitze eines Heeres die Befreiung von den Engländern. Seit damals folgt jedes Jahr am Abend des 29. April ein festlicher Fackelzug dem Weg, den die Ritterin Jeanne und ihre Mannen bei ihrem Einzug nahmen. Vom anderen Flussufer aus genießt man den besten Blick auf das geschichtsträchtige Ensemble: Über dem urtümlichen Gewässer erhebt sich ehrwürdig die Kathedrale Sainte-Croix. König Heinrich IV. ließ das in den Religionskriegen arg beschädigte Gotteshaus im gotischen Stil wieder aufbauen. Das Chorgestühl schufen die Künstler des Sonnenkönigs. Farbige Fenster, die das Leben der Jeanne d'Arc erzählen, erleuchten den unglaublich hohen, hallenartigen Kirchenraum. Eine wiederum schöne Aussicht über die Dächer der Stadt hat man von der Terrasse zwischen den beiden Türmen der Kathedrale. Südlich des Gotteshauses stößt man auf besonders malerische Winkel mit buntem Fachwerk, darunter die Gasse Rue Étienne Dolet, wo auch erstklassige Lokale zu finden

↓ Jeanne d'Arc ist in Orléans allgegenwärtig.
↘ Kathedrale Orléans: Spiel von Licht und Schatten

La Dariole: guter Service garantiert

sind, wie etwa das Restaurant La Dariole; es hat meist nur mittags geöffnet und ist stets gut besucht, weshalb eine Reservierung ratsam ist (www.la-dariole.eatbu.com).
Folgt man ab Orléans der D 951 bis Lailly-en-Val und zweigt rechts auf die D 19 ab, erreicht man nach etwa einer halben Autostunde über eine alte Steinbrücke das Städtchen **Beaugency**. Dieser Loire-Übergang ist der einzige zwischen Orléans und Blois, der aus dem Mittelalter bezeugt ist. Ein wuchtiger Donjon (= Wohnturm, 11. Jh.) und der spitze Kirchturm der Église Notre-Dame beherrschen die Silhouette der mauerumringten Kleinstadt mit kopfsteingepflasterten Gässchen. Selbstverständlich schmückt auch hier eine weitere Statue der Jeanne d'Arc das Ortsbild. Trotz Umbauten hat das Innere des Gotteshauses seinen romanischen Charakter, etwa durch die dicken Säulen, bewahren können.

ILLUSTRE GÄSTESCHAR

Verlässt man Beaugency wieder über die Brücke, gelangt man nach einer weiteren halben Stunde Fahrt in südwestlicher Richtung nach **Chambord**. Chambord sei – so der Schriftsteller Flaubert – das Produkt einer Enttäuschung, ein Denkmal des Stolzes, der sich betäuben will, um seine Niederlagen zu vergessen. Gemeint waren jene, die der spanische König Karl V. im Kampf um die europäische Vorherrschaft Franz I. zugefügt hatte. Dieser baute quasi als »Trostpflästerchen« das prachtvollste Königsschloss seiner Zeit.
Das Schloss mit seinen 440 Räumen besticht sowohl durch seine gewaltigen Dimensionen als auch durch seine architektonischen Schätze, allen voran die berühmte doppelläufige Wendeltreppe. Leonardo da Vinci soll an ihr mitgewirkt haben. Sie besteht aus

Radweg bei Beaugency

zwei ineinander verschränkten Spiralen, die dazu führen, das zwei Personen, die gleichzeitig hinauf- und hinuntergehen, nicht aufeinandertreffen. So wurde erstmals in der Geschichte Wert auf Privatsphäre gelegt – auch, weil dadurch jede der vier Wohnungen auf einem Stockwerk einen eigenen Zugang hatte. Nebenbei bemerkt schrauben sich in dem Gebäude noch weitere 70 Treppen bis hinauf unters Dach. Apropos Dach: Unzählige Türmchen schmücken die sechs großen Ecktürme mit ihren schiefergedeckten Kegeldächern. Chambords Grundriss musste sich nicht einem Bergsporn anpassen. Das Fundament ruht auf Pfählen auf ebenem ehemaligen Sumpfgelände. Franz I. wohnte nur 19 Nächte in Chambord. Als er starb, war das Schloss nur halb fertig. Die Könige Ludwig XIV. und XV.

Blois
2152 Schloss
952 Rue du Commerce
17 km
Chaumont
952 Schloss
431 Gartenfestival
751 20 km
Amboise

KULTUR

NÄCHTLICHES SPEKTAKEL

Sobald das letzte Abendrot verloschen ist, verwandelt sich das Schloss Blois in den Schauplatz einer beeindruckenden Klang- und Lichtershow. Riesige Projektionen im Hof werfen grellbunte Bilder auf die grandios gestalteten Fassaden; sie erzählen mitreißend vertont die Geschichte Frankreichs, indem sie mit schrägen Spezialeffekten innige, teils verbotene Liebschaften, schreckliche Dramen und »bislang wohlgehütete Geheimnisse« des französischen Adels aufzeigen. Die Aufführungen finden jeden Abend von April bis September statt (Ausnahmen: 21. Juni und 13. Juli). Erklärungen auf Deutsch liefert ein Audioguide. Die Uhrzeiten variieren, Näheres unter http://de.chateaudeblois.fr/2268-show-klang-und-lichtspiele.htm.

ließen zwar weiterbauen, doch die Mauern verfielen auch rasch wieder. Als deren Retter erwies sich der reiche Moritz von Sachsen, der Chambord von Ludwig XV. geschenkt bekam. Wieder hergerichtet, wurde es zu einem »Luxusressort« mit Schwärmen von Hofdamen, jungen, gut aussehenden Offizieren und rauschenden Sommerfesten.

Schloss **Cheverny** – nur wenige Kilometer südlich von Chambord gelegen – zählt zu den wenigen Schlössern an der Loire, die einen einheitlichen Baustil aufweisen. Das heißt: Die Baukörper wirken wohlproportioniert, die Fassaden erstrahlen allesamt in Weiß, wobei die schwarzen Schieferdächer einen kräftigen Kontrast bilden. Dazu ist das Schloss seit seiner Vollendung im Jahr 1634 im Besitz ein und derselben Dynastie, der Familie Hurault.

Eine weitere Besonderheit sind die prächtigen Originalmöbel und Wandteppiche aus der Entstehungszeit. Hervorzuheben sind beispielsweise eine seltene Kommode im Stil Ludwig XIV. und das mit persischer Seide bestickte Prunkbett, in dem angeblich König Heinrich IV. einmal nächtigte. Im eleganten

Charmanter Teeladen in der Altstadt von Blois

»gelben Zimmer« – auch »Geburtszimmer« genannt – konnten Verwandte zum ersten Mal die Neugeborenen in Augenschein nehmen. Auch die Gärten von Cheverny sind sehr reizvoll. Man kann sie auf einer geführten Tour mit dem Elektroauto erkunden und im Anschluss daran in einem Elektroboot, das einen Kanal durchquert. Diesen säumen uralte Zypressen, deren Wurzeln bis unters Wasser reichen.

Schloss Cheverny: außen stilsicher, innen prunkvoll gestaltet

↑ Sonnenaufgang am Stellplatz Champtoceaux
↗ Spaziergang durch Champtoceaux ↓ Schlosshof
Blois: unterhaltsamer Streifzug durch die Geschichte

TUFFSTEIN UND TREPPENTURM

Wiederum ganz in der Nähe erstreckt sich am Fluss die Provinzstadt **Blois**. Das Schloss mit gleichem Namen, das diesen mittelalterlichen Ort prägt, unterscheidet sich deutlich von den bisher genannten. Verantwortlich dafür sind seine drei Flügel, die unterschiedlicher nicht sein könnten. Die orangefarbenen Ziegel, weißen Tuffsteinverzierungen und großen Fenster des Flügels von Ludwig XII. verströmen Heiterkeit. Ornamente und königliche Symbole, wie etwa ein durchbohrter Schwan, zieren dagegen den Flügel von Franz I. Ein wahres Schmuckstück ist der aus der Fassade ragende, achteckige offene Treppenturm.

Als erster Bauabschnitt einer geplanten und nie vollendeten Vierflügelanlage ist der Flügel von Gaston d'Orléans aus dem 17. Jahrhundert anzusehen. Mangels Geld wurde dieser Plan fallen gelassen, dessen erklärtes Bauziel höchste Eleganz vorsah. Die umliegende Stadt empfiehlt sich aber gleichwohl für einen ausgiebigen Einkaufsbummel. Als erste Adresse gilt – wie der Name es schon sagt – die Rue du Commerce mit ihren vielen Modegeschäften und urigen Spezialitätenläden. Sehr gut speisen kann man zum Beispiel im Les Banquettes Rouges, einem auf den ersten Blick eher beengten und schlichten Lokal. Die junge, experimentierfreudige Küchenmannschaft versteht es jedoch, zu überzeugen (16, Rue des Trios Marchands, www.lesbanquettesrouges.com).

Auf dem Weg von Blois nach Tours thront erhaben das Schloss **Chaumont** über dem Fluss. Dicke Rundtürme, Pechnasen und Zugbrücke verkünden seine einstige Wehrhaftigkeit. Die Mauern umschließen jedoch überraschenderweise einen hübschen Hof im Renaissance-Stil. Königin Katharina von Medici und Madame de Staël zählten einst zu den bekanntesten Bewohnerinnen; beide hielten es aber nicht lange auf Chaumont aus. Eine Führung heute zeigt unter anderem eine Manufaktur für Glas und Keramik, die ebenfalls innerhalb der Mauern beheimatet war. Hergestellt wurden dort die begehrten Terrakotta-Medaillons mit den Gesichtern berühmter Persönlichkeiten. In den Schlossräumen sind meist Kunstausstellungen zu sehen und der drei Hektar große Park bildet alljährlich den Rahmen für ein großes Sommerfestival, das die Arbeiten von internationalen Künstlern und Gartenarchitekten einem breiten Publikum präsentiert.

MITBRINGSEL VOM STIEFEL

Amboise indes war im 15. und 16. Jahrhundert Sitz der französischen Könige. Am Bau des Schlosses werkelten ab 1492 fast 300 Arbeiter und Hilfskräfte rund um die Uhr. Als der Bauherr Karl VIII. geschlagen von einem Italienfeldzug zurückkehrte, brachte er zwar Handwerker und Künstler von dort mit, doch um dem Gebäude ein italienisches Anlitz zu geben, war es bereits zu spät. Gemälde und Wandteppiche hatte er allerdings auch im Gepäck. Karl starb übrigens zwei Jahre später an einer Kopfverletzung, die er sich bei einem Stoß an einem Türbalken zugezogen hatte.

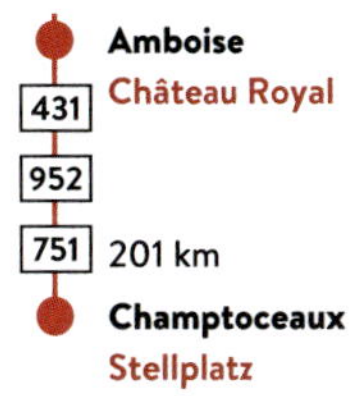

Größter Schatz im nachfolgenden **Tours** ist zur Abwechslung mal wieder eine Kathedrale. Schlanke, hohe Säulen und wunderschöne gotische Glasfenster, die den Innenraum von Saint-Gatien in farbigem Licht erstrahlen lassen, zählen zu den letzten und gleichzeitig prägendsten Eindrücken dieser Tour entlang des Flusses der Könige. Entspannung pur verspricht danach ein Aufenthalt auf dem Reisemobilstellplatz in Champtoceaux, dessen Ausblick uns die Schönheit des Stromes ein letztes Mal vor Augen führt.

PRAKTISCHE HINWEISE

TOURISTINFORMATIONEN

Office de Tourisme du Sancerrois
Esplanade Porte César, 18300 Sancerre,
Tel. 02 48 54 08 21,
www.tourisme-sancerre.com

Orléans Val de Loire Tourisme – Office de Tourisme d'Orléans Métropole
23, Place du Martroi, 45000 Orléans, Tel. 02 38 24 05 05,
www.tourisme-orleansmetropole.com

Office de Tourisme des Terres du Val de Loire – Bureau de Beaugency
3, Place du Dr Hyvernaud, 45190 Beaugency,
Tel. 02 38 44 32 28, www.tourisme-terresduvaldeloire.fr

Office de Tourisme de Blois Chambord
5, Rue de la Voûte du Château, 41000 Blois,
Tel. 02 54 90 41 41,
www.bloischambord.com

Office de Tourisme Val d'Amboise
Quai du Général de Gaulle, 37400 Amboise,
Tel. 02 47 57 09 28,
www.amboise-valdeloire.com

Office de Tourisme de Tours Val de Loire
78–82, Rue Bernard Palissy, 37000 Tours,
Tel. 02 47 70 37 37,
www.tours-tourisme.fr

Office de Tourisme d'Angers Loire Métropole
7, Place du Président Kennedy, 49051 Angers Cedex 2,
Tel. 02 41 23 50 00,
www.tourisme.destination-angers.com

CAMPINGPLÄTZE UND STELLPLÄTZE

S 5.1 **Aire Municipale Sury-près-Léré** (S. 282 B2)
Route de Savigny, 18240 Sury-près-Léré,
Tel. 02 48 72 60 44,
www.sury-pres-lere.fr
GPS: 47.482778, 2.865000
Der asphaltierte Stellplatz für sechs Reisemobile erstreckt sich entlang einer Hecke etwas außerhalb des Zentrums gegenüber dem Friedhof. Er ist nachts beleuchtet. Strom-

Ob zu Wasser, ob zu Land: Das Loire-Tal zieht viele an.

Camping Municipal de Flux in Beaugency

anschlüsse, Bodeneinlass und Euro-Relais-Station stehen zur Verfügung. Ganzjährig.

C 5.2 **Camping Les Portes de Sancerre** (S. 282 B2)
Quai de Loire, 18300 Saint-Satur, Tel. 02 48 72 10 88, www.camping-cher-sancerre.com
GPS: 47.342229, 2.866768
Gut eingerichteter Campingplatz mit altem Baumbestand am Loire-Ufer; er liegt 4 km von Sancerre entfernt. April bis September.

S 5.3 **Aire de Stationnement pour Camping-cars des Vignes** (S. 282 B2)
Rue des Vignes, 45250 Briare, Tel. 02 38 31 20 08, www.villedebriare.fr
GPS: 47.631944, 2.739722
Stellplatz für 30 Fahrzeuge teils auf unbefestigtem Boden unter Bäumen, teils auf geschotterter Fläche nahe der Loire. Eine Servicestation ist vorhanden. Ganzjährig.

S 5.4 **Aire de Services Municipale Gien** (S. 282 B2)
Quai de Nice, 45500 Gien, Tel. 02 38 67 25 28, www.gien-tourisme.fr
GPS: 47.680000, 2.643056
Asphaltierter Platz für acht Fahrzeuge mit Blick auf die Loire. Eine Ver- und Entsorgungsstation steht bereit. Die maximale Aufenthaltsdauer beträgt zwei Nächte. Ganzjährig.

S 5.5 **Aire de Services pour Camping-cars Château Sully** (S. 282 A2)
Chemin de la Salle Verte, 45600 Sully-sur-Loire, Tel. 02 38 36 23 70,
GPS: 47.768619, 2.375289
Kreisförmig angelegtes Stellplatzgelände am Loire-Ufer hinter den Schlossanlagen neben einem Parkplatz – eingerichtet für 35 Reisemobile (bis zu 70 Stellplätze im Sommer). Am Fluss verläuft eine einladende Grünfläche, dazu gliedern Hecken das Areal. Serviceeinrichtungen sind vorhanden, aber keine Stromanschlüsse. Die Aufenthaltsdauer ist auf fünf Nächte beschränkt. Ganzjährig.

Köstliches aus der Loire-Gegend: Spezialitätenladen in Saint-Dye

C 5.6 **Camping d'Olivet**
(S. 282 A1)
Rue du Pont Bouchet, 45160 Olivet, Tel. 02 38 63 53 94, www.camping-olivet.org
GPS: 47.856327, 1.924883
Kleiner Platz, 3 km südlich von Orléans, der in der Saison rasch belegt ist. Die Parzellen erstrecken sich am Ufer des Flusses Loiret (zu Deutsch: kleine Loire) und auf einer Halbinsel mit Bäumen. April bis September.

S 5.7 **Accueil Camping-cars Place de l'Église**
(S. 281 H1) 5 Pl. de l'Église, 45740 Lailly-en-Val, Tel. 02 38 46 92 35, www.laillyenval.fr
GPS: 47.770346, 1.685309
Stellplatz für zehn Reisemobile auf angelegtem und begrüntem Gelände zwischen der Kirche und dem Dorfteich. Der Untergrund ist eben und geschottert. Frischwasser und Entsorgungsmöglichkeit stehen zur Verfügung, jedoch keine Stromanschlüsse. Ganzjährig.

C 5.8 **Camping La Grenouillère** (S. 281 H1)
Château de la Grenouillère, 41500 Suèvres, Tel. 02 54 87 80 37, www.capfun.com
GPS: 47.686803, 1.485116
Campingplatz der Castel-Gruppe mit gehobener Ausstattung. So verfügen etwa die 14 Komfortparzellen über ein separates Sanitärgebäude. Die parkähnliche Anlage mit hohen Bäumen befindet sich bei einem Schlösschen mit Wassergraben. Es gibt drei Schwimmbecken, eines davon ist überdacht. Mitte April bis Mitte September.

S 5.9 **Camping Val de Blois**
(S. 281 H1)
Le Lac de Loire, 41350 Vineuil, Tel. 02 54 79 93 57, www.camping-loisir-blois.com
GPS: 47.605340, 1.374558
Langer Wiesenstreifen mit Bäumen an der Loire mit Blick auf den Fluss, unterhalb der viel befahrenen Uferstraße. Ein Freizeitpark und das städtische Freibad liegen nebenan. April bis Mitte Oktober.

C 5.10 **Aire de Camping-car Park Châteaux de Loire**
(S. 281 H1) Route de Seur, 41120 Les Montils, Tel. 01 83 64 69 21, www.campingcarpark.com
GPS: 47.493637, 1.305251
Umzäuntes und durch eine Schranke gesichertes Gelände unter alten Bäumen am Fluss Beuvron, ausgelegt für 45 Fahrzeuge (20 Stromanschlüsse). Ver- und Entsorgung sind garantiert, dazu gibt es WLAN. Ganzjährig.

S 5.11 **Camping Les Saules**
(S. 281 H1)
Les Saules, 41700 Cheverny, Tel. 02 54 79 90 01, www.camping-cheverny.com
GPS: 47.478455, 1.451100
Komfortplatz mit Frei- und Hallenbad in der Nähe der Schlösser Cheverny und Chambord. Die Stellplätze liegen sowohl unter hohen Weiden als auch in dichtem Wald. Das Restaurant hat nur im Juli geöffnet. April bis Mitte September.

S 5.12 **Camping Municipal L'Île d'Or** (S. 281 H1)
4, Allée des Mariniers, 37400 Amboise, Tel. 02 47 57 23 37, www.camping-amboise.com
GPS: 47.416893, 0.987217
Gut ausgestatteter Platz der Gemeinde auf einer Insel zwi-

schen zwei Loire-Armen mit schönem Schlossblick. Nicht aufgenommen werden Wohnmobile mit Doppelachse. Nebenan erstreckt sich ein großer Freizeit- und Sportkomplex. April bis September.

C 5.13 **Camping Le Moulin Fort** (S. 281 H2)
Le Moulin Fort, 37150 Francueil, Tel. 02 47 23 86 22,
www.lemoulinfort.com
GPS: 47.327668, 1.088591
Ein Fuß- und Radweg führt direkt vom Platz zum 1,5 km entfernten Schloss Chenonceaux. Die teils sehr großen, ebenen Parzellen liegen unter Bäumen am Ufer des Cher-Flusses. Es steht ein Freibad zur Verfügung. Mai bis September.

C 5.14 **Camping L'Île Auger** (S. 281 G3)
Quai Danton, 37500 Chinon, Tel. 02 47 93 08 35,
www.camping-chinon.com
GPS: 47.163780, 0.235705
Platz mit Standardausstattung unter hohen Bäumen zwischen einer Straße und dem Vienne-Fluss. Es bietet sich eine schöne Aussicht auf Stadt und Schloss. April bis Oktober.

S 5.15 **Aire de Camping-car du Village** (S. 281 F2)
D 947, Square Abbé Goisnard, 49730 Turquant,
Tel. 02 41 38 11 65,
www.turquant.fr
GPS: 47.223889, 0.028889
Stellplatz für zehn Reisemobile auf Parkplatz nahe an einer Kirche. Ein Spielplatz und ein überdachter Picknickplatz befinden sich daneben. Die Loire und das Ortszentrum liegen nur ein paar Schritte entfernt. Ganzjährig.

Stellplatz mit Flusspanorama bei einer alten Mühle in Champtoceaux

S 5.16 **Aire de Camping-car** (S. 281 F2)
Rue de la Laiterie, 49350 Saint-Clément-des-Levées,
Tel. 02 41 38 40 13,
www.stclementdeslevees.fr
GPS: 47.331111, -0.180833
Geschotterte Fläche für 20 Fahrzeuge bei einer Wertstoffannahmestelle, 400 m vom Zentrum entfernt. Eine Bahnlinie verläuft in Hörweite. Am Platz befindet sich eine Euro-Relais-Station. Der Aufenthalt ist auf zwei Nächte begrenzt. Ganzjährig.

S 5.17 **Aire d'Accueil Camping-cars de Bouchemaine** (S. 281 E1) 25, Rue de Chevrière, 49080 Bouchemaine,
Tel. 02 41 22 21 53,
www.ville-bouchemaine.fr
GPS: 47.419167, -0.611389
Stellplatz südlich von Angers für 45 Reisemobile. Direkt am Flussufer gelegen und mit einzelnen Bäumen – asphaltiert und durch Grünstreifen parzelliert. Servicestation und Stromanschlüsse stehen zur Verfügung, ebenso eine Liegewiese. Ein Freizeitgelände schließt sich ebenfalls an. März bis November.

S 5.18 **Parking Le Cul du Moulin** (S. 281 E1)
D 751, 49270 Champtoceaux,
Tel. 02 40 83 57 49,
www.osezmauges.com
GPS: 47.338381, -1.276331
Nicht beschildertes Areal für sieben Fahrzeuge neben den Resten einer historischen Loire-Mühle unterhalb der Straße. Der Boden ist eben und mit Schotter befestigt. Es bietet sich ein herrliches Panorama aus Ruine und grünem Flussufer mit eingebettetem Naturhafen. Angrenzend befindet sich ein Restaurant. Ganzjährig.

Wie gemalt: alter Brunnen auf einem Weingut im Gebiet Côte de Nuits

6

GENUSSTOUR ENTLANG MALERISCHER FLUSSLANDSCHAFTEN

Auf Nebenwegen durchs Burgund

Burgund ist seit jeher ein wichtiges Bindeglied zwischen Nord- und Südfrankreich. Bourgogne nennen die Franzosen diese Region im Herzen des Landes. Bourgogne – das klingt verführerisch nach Genuss, nach vollmundigem Wein und kulinarischen Köstlichkeiten wie Coq au Vin oder Charolais-Rind. Bei einer Tour im Reisemobil stehen aber auch die Zeugnisse einer großen Vergangenheit und der Alltag in den kleinen Städten auf dem attraktiven Besuchsprogramm. Beispiele sind die ehemalige Klosterkirche Saint-Philibert in Tournus – ein frühes Juwel des burgundisch-romanischen Baustils – und der Markt in Louhans, zu dem jeden Montag Tausende Menschen aus Nah und Fern zusammenströmen.

Idylle am (Schifffahrts-)Weg: Schleusenwärterhaus am Canal de Bourgogne

Zwischen Kalkfelsen, Wiesen und waldreichen Hügeln windet sich die Ouche durch die »Burgundische Schweiz« – so nennt man gern diesen freundlichen Streifen südwestlich von Dijon. Der Canal de Bourgogne und zahlreiche Wanderwege begleiten das grüne Tal. Ein möglicher erster Stopp nach **Sainte-Marie-sur-Ouche** sind die Gärten von Barbirey. Sie umgeben ein aus dem 17. Jahrhundert stammendes Château. Sein eher unscheinbares Aussehen erhielt dieses im 19. Jahrhundert. Die lang gestreckten Wirtschaftsgebäude, die mit dem Schloss einen schönen Innenhof bilden, zeigen noch den ursprünglichen Baustil. Der gepflegte, acht Hektar große Park besteht aus einem englischen Garten sowie Zier- und Gemüsegärten. Die blumenumrankten Wege säumen zeitgenössische Kunstwerke; sie führen unter anderem zu einem Teich in Herzform (www.chateaudebarbirey.com).

Ein wenig abseits vom Tal liegt – ebenfalls von einem hübschen Park mit Teichen umrahmt – das Château de Montculot, das mit einer Rokoko-Fassade glänzt. Von hier oben genießt man eine freie Aussicht auf die rund 600 Meter hohen Berge Afrique und de Siège. Man erzählt, dass der erste seinen Namen

ROUTE 6

START- UND ENDPUNKT
Sainte-Marie-sur-Ouche und Romanèche-Thorins

BESTE JAHRESZEIT
April bis Oktober

STRECKENLÄNGE
215 Kilometer

FAHRZEIT
5 bis 7 Tage

MAUTSTRECKEN
keine

Start
Ste-Maria-sur-Ouche
33 Canal de Bourgogne
26 km
Bligny-sur-Ouche
970 Dampfeisenbahn
974 18 km
Beaune
Armensaal
Hôtel Dieu
Stiftskirche
974 Notre-Dame
9 km
Meursault

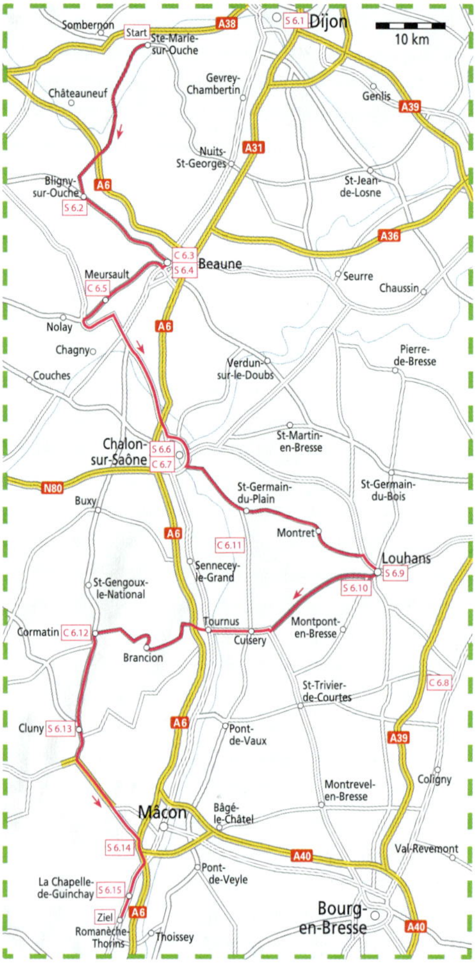

SPECIAL

DIE GROSSEN WEINE

Der exzellente Ruf der Burgunderweine rührt insbesondere von der großen Vielfalt ihrer Lagen und Böden. Die bekanntesten Gebiete, in denen vor allem die Rebsorten Pinot noir, Chardonnay und Aligoté angebaut werden, sind die Côte de Nuits, Côte d'Or, Côte Chalonnaise und das Mâconnais. Die vielfach unterschiedliche Erde aus Kalk, Ton und Lehm begünstigt den Ausbau außergewöhnlicher Weine, die mit einer breiten Palette von Aromen hervorstechen. Um schöne, makellose Trauben ernten zu können, richten die Winzer ihr Augenmerk auf die Pflege der Rebstöcke. Es gibt vier Qualitätsebenen: regionale und kommunale Weine sowie »premier cru« und »grand cru«. Die Regionenbezeichnungen sind am weitesten verbreitet, dabei folgt auf »Bourgogne« der Name des Anbaugebiets. Erzeugnisse der Kommune erkennt man daran, dass auf dem Etikett nur die Gemeinde steht – bekanntestes Beispiel dafür: Chablis. Bei den Cru-Weinen werden neben der Gemeinde die Parzelle beziehungsweise die oft winzige Lage benannt.

deshalb erhielt, weil auf ihm früher die aus Afrika stammenden Legionäre Cäsars stationiert gewesen sein sollen.

Zwischen **Bligny-sur-Ouche** und Pont-d'Ouche verkehrt nahezu täglich eine kleine Dampfeisenbahn mit zur Seite offenen Aussichtswaggons. Sie befährt ein 6,8 km langes Teilstück der Bahnstrecke Dijon-Épinac, eine der ersten, die in den 1830er Jahren in Frankreich in Betrieb genommen wurden (http://chemindefervalleedelouche.blogspot.fr).

DANK DEN EDLEN SPENDERN

Wieder auf der Straße, ist sehr schnell **Beaune** erreicht, der hoch angesehene und sicherlich bekannteste Weinort im Burgund. Mit dem Hôtel-Dieu und der Stiftskirche besitzt die Stadt zudem weitere herausragende Anziehungspunkte. Das Hôtel-Dieu – zu Deutsch: Herberge Gottes – ist ein herrliches Beispiel burgundischer Architektur im ausgehenden Mittelalter. Nicolas Rolin, der Kanzler von Philipp dem Guten, und seine dritte Frau Guigone de Salins stifteten den

Bau anno 1443 als Krankenhaus. Sie wollten dadurch ihr Seelenheil sichern. Staunend betreten die Besucher den Armensaal, den eine tonnengewölbte Kastanienholzdecke mit bemalten Querbalken überspannt. Sie lässt den weiträumigen »Grande Salle des Pôvres« beinahe behaglich wirken. Das sollte aber nicht darüber hinwegtäuschen, dass die zweimal 14 mit roten Vorhängen versehenen Betten, die sich beiderseits längs aneinanderreihen, in früheren Zeiten überhaupt keine Intimsphäre boten. Kranke und Alte mussten sich oft sogar ein Bett teilen. Das Haus war bis 1951 in Betrieb.
Die angeschlossene Pharmacie zeigt eine große Sammlung aus Fayence-Gefäßen (18. Jh.). Sehenswert ist auch der große Bronzemörser aus dieser Zeit. Über den Saal Saint-Louis gelangt man zum Polyptyque-Raum, der eigens für den berühmten Weltgerichtsaltar geschaffen wurde. Auch dieser war ein Geschenk des Ehepaars Rolin.
Im Innenhof des großen vierflügeligen Komplexes fallen die wunderschönen Dächer aus farbigen, glasierten Ziegeln im flämischen Stil ins Auge. Sie waren im Burgund einst weit verbreitet und zierten dort nahezu jedes repräsentative Gebäude. Gauben und Türme mit Wetterfahnen vervollständigen das malerische Bild.
Ein bemerkenswertes Zeugnis burgundischer Romanik stellt die nahe gelegene Stiftskirche Notre-Dame dar. Spitztonnen- und Kreuzgewölbe, Rosettenband und Kassettendecke spiegeln die verschiedenen Bauphasen

Verwunschenes Schloss im Weinbaugebiet Côte d'Or

↑ In den Geschäften in Beaune gibt es das ein oder andere zu entdecken. ↗ Ostern: Die Straßencafé-Saison in Beaune ist eröffnet. ↘ Hôtel-Dieu in Beaune im prachtvollen burgundisch-flämischen Stil

wider. Die Bildteppiche hinter dem Hauptaltar sind ohne Zweifel die eindrucksvollsten Arbeiten dieser Kirche. Die in kräftigen Farben ausgeführten Kunstwerke aus Wolle und Seide schildern Szenen aus dem Leben Marias. Der lebendige Eindruck rührt von der perspektivischen Gestaltung, die auf Renaissance-Einflüsse hindeutet.

Meursault
Weißweine von Weltruf
23
113B
974
906
N6
906 25 km
Chalon-sur-Saône
Fotografiemuseum Nicéphore-Niépce
Museum Denon
19
N73
5A
978
933
160 38 km
Louhans

SPITZENWEIN UND SPITZER TURM

Ein Stück in nördliche Richtung und nach Südwesten hin verläuft die Côte de Beaune. Sie bringt im Gegensatz zur Côte de Nuits, die sich südlich von Dijon erstreckt, nicht nur exzellente Rot-, sondern auch Weißweine hervor. Die Erzeugnisse aus dem Städtchen **Meursault** zählen Kennern zufolge zu den besten Weißweinen der Welt. Diese kennzeichnet ein feines Haselnussaroma. Sie sind trocken und lieblich zugleich, was extrem selten vorkommt. Der Name des Ortes soll sich vom lateinischen »muris saltus« (»Mäusesprung«) ableiten, so nannte man früher einen hiesigen Graben. Vom Camping La Grappe d'Or bietet sich ein wunderbarer Ausblick auf den malerischen Ort; dessen Bild wird vom spitzen gotischen Kirchturm beherrscht, der weithin sichtbar aus dem Rebenmeer emporragt.

Chalon-sur-Saône ist zwar heute im Wesentlichen eine moderne Industriestadt, doch ihr historischer Kern entpuppt sich als durchaus sehenswert. Feines Fachwerk zeichnet vor allem die Häuser um die Place Saint-Vincent aus sowie entlang der Rue du Châtelet und Grand-Rue. Bunt gestrichene kleine Läden und lauschige Straßencafes tragen zur einladenden Atmosphäre bei. Unter den Kirchen sticht die Église Saint-Pierre hervor, die mit eindrucksvoller Fassade und barockem Interieur glänzt, darunter zahlreichen Statuen. Am Saône-Ufer befindet sich das Hôtel des Messageries Royales (18. Jh.). Das darin eingerichtete Museum widmet sich Nicéphore Niépce, dem berühmtesten Sohn der Stadt. Ihm gelang 1827 eine bahnbrechende Erfindung: Er stellte das erste haltbare Lichtbild her. Zu bestaunen sind neben alten Bildern und Apparaten ganz besondere Stücke, wie etwa eine der insgesamt 14 Fotokameras der Firma Hasselblad, die auf den Mondmissionen zum Einsatz kamen.

ICH WOLLT, ICH WÄR EIN HUHN

Der Markt am Montag in **Louhans** ist ein ganz besonderer, denn dort werden die berühmten Bresse-Hühner verkauft. Sie wachsen unter geradezu paradiesischen Verhältnissen auf: Jedem Huhn stehen zehn (!) Quadratmeter Wiese zur Verfügung, auf der es scharren und rennen darf, damit sein Fleisch fest und zart wird. Das Futter besteht aus Mais und Weizen sowie besten Milchprodukten.
Berühmt ist Louhans des Weiteren für seine malerischen Laubenhäuser mit 157 Arkaden, welche die Grand-Rue säumen; sie gehen auf das Spätmittelalter zurück. Empfehlenswert ist auch der Besuch des dortigen Hospizes mit der alten, mit Täfelungen verzierten

Meursault, gern besuchtes Weindorf an der Côte de Beaune

- **Louhans**
- 971 Arkaden Grande-Rue
- 975 Altes Spital mit Apotheke
- 37 Montagsmarkt
- 28 km
- **Tournus**
- 215 Abtei mit Kirche St-Philibert
- 182 Hôtel Dieu
- 12 km
- **Brancion**
- 182 malerisches Dorf mit Burgruine
- 14
- 981 12 km
- **Cormatin**

Apotheke. Diese zeigt viele kostbare Töpfe und Tiegel, hergestellt in Italien und Südspanien (15.–16. Jh.). Hauptattraktion von **Tournus** ist die ehemalige Klosterkirche Saint-Philibert. Ihre wehrhaft wirkende Fassade aus dem Jahr 1000 zeigt katalonische und italienische Einflüsse, wie etwa die lombardischen Wandbögen. Die Abtei gilt mit ihrer frühromanischen Krypta als erstes Zeugnis burgundisch-romanischer Baukunst. Vieles wirkt ungewöhnlich, darunter das kleinteilige Mauerwerk oder die extrem hohen Seitenschiffe. Erst vor wenigen Jahren wurden bei Restaurierungsarbeiten schöne Mosaiken freigelegt, die man nun besichtigen kann.

Zweigt man in Tournus in Richtung Südwesten ab, gelangt man nach kurzer Fahrt zur Burg **Brancion**. Sie erhebt sich auf einem Felsplateau im Hügelland des Mâconnais und ist vermutlich eine der frühesten Befestigungen im Land. Der Baubeginn soll bis in die sagenumwobene Zeit der Burgunderkönige zurückreichen. Der erste nachgewiesene Grundherr war ums Jahr 900 Warulf von Brancion. Unmittelbar an der Burg entstand später ein Wehrdorf mit Kirche. Diese ist dem heiligen Petrus geweiht und besitzt im Inneren gut erhaltene Ausmalungen. Die

SPECIAL

DIE QUIRLIGEN WOCHENMÄRKTE

Burgunds Märkte lassen jedes Genießerherz höherschlagen – besonders im Spätsommer und im Herbst, wenn die Stände von Gemüse und saftigen Früchten regelrecht überquellen und es an allen Ecken und Enden verführerisch duftet. Hier nach frisch gerösteten Maronen, dort nach würzigem Käse und pikanter Salami. Die Wochenmärkte sind nebenbei beliebter Treffpunkt – man trinkt mit Freunden zusammen ein Gläschen und hält ein Schwätzchen. Beste Gelegenheiten dazu bieten sich unter anderem am Samstag in Toucy, Sonntagmorgen in Chablis und montags in Louhans. Über die Grenzen hinaus berühmt ist der Charolais-Rindermarkt im Dörfchen Saint-Christophe-en-Brionnais. Ihn gibt es schon seit 1488; er findet jeden Mittwochnachmittag statt. Großen Zulauf erfahren auch die Biomärkte, etwa am 1. und 3. Sonntag im Monat in Brancion.

Angleridylle am Ufer der Seille, einem Nebenfluss der Saône

↑ Tournus, liebreizendes Städtchen am Sâone-Ufer
↓ Alles noch per Handbetrieb: Seille-Schleuse bei Tournus
↘ Saint-Philibert – einer der bedeutendsten romanischen Sakralbauten Frankreichs

Cormatin
Schloss und Gärten
981
13 km
Cluny
980 ehemalige Benediktinerabtei
220 Kunst- und Archäologiemuseum
17
89
169
209
266 34 km
Romanèche-Thorins
Weinbaumuseum Le Hameau
Zoo

Motive zeigen unter anderem das Jüngste Gericht und Pilgerszenen.

ERST ABWEISEND, DANN EINLADEND

Ein Prunkstück nicht nur unter den Schlössern Burgunds ist **Cormatin**, idyllisch auf einer Insel im Fluss Grosne gelegen. Der mächtige Bau entstand um 1610 im Auftrag von Antoine du Blé d'Uxelles, dem Gouverneur von Chalon. Sein Äußeres wirkt streng, fast festungsartig; ein Eindruck, der durch den tiefen Wassergraben ringsum noch verstärkt wird. Die Innenausstattung, an der zahlreiche Pariser Künstler beteiligt waren, vermittelt einen guten Eindruck von der einstigen Pracht barocker Adelspaläste.
Im Schloss gibt es eine umfangreiche Sammlung von Barockgemälden. Sie zeigen hauptsächlich Porträts, die möglicherweise Meister wie etwa Rigaud oder Velázquez schufen. Sehenswert sind daneben die Räume mit den ursprünglichen, schön verzierten Balkendecken und offenen Kaminen. Die opulente Kücheneinrichtung stammt aus dem 19. Jahrhundert, als Raoul Gunsbourg, Direktor der Oper von Monte Carlo, der Besitzer war. Darüber hinaus lohnt ein Spaziergang im weitläufigen Garten. Man passiert Blumenbeete, die von leuchtenden Lavendelhecken eingerahmt werden, und gelangt schließlich zu einem faszinierenden Buchsbaum-Labyrinth.
An Cormatin vorbei führt auch der »Voie Verte«, der wichtigste Rad- und Wan-

Aufwendig gestaltetes Museum Le Hameau du Vin in Romanèche-Thorins

derweg der Region. Er besteht aus fünf Hauptstrecken mit einer Gesamtlänge von 580 Kilometern. Auf ihm erreichen Radler in einer Stunde **Cluny**. Die Abtei von Cluny, gegründet im Jahr 910 vom Benediktinermönch Bernon, entwickelte sich zusammen mit Rom zum Zentrum des christlichen Abendlandes. Der Orden erlebte im 13. Jahrhundert seine Blütezeit – er hatte damals 10 000 Mitglieder und war enorm einflussreich. Die Abteikirche wurde nach der Französischen Revolution mutwillig zerstört. Zur 1100-Jahr-Feier im Jahr 2010 wurde sie aufwendig saniert. Einen sehr schönen Abschluss der Tour bildet der Besuch im liebevoll eingerichteten Museum Le Hameau du Vin in **Romanèche-Thorins**, das im äußersten Süden des Burgund liegt.
In dem Museum wird die 2000 Jahre alte Geschichte des Weinbaus im Beaujolais erzählt, der hier beginnenden, nicht minder berühmten Weinregion. Es gibt aufschlussreiche Einblicke in die verschiedenen Herstellungsmethoden und Arbeitsschritte.

↑ Cormatin lässt bitten! Auf den Schlossgraben folgen die Wirtschaftsgebäude.
↓ Die Küche auf Cormatin wurde vor etwa 200 Jahren eingerichtet.

SPECIAL

DIE BERÜHMTE KÜCHE

Escargots de Bourgogne: ein Begriff, den man sich unbedingt merken sollte – entweder weil man Weinbergschnecken mag oder weil man sie ablehnt. Sie stehen auf nahezu jeder Speisekarte in der Region. Mal zieren sie einen bunten Salat, mal verstecken sie sich in einem Teigmantel. »In Lebkuchenkruste« (»en croûte de pain d'épices«) heißt eine Zubereitungsart, wie sie zum Beispiel in Beaune serviert wird. Eine weitere Spezialität ist Rind, genauer: das Fleisch vom Charolais-Rind, jenem cremefarbenen Hornvieh, das man im Süden des Burgunds häufig sieht. Eine typische Vorspeise ist »Jambon persillé«, Kochschinken in Sülze mit Petersilie. Die vielen Flüsse bereichern die Küche zudem mit Zander, Karpfen und Hecht. Weit bekannt ist außerdem »Coq au vin«, der Hahn in Rotweinsauce. Im Burgund bereitet man ihn mit Speck, Zwiebeln, Lorbeer und Thymian sowie mit frischen Champignons zu. Schließlich macht langes behutsames Köcheln im Ofen einen zart schmeckenden Genuss daraus. Des Weiteren ist geschmortes Kaninchen in einer Sauce aus Dijonsenf sehr beliebt. Platz im Magen sollte man aber für Käse lassen, etwa für einen milden Cîteaux. Als süßer Ausklang empfiehlt sich eine in Wein pochierte Birne.

PRAKTISCHE HINWEISE

TOURISTINFORMATIONEN

Office de Tourisme de Bligny-sur-Ouche
21, Place de l'Hôtel de Ville, 21360 Bligny-sur-Ouche, Tel. 03 80 20 16 51, www.tourismepouillybligny.fr

Office de Tourisme de Beaune
6, Boulevard Perpreuil, 21203 Beaune, Tel. 03 80 26 21 30, www.beaune-tourisme.fr

Office de Tourisme Beaune & Pays Beaunois – Antenne de Meursault
9, Place de l'Hôtel de Ville, 21190 Meursault, Tel. 03 80 21 25 90, www.beaune-tourisme.fr

Office de Tourisme de Chalon-sur-Saône
4, Place du Port Villiers, 71100 Chalon-sur-Saône, Tel. 03 85 48 37 97, www.achalon.com

Office de Tourisme du Pays de la Bresse Bourguignonne
Place Saint-Jean, 71500 Louhans, Tel. 03 85 75 05 02, www.bresse-bourguignonne.com

Office de Tourisme de Tournus Sud Bourgogne
3, Rue Gabriel Jeanton, 71700 Tournus, Tel. 03 85 27 00 20, www.tournus-tourisme.com

Office du Tourisme Cluny & Clunisois
6, Rue Mercière, 71250 Cluny, Tel. 03 85 59 05 34, www.cluny-tourisme.com

»Grande Salle des Pôvres«, Armensaal im historischen Hôtel-Dieu in Beaune

Le Domaine de Louvarel: schönes Gelände am Stausee in Champagnat

CAMPINGPLÄTZE UND STELLPLÄTZE

S 6.1 **Aire de Camping-car du Lac Kir** (S. 283 E2) 3, Boulevard Chanoine Kir, 21000 Dijon, Tel. 06 66 96 56 26, www.camping-du-lac-dijon.com GPS: 47.321177, 5.011249 Separates, eng parzelliertes Gelände für 20 Reisemobile vor dem Campingplatz, von Bäumen umrahmt. Der Untergrund ist geschottert. Die sanitären Einrichtungen des Campingplatzes können benutzt werden. Ein schöner Rad- und Fußweg, der jedoch nachts unbeleuchtet ist, führt ins sehenswerte 2,5 km entfernte Stadtzentrum. April bis Oktober.

S 6.2 **Aire pour Camping-cars de Bligny-sur-Ouche** (S. 266 D3) 2, Allée de la Gare, 21360 Bligny-sur-Ouche, Tel. 03 80 20 16 51, www.tourismepouillybligny.fr GPS: 47.108611, 4.660000 Stellplatz vor Camping des Isles, dem kommunalen Campingplatz. Eine Servicestation mit betoniertem Bodeneinlass steht zur Verfügung. Mitte April bis Anfang Oktober.

C 6.3 **Camping Les Cent Vignes** (S. 282 D3) 10, Rue Auguste Dubois, 21200 Beaune, Tel. 03 80 22 03 91, www.beaune.fr GPS: 47.032906, 4.839103 Städtischer Campingplatz mit gekiesten Parzellen, durch Bäume und Hecken gegliedert. Er befindet sich in einem Wohngebiet, von wo aus ein kleiner Spaziergang in die Innenstadt führt. Restaurant und Imbiss sind vorhanden. Mitte März bis Ende Oktober.

S 6.4 **Parking Charles de Gaulle** (S. 283 E3) Avenue Charles de Gaulle, 21200 Beaune, Tel. 03 80 26 21 30, www.beaune-tourisme.fr GPS: 47.017778, 4.836667 Markierter Stellplatz für sechs Reisemobile (max. 7 m) auf einem Großparkplatz am südlichen Stadtrand in zentraler, aber etwas unruhiger Lage. Die Fahrzeuge stehen eng beieinander. Ver- und Entsorgung sind möglich. Zu einem

Garantiert frisch: Spargel aus burgundischem Sandboden

großen Supermarkt sind es nur ein paar Schritte. Ganzjährig.

C 6.5 **Camping La Grappe d'Or** (S. 282 D3)
2, Route de Volnay, 21190 Meursault,
Tel. 03 80 21 22 48,
www.europe.huttopia.com/site/meursault/
GPS: 46.986178, 4.769156
Der Campingplatz ist gut geführt; er besticht darüber hinaus durch seine schöne Lage am Ortsrand mitten in den berühmten Weinlagen. Die Stellplätze verteilen sich auf mehreren Geländestufen. Zur Ausstattung gehören ein Freibad und ein Restaurant mit Terrasse. Anfang April bis Mitte Oktober.

S 6.6 **Aire Municipale pour Camping-cars**
(S. 282 D3)
Promenade Sainte-Marie, 71100 Chalon-sur-Saône,
Tel. 03 85 48 37 97,
www.achalon.com
GPS: 46.784167, 4.860833
Ebene Stellfläche am Rand eines Großparkplatzes in Altstadtnähe unter hohen Platanen, ausgestattet mit einer Servicestation. Ein großer Park schließt sich an. Die maximale Aufenthaltsdauer beträgt 24 Stunden. Ganzjährig.

S 6.7 **Camping du Pont de Bourgogne** (S. 283 E3)
12 Rue Julien Leneveu, 71380 Saint-Marcel,
Tel. 06 73 25 73 63,
www.camping-chalon.com
GPS: 46.784282, 4.872434
Dreigeteiltes Campinggelände am Flussufer nahe Chalon-sur-Saône. Die Parzellen sind durch Hecken abgegrenzt, ein Imbiss ist vorhanden. April bis September.

C 6.8 **Le Domaine de Louvarel** (S. 283 E4)
Lieu dit Louvarel, 71480 Champagnat,
Tel. 03 85 76 62 71,
www.louvarel.com
GPS: 46.495695, 5.325079
Schön gelegener Campingplatz in mehreren Stufen über einem See in abgeschiedener Lage – mit noch junger Bepflanzung. Er ist Teil einer Freizeitanlage mit Strand und Liegewiese. Anfang April bis Mitte September.

S 6.9 **Aire de Camping-car de Louhans** (S. 283 E4)
Chemin de Halage, 71500 Louhans, Tel. 03 85 75 05 02,
www.louhans-chateaurenaud.fr
GPS: 46.629722, 5.213056
Ausgeschilderter geschotterter Platz für 25 Reisemobile mit Rasen, Tischen und Bänken, von Grün umrahmt. Frischwasser und Entleerungsmöglichkeit sind vorhanden. Ganzjährig.

S 6.10 **Aire de Camping-car de Sornay** (S. 283 E4)
Place de la Mairie, 71500 Sornay, Tel. 03 85 75 11 40,
www.ville-cancale.fr
GPS: 46.626389, 5.180278
Kleiner, im Halbkreis angeordneter Stellplatz im Ortszentrum – durch eine Hecke von der viel befahrenen Straße getrennt. Es gibt eine Servicestation und einen Stromanschluss. April bis November.

C 6.11 **Domaine du Château de l'Epervière**
(S. 282 D4) 6, Rue du Château, 71240 Gigny-sur-Sâone,
Tel. 03 85 94 16 90,
www.domaine-eperviere.com
GPS: 46.652872, 4.945838

Parkartig gestalteter Campingplatz mit zwei Teichen neben einem Schloss, zur Les-Castels-Gruppe gehörend. Die gehobene Ausstattung umfasst Restaurant, Frei- und Hallenbad. Angeboten werden Weinproben im Schlosskeller. April bis September.

C 6.12 **Camping Le Hameau des Champs** (S. 282 D4)
25 Route de Chalon, 71460 Cormatin, Tel. 03 85 50 76 71,
www.le-hameau-des-champs.com
GPS: 46.548433, 4.682920
Kleiner Campingplatz am Ortsrand in der Nähe des Schlosses – mit Blumen ansprechend gestaltet. Nebenan befindet sich ein öffentlicher Spielplatz. April bis September.

S 6.13 **Aire de Camping-car de la Porte de Paris**
(S. 282 D4) Porte de Paris, 71250 Cluny,
Tel. 03 85 59 05 87,
www.cluny.fr
GPS: 46.434167, 4.662778
Reisemobilstellplatz für zehn Fahrzeuge auf Seitenstreifen unter Bäumen an der Straße am nationalen Gestüt. Die Aufenthaltsdauer ist auf 24 Stunden beschränkt. Ganzjährig.

S 6.14 **Aire Municipale Vinzelles** (S. 282 D4)
Rue de la Cense, 71680 Vinzelles, Tel. 03 85 35 61 19,
www.vinzelles71.fr
GPS: 46.271389, 4.770000
Nach Renovierung 2017 wiedereröffneter Stellplatz mit Serviceeinrichtungen in einem Winzerdorf nahe der Autobahn. Die Parzellen sind gekiest und durch Beete und asphaltierte Wege gegliedert. Ganzjährig.

S 6.15 **Aire Municipale La Chapelle-de-Guinchay**
(S. 282 D4) Route de Juliénas 2, Clos Méziat, 71570 La Chapelle-de-Guinchay, Tel. 03 85 33 85 07,
www.lachapelledeguinchay.fr
GPS: 46.210278, 4.767222
Beschilderter Stellplatz nahe einer Bahnlinie für zehn Reisemobile, asphaltiert und parzelliert. Die Entsorgung erfolgt über Bodeneinlass, Frischwasser steht ebenfalls zur Verfügung. Ganzjährig.

Camping La Grappe d'Or im Herzen des Weinlandes

Besançon – Hauptstadt mit grüner Seele

7

BEGEGNUNG MIT EINER UNBEKANNTEN SCHÖNEN

Franche-Comté: Von den Gipfeln der Südvogesen zum Regionalen Naturpark Haut-Jura

Eine steigende Zahl von Naturliebhabern und Freunden des Landlebens erklärt die Franche-Comté zu ihrem neuen Lieblingsziel. Doch noch immer ahnen viele Frankreich-Reisende nichts von der Schönheit dieser großartigen Landschaft, die sich ans weitaus bekanntere Elsass anschließt; sie lassen die Grenzregion zur Schweiz auf der Durchreise in den Süden links liegen. Ein Fehler: Gäste mit Wohnmobil finden ein breites Angebot an Camping- und Stellplätzen vor. Flüsse wie Doubs und Loue, ausgedehnte Wälder sowie die rauen Berge der Südvogesen und des Juragebirges unterstreichen die Ursprünglichkeit des Gebiets.

Wanderer treffen in den Südvogesen sehr oft auf einsame, urwüchsige Gegenden. Ein schönes Beispiel hierfür ist das noch weitgehend unbekannte Plateau des Mille Étangs, das »Plateau der tausend Weiher«. Es bildet den Südwestzipfel des regionalen Naturparks Ballons des Vosges. Deutlich mehr Menschen sind indes auf den Wegen rings um den 1247 Meter hohen **Ballon d'Alsace** unterwegs; er liegt ein Stück östlich davon und zählt zu den höchsten Vogesengipfeln.

KALORIENREICHE KOST

Unterhalb seiner Kuppe lädt die gleichnamige Auberge die Ausflügler zur Einkehr ein. Hier kommt bevorzugt Herzhaftes auf den Tisch, dazu gehört etwa die traditionelle »Melkermahlzeit«. Sie besteht aus Tourte (Pastete) mit Blattsalat und Rauchfleisch mit Bratkartoffeln sowie einem Riesenstück »Blaubeertarte« zum Dessert. Hinterm Haus zweigt ein Pfad in den Wald ab, der sich zwischen bemoosten Stämmen rasch verliert. Über Stock und Stein gelangt man dann nach wenigen Minuten zu einer Lichtung.

ROUTE 7

START- UND ENDPUNKT
Ballon d'Alsace und Baume-les-Messieurs

BESTE JAHRESZEIT
Mai bis Oktober

STRECKENLÄNGE
418 Kilometer

FAHRZEIT
5 bis 7 Tage

MAUTSTRECKEN
keine

Start
Ballon d'Alsace
Panoramablick
465 29 km
Belfort
Zitadelle
83
683 90 km
Besançon
Zitadelle
Renaissance-Bauten
683
141
308
104
N83 34 km
Arc-et-Senans

Saftige Weide am Ballon d'Alsace

Von dieser Stelle aus erscheinen einem bei guter Fernsicht die Schweizer Alpen zum Greifen nah.

Für die mobilen Gäste steht wenige Kilometer unterhalb des Berggasthofs ein Stellplatz bereit. Unsere Tour führt von dort am nächsten Morgen weiter nach **Belfort**. Die Stadt war früher strategisch enorm wichtig, denn sie liegt mitten in der Burgundischen Pforte, die den einzigen Übergang zwischen Rhein und Rhône darstellte. An jene düsteren Epochen, in denen feindliche Angriffe den Alltag der Bewohner bestimmten, erinnert die gewaltige, auf einem Felsen errichtete Zitadelle über dem Zentrum. Erbauer der Festung war General Vauban, Leibarchitekt von König Ludwig XIV.

KÖNIG DER TIERE

Die komplexe Anlage aus Wehrmauern und Verteidigungsgräben hielt drei lange andauernden Belagerungen stand, darunter in den Jahren 1814 und 1815 in der Zeit der Napoleonischen Kriege. Am Fuß des Forts rekelt sich – auf die Vorderpranken gestützt – der »Löwe von Belfort«, eine beeindruckende,

Zitadelle und Löwe von Belfort, Symbole des Widerstands

22 Meter lange und 11 Meter hohe Sandsteinskulptur, geschaffen im 19. Jahrhundert vom Colmarer Bildhauer Bartholdi – vielen eher bekannt als Schöpfer der Freiheitsstatue in New York. Das Tier symbolisiert den löwenhaften Widerstand Belforts.
Die Feinde hatten immer wieder auch **Besançon** im Visier, die Hauptstadt der Franche-Comté, weiter südwestlich gelegen. Davon kündet die ebenfalls mächtige und von Vauban geplante Zitadelle, die gut 100 Meter über dem Doubs wacht. Der alte Kern befindet sich geschützt in einer großen Flussschleife. Er präsentiert ein geschlossenes Bild aus herrschaftlichen Häusern mit Kalksteinfassaden im Stil des 17. und frühen 18. Jahrhunderts.

EHRBARE BERUFE

Als schönstes Gebäude entlang der zentral verlaufenden Grand Rue gilt der Palais Granvelle mit mehrgliedriger Renaissance-Fassade, Innenhof und Arkaden. In den Seitengassen stößt man noch des Öfteren auf kleine Handwerksläden – hauptsächlich betrieben von alteingesessenen Uhrmachern und Geigenbauern. Auch aus diesem Grund und wegen der großen Universität wirkt die UNESCO-Weltkulturerbestätte das ganze Jahr über belebt und wenig touristisch geprägt. Darüber hinaus begründen die vielen Parks und Gärten den Ruf der Stadt als »grünste Metropole Frankreichs«.
Der besagte Doubs entspringt im Südosten und mündet 90 Kilometer nordwestlich in die Saône. Auf dem Weg dorthin passiert er unzählige Schleifen und Biegungen – seine Gesamtlänge beträgt daher sehr beachtliche 453 Kilometer. Eine schöne Aussicht auf das sich dahinschlängelnde Gewässer bietet neben Besançons Zitadelle unter anderem der Belvédère de la Cendrée. Beeindruckend auch: der 28 Meter hohe Wasserfall Saut du Doubs.

↑ Rathaus an der Place d'Armes in Belfort

↓ Lässt tief blicken: Top-Sicht von der Festung auf die Doubs-Schleife

KULTUR

KÖNIGLICHE SALINE VON ARC-ET-SENANS

Die historischen Bauten vielerorts in Stadt und Land erzählen vom reichen Kulturerbe, wie etwa das von Claude-Nicolas Ledoux (1736–1806). Der Architekt, Visionär und Menschenfreund schuf einige Jahre vor der Französischen Revolution mit der Saline Royale, der königlichen Saline, ein wahrlich zukunftweisendes Ensemble. Die ehemalige Salzmanufaktur in Arc-et-Senans ist das eindrucksvolle Ergebnis von Ledoux' Traum einer idealen Stadt, die ein ausgewogenes soziales Verhältnis zwischen Adel und Arbeiterschaft widerspiegelt. Klare Symmetrien bestimmen den Grundriss der Anlage im Stil des Klassizismus. Die für 5000 Bewohner entworfene Siedlung sollte einen perfekten Kreis um das Direktionsgebäude bilden. Aus Geldmangel konnte aber nur die Hälfte des Projekts, also ein Halbkreis, verwirklicht werden; auf dem ummauerten Gelände lebten rund 200 Arbeiter in geradezu feudalen Steinhäusern. Ausstellungen in den restaurierten Räumen geben einen umfassenden Einblick in die Planungen, die unter anderem Schulen, Spiel- und Vergnügungsstätten vorsahen.

DEFTIGES AUS DEM RAUCH

Der Einfluss der Alpenküche, wie eingangs bereits beschrieben, ist nicht nur in den Vogesen, sondern auch im Jura-Gebiet sehr ausgeprägt. Als Beispiel mag die »Saucisse de Morteau« dienen. Die beliebte Schweinswurst wird ausschließlich in der Gemeinde Morteau hergestellt. Für ihren kräftigen Geschmack sorgen zum einen zahlreiche Gewürze, darunter Knoblauch, Koriander, Kümmel und Muskat, zum anderen eine spezielle Art der Konservierung. Dazu werden die Würste zunächst getrocknet und anschließend in den Bergen in über 600 Meter Meereshöhe in den traditionellen pyramidenförmigen Kaminen, »tuyés« genannt, über Nadelholz geräuchert. Man isst sie gern zu Sauerkraut, Kartoffelsalat und zu Rösti mit Salat.

↓ Weitläufiges Zitadellen-Gelände in Belfort
↘ Édouard Hirsinger, Chocolatier mit Leib und Seele

Gefällt auch den Kindern: beschauliches Loue-Tal

SPECIAL

EDELSCHOKOLADE

Schokoladenliebhaber sollten unbedingt in der Pâtisserie von Édouard Hirsinger in Arbois vorbeischauen. Der Edel-Chocolatier – er trägt den begehrten Titel »Meilleur Ouvrier de France« (»Bester Handwerker Frankreichs«) – kreiert immer wieder neue aufregende Geschmacksrichtungen. Im Sortiment findet man daher viele Exoten, darunter Curry-Pralinen mit Walnuss und Pralinen mit Orangen-Passionsfrucht-Füllung und feiner Absinth-Note. Die aktuelle Kollektion ist zudem speziell auf die Weine aus der Region abgestimmt, wie zum Beispiel den berühmten Vin Jaune. Die süßen Kleinigkeiten entstehen seit vier Generationen in Handarbeit im »Laboratorium« im hinteren Teil des Hauses. Im alten Gewölbekeller hat Hirsinger ein Firmenmuseum eingerichtet; es zeigt Gerätschaften aus 121 Jahren Firmengeschichte (www.chocolat-hirsinger.com).

ALLERLEI PITTORESKES

Die nächste Station heißt **Ornans**. Der anmutige Hauptort des Loue-Tals lockt mit seinem Laternenturm und den mit Erkern geschmückten Häusern vor allem an den Wochenenden zahlreiche Gäste an. Auch erblickte der landesweit bekannte Maler Gustave Courbet (1819–1877) hier das Licht der Welt. Geschickt fing er dieses spezielle Licht der Gegend auf der Leinwand ein, wobei der Fluss mit der pittoresken Uferzeile zu seinen häufigsten Motiven gehörte. Courbet galt als Meister der Zwischentöne, der das Alltägliche dokumentierte. Ihm und seiner Arbeit ist im Ort ein schönes Museum gewidmet.

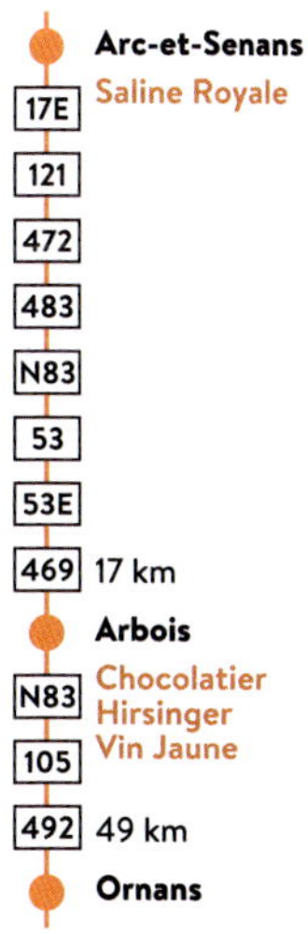

Courbet und seine Malerkollegen ließen sich auch vom reizenden Nachbarort **Lods** (sprich: Loo) inspirieren. Das war aber

Auf zur Landpartie! – durch Wiesen und Wälder

nicht nur damals so, denn bis heute begeistert das Dorf mit seinem morbiden Charme, dem Wasserfall und der mysteriösen, moosbedeckten Bogenbrücke im Flussbett nicht nur Künstler und Schöngeister. Den besten Blick auf den Cirque de Consolation, einen grünen Kessel, genießt man vom Roche du Prêtre (Priesterfelsen), der sich nördlich von Morteau erhebt. Hier liegt auch die Quelle des Dessoubre, eines Nebenflusses des Doubs, der sich – von spektakulären Höhlen begleitet – durch ein wildromantisches Tal windet.

Ornans
Altstadt Courbet-Museum
67
12 km
Lods
Bogenbrücke
67
N57 23 km
Pontarlier
Absinth-Destillerien Château de Joux
74
437
15 km
Malbuisson

Pontarlier war früher die Hauptstadt des Absinth-Schnapses – und sie ist es jetzt wieder, nachdem im Jahr 1998 das Absinthverbot von 1915 aufgehoben wurde. Die neu gegründeten Destillerien veranstalten Proben und geben Einblicke in die Herstellung. Südlich der Stadt erstreckt sich auf 900 Meter Meereshöhe der recht große **Lac de Malbuisson**, oft auch Lac de Saint-Point genannt. Sein Ostufer verfügt über mehrere gute Badeplätze, zudem gibt es eine Segelschule. Der Seerundweg gefällt Spaziergängern und Radfahrern gleichermaßen. Jura-Wanderer und Mountainbiker bevorzugen jedoch die nahe gelegenen, zumeist anspruchsvolleren Hänge am Mont d'Or (1463 m).

LIEBE UND LEID

Schauplatz etlicher Dramen, welche die wechselvolle Vergangenheit der Region begleiteten, ist das nahe **Château de Joux**. Die Feste, deren Ursprung im 12. Jahrhundert liegt, wacht majestätisch auf einem Felssporn. Ihre starken Mauern erhielt sie erst spät: Sie sind ein weiteres Werk von General Vauban. Prominente saßen hier in den Verliesen, darunter der Graf von Mirabeau. Lockere Haftbedingungen erlaubten ihm, eine innige Liebesbeziehung zu einer jungen verheirateten Marquise einzugehen, die mit ihrem Freitod tragisch endete. Auch Toussaint Louverture, der Führer der Unabhängigkeitsbewegung auf Haiti, war unter den Häftlingen, ebenso Heinrich von Kleist, der der Spionage bezichtigt wurde. Der Schriftsteller verarbeitete während seiner Inhaftierung im Spätwinter 1807 das Schicksal des Sklavenbefreiers, der vier Jahre zuvor in dieser Gefangenenburg gestorben war, in seiner Novelle »Die Verlobung in Santo Domingo«; sie gilt als eine seiner schönsten.

Ein Ziel ersten Ranges sind auch die **Cascades du Hérisson**, die Wasserfälle des Hérisson – ein Naturschauspiel, bei dem das Wasser aus dem Lac de Bonlieu in vielen Kaskaden ganze 520 Meter (!) in die Tiefe stürzt. Die beiden ersten, die Cascade de l'Éventail und die Cascade du Grand Saut, zählen zu den schönsten Wasserfällen im Jura. Für die Besichtigung aller Kaskaden muss man etwa drei Stunden einplanen. Die Strecke folgt der französischen Fernwanderroute GR 559. Wenngleich die manchmal steilen (Treppen-) Wege sehr gut

Malbuisson
Lac de Saint-Point
Mont d'Or
437 – 127 – 16 – 278 – N5 – 75 – 74 – 90 – 39 – 326 65 km
Cascades du Hérisson
Wasserfälle
326 – 39 – 4 – 70 29 km
Baume-les-Messieurs
ehemalige Benediktinerabtei
Grottes de Baume

SPECIAL

DIE GRÜNE FEE

Den Absinth umgibt ein besonderer Mythos. Die Spirituose galt im 19. Jahrhundert als verrückt machendes Künstlergetränk; jeder kennt die Geschichte von van Gogh, der zu viel vom Wermutschnaps trank und sich ein Stück vom Ohr abschnitt. Oscar Wilde, Edgar Allan Poe und viele andere waren ebenfalls Absinth-Trinker. Die These, dass das Nervengift Thujon hinter den »Ausfällen« stecken würde, widerlegten Wissenschaftler. Vielmehr machen sie den damaligen hohen Gehalt an minderwertigem Alkohol dafür verantwortlich. Heute muss sich niemand mehr um seine Gesundheit sorgen, wenn er das auch als »Grüne Fee« bezeichnete Getränk in Maßen zu sich nimmt – etwa in der »Maison de l'Absinthe« an der neuen Absinth-Straße, welches das Thema aus Schweizer Sicht beleuchtet (www.routedelabsinthe.com).

↑ In Lods gehen die Uhren etwas langsamer. ↓ Dominique Rousselet, Absinth-Brenner in La Cluse-et-Mijoux

unterhalten sind, können sie feucht und rutschig sein. Das ist insbesondere im Frühjahr und Herbst oft der Fall, den wohl schönsten Jahreszeiten – speziell hier im wasserreichen Süden.

GRÜNDER COLUMBAN

Die wenigen Häuser in **Baume-Ies-Messieurs** zwängen sich zwischen senkrechte Felsen. Man würde das Dorf nicht kennen, hätte nicht der irische Mönch Columban hier im 6. Jahrhundert ein Kloster errichtet. Von diesem aus vollzog sich im Jahr 910 die Gründung von Cluny im benachbarten Burgund, später gehörte Baume-les-Messieurs zu den bedeutendsten Benediktinerabteien. Nicht die einzelnen meist schlichten, teils halb verfallenen Gebäude begeistern, sondern das Gesamtensemble mit seinen zahllosen zauberhaften Details wie bemoosten Steinbänken und filigranen Spitzbögen. Das prachtvollste Werk befindet sich in der Kirche: ein farbig eingefasster flämischer Schnitzaltar aus dem frühen 16. Jahrhundert. Südlich des Ortes erheben sich die fast 200 Meter hohen, senkrechten Kalkwände des Talkessels Cirque de Baume. Die Quelle des Flusses Dard hat im Inneren der Felsen die wunderschönen Grottes de Baume geschaffen – mit mehreren bis zu 80 Meter hohen, begehbaren Sälen. Mit ihnen endet diese Schnuppertour durch die Franche-Comté – für viele sicher nicht die letzte Begegnung mit der nach wie vor geheimnisvollen unbekannten Schönen.

↓ Weideland, das gesundes, nahrhaftes Futter verspricht ↘ Bewirtschaftete Hütte La Petite Échelle am Mont d'Or

Naturschauspiel erster Güte – Cascades du Hérisson

PRAKTISCHE HINWEISE

TOURISTINFORMATIONEN

CRT de Bourgogne-Franche-Comté
4, Rue Gabriel Plançon, 25044 Besançon Cedex, Tel. 03 81 25 08 08, www.bourgognefranchecomte.com

Parc naturel régional des Ballons des Vosges
1, Rue du Couvent, 68140 Munster, Tel. 03 89 77 90 20, www.parc-ballons-vosges.fr

Maison du Tourisme du Ballon d'Alsace
Bâtiments des Démineurs, 90200 Lepuix, Tel. 03 29 25 20 38, www.ballondalsace.fr

Belfort Tourisme
2, Rue Clemenceau, 90000 Belfort, Tel. 03 84 55 90 90, www.belfort-tourisme.com

Besançon Tourisme et Congrès
52, Grande rue, place du 8 Septembre, 25000 Besançon, Tel. 03 81 80 92 55, www.besancon-tourisme.com

Office de Tourisme d'Arc-et-Senans–Loue–Lison
32, Grande Rue, 25610 Arc-et-Senans, Tel. 03 81 62 21 50, www.destinationlouelison.com

Office de Tourisme d'Arbois, Vignes & Villages – Pays de Louis Pasteur
17, Rue de l'Hôtel de Ville, 39600 Arbois, Tel. 03 84 66 55 50, www.coeurdujura-tourisme.com

Office de Tourisme d'Ornans, Vallées de la Loue et du Lison
7, Rue Pierre Vernier, 25290 Ornans, Tel. 03 81 62 21 50, www.ornans-loue-lison.com

Camping du Lac de la Seigneurie, gepflegter Platz bei Belfort

Office de Tourisme de Pontarlier
14 bis, Rue de la Gare, 25300 Pontarlier, Tel. 03 81 46 48 33, www.pontarlier.org

Office de Tourisme de Malbuisson
69, Grande Rue, 25160 Malbuisson, Tel. 03 81 69 31 21, www.malbuisson-les-lacs.com

Office de Tourisme de Métabief
6, Place Xavier Authier, 25370 Métabief, Tel. 03 81 49 13 81, www.tourisme-metabief.com

Office de Tourisme Pays Lacs et Petite Montagne
36, Grande Rue, 39130 Clairvaux-les-Lacs,
Tel. 03 84 25 27 47,
www.juralacs.com

Mairie de Baume Les Messieurs
4, Place Mairie, 39210 Baume-les-Messieurs,
Tel. 03 84 44 61 41,
www.baumelesmessieurs.fr

CAMPINGPLÄTZE UND STELLPLÄTZE

S 7.1 **Aire de Camping-car Ballon d'Alsace** (S. 283 G1) Route du Ballon d'Alsace, 90200 Lepuix,
Tel. 03 29 25 20 38,
de.ballons-hautes-vosges.com
GPS: 47.813333, 6.841667
Schön gelegener Stellplatz für neun Fahrzeuge in der Nähe eines Hotels mit weitem Ausblick auf Wiesen und waldreiche Höhen. Die Parzellen sind eben, der Untergrund besteht aus Rasengitter. Servicestation und Bodeneinlass sind vorhanden. Ganzjährig.

Norbert Bournez, Almwirt in La Petite Échelle, bittet zu Tisch.

S 7.2 **Camping du Lac de la Seigneurie** (S. 283 G2)
3, Rue de la Seigneurie, 90110 Leval,
Tel. 03 84 23 00 13, www.camping-lac-seigneurie.com
GPS: 47.735690, 7.017577
Der gut geführte Platz gefällt durch seine günstige Lage auf halbem Weg zwischen dem Ballon d'Alsace und Belfort. Eine Straße trennt ihn vom See, wo sich auch ein Restaurant befindet. Das ebene, durch Hecken gegliederte, fast baumlose Gelände grenzt an ein Wäldchen. Zur Ausstattung gehört unter anderem ein Freibad; es hat außerhalb der Hochsaison nur bei schönem Wetter geöffnet.
April bis Oktober.

S 7.3 **Base de Loisirs du Malsaucy** (S. 283 G2)
Rue d'Evette, 90300 Sermamagny, Tel. 03 84 29 21 37,
www.territoiredebelfort.fr/minisite/le-malsaucy
GPS: 47.683611, 6.814167
Zweigeteilter Stellplatz an attraktivem Badesee mit vielen Freizeiteinrichtungen. Drei Parzellen sind asphaltiert (dort gibt es auch eine Servicestation), 20 weitere befinden sich auf einer Wiese. April bis Oktober.

S 7.4 **Camping L'Étang des Forges** (S. 283 G2)
11, Rue du Général Béthouart, 90000 Belfort,
Tel. 03 84 22 54 92,
www.camping-belfort.com
GPS: 47.653248, 6.864301
Der Platz am Stadtrand von Belfort bietet 92 großzügig bemessene Parzellen am See, teils mit Blick auf die Burg La Miotte. Eine Bademöglichkeit besteht jedoch leider nicht. Ein Freibad und ein Kiosk sind vorhanden. Die Leitung arrangiert regelmäßig Stadtführungen. April bis September.

Baume-les-Messieurs: bezaubernd schön

S 7.5 Camping de Besançon La Plage (S. 283 F2)
12, Route de Belfort, 25220 Chalezeule,
Tel. 03 81 88 04 26, www.campingdebesancon.com
GPS: 47.265833, 6.071389
Der Gemeindeplatz in einem Vorort von Besançon ist solide eingerichtet. Er erstreckt sich zwischen Durchgangsstraße, dem Fluss Doubs und dem öffentlichen Freibad. Auf dem überwiegend ebenen Gelände gibt es einige hohe Bäume, dazu begrenzen Hecken einen Teil der 106 Stellplätze. Der Weg zur Haltestelle beträgt 10 m. Mitte März bis Oktober.

S 7.6 Aire de Camping-car de Baume-les-Dames
(S. 283 F2) Quai du Canal, 25110 Baume-les-Dames,
Tel. 03 81 84 38 89,
www.baumelesdames.org
GPS: 47.340014, 6.357217
Stellplatz für 38 Reisemobile, parzelliert und großzügig angelegt oberhalb eines Kanals mit Bootsanlegestelle. Der Untergrund ist eben und gut befestigt. Eine Sanitäranlage befindet sich am Platz. Ganzjährig.

S 7.7 Aire de Camping-car de Besançon Quai Veil Picard
(S. 283 F2)
Rue d'Arènes, 25000 Besançon, Tel. 03 81 80 92 55,
www.besancon.fr
GPS: 47.237222, 6.016111
Markierte Stellflächen für zwölf Reisemobile auf Asphalt im Anschluss an einen Pkw-Parkplatz am Ufer des Doubs. Servicestation und Bodeneinlass stehen zur Verfügung, nicht aber Strom. Der Fußweg zur Innenstadt beträgt 500 m, der Aufenthalt ist auf drei Übernachtungen beschränkt. Ganzjährig.

S 7.8 Parking Château Rose
(S. 283 E3)
28, Grande Rue, 25610 Arc-et-Senans, Tel. 03 81 57 42 20,
www.ot-arcetsenans.fr
GPS: 47.033611, 5.780833
Die geschotterte Stellfläche mit Service für Frisch- und Abwasser befindet sich hinter dem Rathaus, umgeben von Bäumen. April bis Oktober.

S 7.9 Parking Camping-cars
(S. 283 F3)
Rue de la République, 39110 Salins-les-Bains,
Tel. 03 84 73 01 34,
www.salins-les-bains.com
GPS: 46.932778, 5.878611
Der auf einem Parkplatz ausgewiesene Stellplatz für maximal eine Übernachtung ist für sechs Fahrzeuge eingerichtet. Es gibt eine Station für Frischwasser und Entsorgung, aber keine Stromanschlüsse. Ganzjährig.

S 7.10 Camping Municipal de Saint-Point-Lac
(S. 283 F3) 8, Rue du Port, 25160 Saint-Point-Lac,
Tel. 03 81 69 61 64,
www.camping-saintpointlac.fr
GPS: 46.811315, 6.303458
Motorboote sind auf dem großen Gebirgssee Saint-Point verboten. Erholsame Badefreuden verspricht daher dieses gemeindeeigene Campinggelände am Westufer, das mit einem rund 200 m langen Kiesstrand und einer Liegewiese aufwartet. Eine Freizeitanlage mit kleinem Aquapark und ein separater Reisemobil-

stellplatz schließen sich an. Mai bis September.

C 7.11 **Sites et Paysages Camping La Roche d'Ully** (S. 283 F3) 5, Allée de la Tour de Peilz, 25290 Ornans, Tel. 03 81 57 17 79, www.camping-ornans.com GPS: 47.100584, 6.160400 Folgt man den Schildern in Ornans, gelangt man nach einem Kilometer zu diesem gut ausgestatteten Campingplatz neben dem Frei- und Hallenbad. Noch junge Bäume erlauben einen schönen Blick auf Felshänge und waldreiche Höhen. April bis Anfang Oktober.

C 7.12 **Camping Municipal Le Lamont** (S. 283 F3) 2, Chemin du Toulombief, 25300 Pontalier, Tel. 03 81 46 23 33, www.camping-pontarlier.fr GPS: 46.900000, 6.373889 Die Terrassenanlage punktet mit einer weiten Aussicht über den Ort und die grüne Hügellandschaft. Angrenzend befindet sich ein Gestüt, das neben Ausritten auch Reitunterricht anbietet. Die Parzellen verfügen über Festanschlüsse für Frisch- und Abwasser. Ganzjährig, außer Mitte November bis Mitte Dezember.

S 7.13 **Aire de Camping-car de Métabief** (S. 283 F4) Crêt de Lernier et la Perr, 25370 Métabief, Tel. 03 81 49 10 64, www.ville-cancale.fr GPS: 46.764167, 6.345556 Großes Stellplatzgelände im Süden des Ortes zwischen Wiesen und Feldern am Fuß des Mont d'Or. Servicestation mit Bodeneinlass stehen bereit, dazu wenige Stromanschlüsse. Der Platz ist ganzjährig geöffnet.

Dorf Lods – diesmal nicht vom Fluss, sondern von oben betrachtet

C 7.14 **Yelloh! Village Le Fayolan** (S. 283 E4) Chemin du Langard, 39130 Clairvaux-les-Lacs, Tel. 03 84 25 88 52, www.camping-fayolan.fr GPS: 46.564166, 5.756116 Der Terrassen-Campingplatz am See Clairvaux besitzt ein schönes Frei- und Hallenbad, einen breiten, feinen Kiesstrand und vieles mehr. Es werden geführte Wanderungen angeboten. Mai bis Anfang September.

C 7.15 **Camping Beauregard** (S. 283 E4) 2, Grande Rue, 39130 Mesnois, Tel. 03 84 48 32 51, www.juracamping beauregard.com GPS: 46.599691, 5.688243 Frei- und Hallenbad sowie ein Outdoor-Fitnesspark zeichnen diesen Campingplatz aus. Sein Terrain erstreckt sich in waldreicher Hügellandschaft. Laden, Restaurant und vieles mehr sind ebenfalls vorhanden. Ende März bis September.

S 7.16 **Aire de Camping-car du Camping de l'Abbaye** (S. 283 F4) 2, Route du Lac, 39130 Bonlieu, Tel. 03 84 25 57 04, www.camping-abbaye.com GPS: 46.596605, 5.871071 Kleine geschotterte Fläche zur Einmalübernachtung vor dem Campingplatz in Nähe eines Klosters. Es wird gebeten, zwischen 17 und 20 Uhr anzureisen. Mai bis September.

Lacanau-Océan: Atlantik-Seebad mit Stil

8

WELLEN, WEIN UND WÄLDER NEBEN ALTEN TRADITIONEN

Zwischen Charente-Mündung und baskischen Pyrenäen

Einmalige Natur- und Kulturlandschaften prägen die südliche Atlantikküste. Dünen und feine Sandstrände säumen zur Freude der Badegäste und Wassersportfans das Meer. Schattige Kiefernwälder – die größten von Menschenhand geschaffenen Waldgebiete in Europa – durchziehen das Hinterland. In sie eingebettet liegen kleine und große Seen, die ebenfalls mit schönen Badestränden aufwarten. Weiter im Osten verlaufen die kargen Böden des Haut-Médoc. Sie sind mit anderen günstigen Faktoren die Grundlage für Weine von Weltruf. Die Tour führt durch die ehemaligen Regionen Poitou-Charentes und Aquitanien, die jetzt zusammen mit dem Limousin die Region Nouvelle-Aquitaine bilden.

Soubise muss man nicht kennen. Trotzdem bildet die kleine Ortschaft bei Rochefort einen schönen Auftakt, um mit dem Wohnmobil die schönsten Ecken im äußersten Südwesten Frankreichs zu erkunden. Die Gründe sind zum einen der schattige Stellplatz am Ufer der Charente mit Blick auf die für die Gegend typischen, mit Senknetzen bestückten Fischerhütten auf Pfählen, den sogenannten Carrelets, zum anderen die stets gut besuchte Boule-Bahn nebenan – und nicht zu vergessen: das freundliche Fischlokal L'Estran am Pier, nur wenige Schritte entfernt. Für Entdeckernaturen hält das Zentrum wenig parat, abgesehen von der romanischen Kirche Saint-Pierre und dem reich verzierten Stadthaus aus dem 17. Jahrhundert gegenüber; es dient heute als Rathaus.

Auch in **Rochefort** ist das Meer nicht zu sehen, aber man kann es überall spüren – nicht nur, wenn morgens urplötzlich dichter Seenebel über das ehemalige Sumpfland wabert und die Stadt fest umschließt. Deren glanzvolle Vergangenheit liegt im Bau des Marinestützpunktes begründet, den der zuständige Minister Colbert ab 1666 am Charente-Fluss anlegen ließ. In dem als Arsenal bezeichneten Gelände mit ehemals elf Werften und vier Trockendocks waren in Hochzeiten bis zu 10 000 Arbeiter beschäftigt. Dort liefen bis zur Stilllegung im Jahr 1926 viele hundert Schiffe vom Stapel, darunter die berühmten Fregatten Hermione und La Méduse sowie Mogador – die größte mit Schaufelantrieb, die im Land jemals gebaut wurde. Sehenswerte Stationen im wiederbelebten Viertel sind zum Beispiel das Marinemuseum oder die königliche Seilerei (Corderie Royale). Darüber hinaus bietet das wunderschön gestaltete Musée d'Art et d'Histoire in der Avenue Charles de Gaulle einen weitreichenden Überblick zur Stadtentwicklung.

Die Promenade von Royan, ein schier endloses Vergnügen

ROUTE 8

START- UND ENDPUNKT
Soubise und Saint-Jean-Pied-de-Port

BESTE JAHRESZEIT
April bis September

STRECKENLÄNGE
451 Kilometer

FAHRZEIT
6 bis 8 Tage

MAUTSTRECKEN
keine

KÜSTE DER SCHÖNHEIT

Royan glänzt mit dem eleganten »Le Front de Mer«, bestehend aus dem Boulevard Frédéric Garnier, den altehrwürdige Villen säumen. In ihnen logierten früher illustre Persönlichkeiten wie Émile Zola und Picasso. Daran schließt sich eine 600 Meter lange, überdachte Promenade an, die mit Geschäften, Cafés und Restaurants wetterunabhängig

zum Bummeln und Verweilen einlädt. Riesig erscheint der feinsandige Stadtstrand Grande Conche – nicht nur bei Ebbe.

Einen Besuch lohnen auch die ein Stück außerhalb des Zentrums befindlichen Jardins du Monde. Zu den Attraktionen der Gärten gehören zum Beispiel das Orchideen-Gewächshaus oder der Bonsai-Pavillon. Royan ist der Hauptort der bei uns nahezu unbekannten Côte de Beauté. Ein weiteres schickes Seebad dort mit ebenfalls sehr weitläufigem Strand ist das benachbarte Saint-Georges-de-Didonne. Der Ort wartet überdies mit einem Stellplatz direkt an der Promenade auf.

Sehr stimmungsvoll – besonders bei Sonnenaufgang beziehungsweise -untergang – verläuft die halbstündige Fährüberfahrt hinüber zur Médoc-Halbinsel vom Hafen Royan aus. Die Schiffe verkehren nur tagsüber: im Juli und August im Abstand von etwa 45 Minuten, in den übrigen Monaten ungefähr alle zwei Stunden. Der Ticketpreis für ein Wohnmobil inklusive zwei Personen beträgt unabhängig von der Fahrzeuggröße 50,20 Euro (Stand: August 2021). Man spart also

AUSFLUG

TIERPARK LA PALMYRE

Der zauberhafte Wald von La Palmyre – er liegt 15 Kilometer nordwestlich von Royan – bietet mit seinen Eichen und Kiefern die bestmögliche Umgebung für den dort angelegten, 14 Hektar großen Zoo. Dieser zählt zu den bekanntesten in Europa, in Frankreich ist er sicher der schönste. Ein ausgeschilderter, vier Kilometer langer Weg führt vorbei an Flamingos, Giraffen, Zebras, Löwen, Nashörnern und zahlreichen weiteren Tierarten, die normalerweise in der afrikanischen Steppe leben. Eine künstlich geschaffene Höhle mit feuchtwarmem Klima, Nocturama genannt, bietet Fledermäusen und Flughunden ein gemütliches Heim. Die angebotenen Vorführungen zeigen Tierbabys in ihren Brutkästen und vieles mehr (www.zoo-palmyre.fr).

Pinienalleen durchziehen das Schlossgut Lanessan.

kein Geld, wenn man aus Richtung Norden kommend den nicht unerheblichen Umweg (ca. 190 km) über Bordeaux um die Gironde-Mündung herum nimmt, sofern, wie hier beschrieben, die Nordspitze des Médoc auf dem Reiseplan steht – und entspannend ist die kleine Schiffsreise obendrein.

TÜRME UND TRADITIONSBÄDER

Mit der Fähre an der **Pointe de Grave** angekommen, eröffnet sich von einem alten Bunker herab ebenfalls ein weiter Blick über die Gezeitenlandschaft. Man erkennt die kilometerweit entfernten Leuchttürme von La Coubre und Cordouan. Der letztgenannte ist ein seit 1611 auf einem Felsplateau im Mündungstrichter der Gironde betriebener Turm; er zählt zu den dienstältesten weltweit. Man kann den rund 68 Meter hohen Renaissance-Bau von verschiedenen Häfen aus im Rahmen von drei- bis vierstündigen Schiffsausflügen besuchen (www.vedettelaboheme.com).

Auch von der Seepromenade im Traditionsbad **Soulac-sur-Mer** unweit südlich bietet sich eine schöne Aussicht auf den Leuchtturm. Soulac entstand, als im 19. Jahrhundert viele Menschen das Baden im Meer erstmals als wohltuendes Vergnügen empfanden. Die Gutbetuchten bauten in der Folge kleine Sommerhäuser aus Ziegeln und Holz, die man noch heute im alten Kern bewundern kann. Spaziergänge und Radtouren zwischen Meer, Moor und Kiefernwald führen dem Besucher das reizvolle Umland vor Augen. Das darauf folgende Seebad **Montalivet-les-Bains** ist vor allem für sein 200 Hektar großes FKK-Zentrum mit Campingplatz bekannt. Darüber hinaus lockt der tägliche Markt im Ort viele Besucher an. Der Wohnmobilstellplatz am Südstrand direkt an der Düne ist ebenfalls sehr beliebt. Stellplätze (mit obligatorischer Kellerführung und

Royan
Le Front de Mer
Bäderarchitektur
La Grande Côte
N215 Zoo de La Palmyre
Fähre
1215
D1E4
101 10 km
Soulac-sur-Mer
Holzvillen
101 Leuchtturm von Cordouan
102E1 18 km
Montalivet-les-Bains

↑ Bezaubernd bunt: Austernhafen in Andernos-les-Bains ↓ Großes Kino: spektakuläre Darbietung am Abendhimmel

SPECIAL

TEMPEL DER GENÜSSE

In der kleinen Gemeinde Arsac im Süden der Médoc-Halbinsel lädt La Winery, eine Weinboutique der Extraklasse, zu einem Zwischenstopp ein. Das ein Stückchen außerhalb gelegene und mit reichlich Glasflächen und Metall gestaltete Gebäude bildet den Mittelpunkt eines 26 Hektar großen Parkgeländes. Die Verkaufsfläche beträgt 1000 Quadratmeter. Das Sortiment besteht aus über 16 000 erlesenen Weinen aus Frankreich und der ganzen Welt. Ein feines Restaurant mit Namen Le Boc', ein Probierkeller, Seminarräume und eine Konzertbühne ergänzen das ansprechende Konzept (www.winery.fr).

Verkostung) stehen auch auf dem ein oder anderen Weingut zur Verfügung, vorwiegend im Osten der Halbinsel, der als Haut-Médoc bezeichnet wird. Ein Beispiel ist das Château Ferré in Vertheuil. Hier auf den steinigen Sandböden rund um das Städtchen **Pauillac** wächst fast nichts – außer Reben. Folgt man der D 2, gelangt man zu den prächtigsten Weinschlössern. Sie tragen erlauchte Namen wie Rothschild, Margaux und Lanessan. Je nach Herkunftsland ihrer Erbauer (Großbritannien etwa) weisen die Schlösser einen anderen Baustil auf. Zurück an der Küste weiß vor allem **Lacanau-Océan** zu gefallen, einer der beliebtesten Badeorte in der Gegend. Entsprechend umfangreich und vielfältig ist sein gastronomisches Angebot, wobei speziell den Fischlokalen am Hauptstrand ein exzellenter Ruf vorauseilt. Die beiden Binnenseen von Lacanau und Hourtin schätzen sowohl Naturfreunde als auch Wassersportler. Radwege erschließen die umliegenden Kiefernwälder.

FRISCHER GEHT'S NICHT

Montalivet-les-Bains
102 – Strand (12 km)
1215 – täglicher Markt
204 – 33 km
Vertheuil
204E3 – Weingut Château Ferré
2
105E1 – 36 km
Arsac
208 – La Winery
105
207
104E4
6 – 48 km
Lacanau-Océan
6 – Surfspots
3 – Seen Lacanau und Hourtin
36 km
Andernos-les-Bains

Eine gelungene Verbindung aus Ferienmeile und Austernhafen stellt **Andernos-les-Bains** am Nordostufer der nachfolgenden Bucht von Arcachon dar. Das Zentrum zeigt zunächst das gewohnte Bild einer Urlauberhochburg mit mehr oder weniger attraktiven Unterkünften, Restaurants, Jachthafen und einem langen, feinsandigen Strand. Gleich nebenan jedoch breitet sich das urige Quartier der etwa 2500 Austernzüchter aus. Vor allem die Genießer unter den Wohnmobilgästen freuen sich über den großen Stellplatz, der sich ebenfalls dort anschließt. Nur ein paar Meter vom Fahrzeug entfernt kann man den ganzen Tag über zusehen, wie die Boote – voll bepackt mit Netzen und Kisten – ein- und auslaufen. Die bunt bemalten Buden der Züchter am Kai sind in erster

Exquisite Gaumenfreuden im Le Kayok in Lacanau-Océan

Genüsslich mit Tempo 30 durch die Weindörfer im Médoc

Linie kleine Läden, manche fungieren zudem als schlichte, aber gemütliche Einkehrstuben – frischer als hier bekommt man die Austern garantiert nirgendwo serviert. Die Zuchtbedingungen in der flachen, 250 Quadratkilometer großen Bucht sind optimal: Gezeitenbedingt hebt und senkt sich der Wasserspiegel zweimal am Tag um drei Meter. Mit der Flut strömt sauerstoffreiches Meerwasser in das natürliche Bassin.
Cédric Rocher betreibt mit großer Leidenschaft seit über 20 Jahren einen Campingplatz, dessen Lage über der Steilküste sehr beeindruckt: Zu einer Seite grüßen die Spitzen der Düne von Pilat, Europas höchster Sanddüne (117 m) – zur anderen bietet sich ein unvergleichlicher Blick aufs Meer und die vorgelagerten Inseln. Den Grundstein zu »Panorama du Pyla« legten die Eltern von

SPECIAL

BASKISCHES NASCHWERK

Marranen – oder auch Marranos genannt – waren unter Zwang zum Christentum bekehrte Juden, die in großer Zahl ab dem 14. Jahrhundert aus Spanien vertrieben wurden. Sie sollen unter anderem das Geheimnis guter Schokolade in die Gegend von Biarritz gebracht haben. Weitere regionaltypische kalorienreiche Sünden sind Muxos, wie im Baskenland die Mandelmakronen heißen, und Kanouga, eine Art Karamellen. Empfehlenswerte Süßwarengeschäfte, wie etwa die altehrwürdige Pâtisserie Miremont (www.miremont-biarritz.fr), findet man rund um die Place Clemenceau und in der Rue Pellot.

Rocher im Jahr 1984. Zur damaligen Zeit – zehn Jahre vor Ausweitung des Naturschutzgebietes – war es noch ohne strenge Auflagen möglich, hier Gebäude zu errichten. Der Platz ist außerdem eine prima Basis für Gleitschirmflieger, die hoch über dem Strand eine eigens für sie reservierte Startfläche vorfinden. Besonders an schönen Sommerabenden präsentiert sich den dort zahlreich versammelten Beobachtern ein fantastisches Schauspiel, wenn die Spezialisten der Lüfte vor glutrotem Firmament ihre Kreise ziehen. Extra-Tipp: Im Juli und August starten vom Campingplatz aus Bootsausflüge zur Sandinsel Banc d'Arguin, einem wichtigen Vogelreservat. Sie ist in den Wochen vorher beliebter Brutplatz unter anderem für

↑ Am Radweg das blühende Wunder erleben!
↓ Seltenes Bild: einsamer Spaziergänger am Strand in Biarritz

Haubenlerchen, Brachpieper und Brandseeschwalben. **Biscarrosse** – 30 Kilometer südlich – besteht aus zwei Ortsteilen: Biscarrosse-Plage und -Ville. Im ersten macht man im Sommer all das, was auch sonst in allen Seebädern gern getan wird: surfen und (sonnen-)baden. Im Städtchen (Ville) ist indes ganzjährig Betrieb, da dort einige Geschäfte angesiedelt sind. Im Norden breitet sich der Süßwassersee Étang de Cazaux et de Sanguinet aus, der viele Segler anzieht – im Süden der fischreiche Étang de Biscarrosse et de Parentis, der bei Campern sehr beliebt ist. Nicht weit entfernt vom einzigen Strand lädt das Museum der Wasserfliegerei (Musée de l'Hydraviation) zu einem Besuch ein. Ein Kanal verbindet beide Seen; an ihm führt ein Radweg entlang.

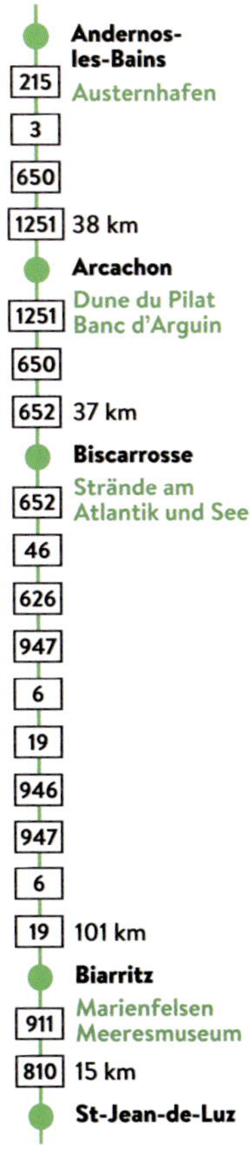

HIER SIND DIE PERFEKTEN WELLEN

Die Adligen und Schönen strömten im 19. Jahrhundert bevorzugt nach **Biarritz**. Den Startschuss gab Kaiserin Eugenie: Damals ließ ihr Gemahl Napoleon III. dort für sie eine Villa bauen, die später zum Hôtel du Palais wurde. Wenngleich einige der noblen Häuser aus jener Zeit noch existieren, ist die Gästeschar heute bunt gemischt. Surffans lieben die angeblich besten Wellen Europas. Unter den Museen stechen das für orientalische Kunst, das Meeres- und das Schokoladenmuseum besonders hervor. Biarritz ist mit seinen Prachtstränden, den steilen Felsen, dem Casino und den vielfältigen Wassersportmöglichkeiten gewiss einer

St-Jean-de-Luz
Hafen
810 Kirche
918 St-Jean-Baptiste
4
305
20 23 km
Ainhoa
rot-weißes
20 Baskendorf
249
918 42 km
St-Jean-Pied-de-Port
historische Oberstadt

der attraktivsten Urlaubsorte an der gesamten französischen Atlantikküste. Schade ist nur, dass die für Reisemobile ausgewiesene Fläche ein gutes Stück außerhalb des Zentrums liegt und noch dazu direkt an der viel befahrenen Straße nach Saint-Jean-de-Luz.
Anders, aber nicht besser zeigt sich die Stellplatz-Situation in **Saint-Jean**: Das zur Verfügung stehende Terrain befindet sich zwar in unmittelbarer Nähe zur pittoresken Altstadt, doch es ist winzig. Gerade einmal 17 Fahrzeuge passen darauf – dicht gedrängt. Der Bedarf ist sicher um ein Vielfaches höher. Am gegenüberliegenden Hafen reihen sich postkartenmäßig die blau-weiß-roten Kutter. Obwohl die große Ära der Walfischflotten längst vorbei ist, hat sich augenscheinlich das Fischereigewerbe im Ort sehr gut behaupten können. Man fängt heute Sardellen, Sardinen und Thunfisch.
Am Hafenbecken steht auch die elegante Maison Louis-XIV mit massiven Ecktürmen, errichtet im 15. Jahrhundert. Bauherr war der vermögende Reeder Johannis de

Baskendorf Ainhoa: mal blau, mal rot

Hafen Ciboure – drüben leuchten die Häuser von Saint-Jean-de-Luz.

↑ Pittoreskes Saint-Jean-Pied-de-Port am Fluss Nive ↓Traditionslokal Hurrup Eta Kli in Saint-Jean

Lohobiague. Führungen durchs Haus finden stündlich statt. Dabei kann man leicht erkennen, dass Schiffszimmerleute die Inneneinrichtung im altbaskischen Stil mit solider Treppe und schweren Holzdielen schufen. Der Name des Hauses rührt von einer Begebenheit: Anno 1660 empfing die Witwe des Reeders König Ludwig XIV. zu einem Besuch in ihrer Wohnung im Obergeschoss.
Der prächtige Innenraum der Église Saint-Jean-Baptiste ist indes ein Werk von Louis de Milhet. Der Baumeister aus dem nahen Bayonne war zu Mitte des 15. Jahrhunderts beauftragt worden, das Gotteshaus zu vergrößern und zu verschönern. Eine Augenweide ist vor allem der riesige, goldglänzende Altaraufsatz.

BERGE, BASKEN UND BASTIDEN

Auf Saint-Jean folgt mit dem Dorf **Ainhoa** ein weiterer baskischer Vorzeigeort. Stolz lugen die flachen Ziegeldächer der einstigen Bastide aus dem Grün der sanften Berge im Pyrenäen-Vorland hervor. Streift man aufmerksam durch die Hauptstraße mit ihrem geschlossenen Ensemble aus rot-weißem Fachwerk und gelegentlich hellblauen Türen und Fensterläden, sieht man, dass die Holzbalken Verzierungen und Inschriften aufweisen. Die schiefen Fassaden aus dem 17. und 18. Jahrhundert werden übrigens jährlich zum Johannistag frisch gekalkt. An den breiten rechteckigen Haustoren stecken noch die Ringe, an denen die Maultiere und Pferde angebunden wurden. Durch den Ort zogen früher nicht nur Pilger, sondern auch Kaufleute. Viele logierten hier auch, um neue Kräfte zu sammeln für den bevorstehenden beschwerlichen Weg hinüber nach Spanien. Während die Wände in Ainhoa fast alle hellweiß erstrahlen, prägt rotbrauner Sandstein das Aussehen der Häuser und Gebäude in **Saint-Jean-Pied-de-Port**, dem Endziel dieser Tour. Der Namenszusatz bedeutet übersetzt: am Fuß des Passes. Er weist auf die Lage am Anfang der Passstraße hin, die ins Nachbarland führt. Das Städtchen hieß früher anders: Santa Maria Cabo el Puente oder Sainte-Marie du Bout du Pont – je nach Zugehörigkeit. Es war, bevor es 1589 an Frankreich fiel, einer der Hauptorte im Königreich Nieder-Navarra. Auch Vauban, der berühmte Festungsbaumeister, fand hier später ein Betätigungsfeld: Er ließ das alte Schloss (10. Jh.) an höchster Stelle in der Oberstadt zur Zitadelle ausbauen. Der Weg hinauf führt über die Rue de la Citadelle, die von schönen Häusern aus dem 16. und 17. Jahrhundert gesäumt wird. Sie ist zugleich Flaniermeile. Der Stellplatz am Sportgelände ist von Mai bis September gut besucht, aber er fasst mehr als 50 Fahrzeuge, sodass immer wieder ein Platz frei wird.

PRAKTISCHE HINWEISE

TOURISTINFORMATIONEN

Comité Régional du tourisme de Nouvelle-Aquitaine
4, Place Jean Jaurès, CS 31759, 33074 Bordeaux Cedex, Tel. 05 56 01 70 00, www.nouvelle-aquitaine-tourisme.com

Office de Tourisme de Rochefort
Avenue Marie-François Sadi Carnot, 17300 Rochefort, Tel. 05 46 99 08 60, www.rochefort-ocean.com

Office de Tourisme de Royan – Destination Royan Atlantique
1, Boulevard de la Grandière, 17200 Royan, Tel. 05 46 23 00 00, www.royanatlantique.fr

Office de Tourisme de Soulac-sur-Mer
68, Rue de la Plage, 33780 Soulac-sur-Mer, Tel. 05 56 09 86 61, www.medoc-atlantique.com

Office de Tourisme de Vendays-Montalivet
62, Avenue de l'Océan, 33930 Vendays-Montalivet, Tel. 05 56 09 30 20, www.medoc-atlantique.com

Maison du Tourisme et du Vin de Pauillac
La Verrerie, 33250 Pauillac, Tel. 05 56 59 03 08, www.medocvignoble.com

Office de Tourisme de Lacanau
Place de l'Europe, 33680 Lacanau-Océan, Tel. 05 56 03 21 01, www.medoc-atlantique.com

Office de Tourisme de Andernos-les-Bains
Esplanade du Broustic, 33510 Andernos-les-Bains, Tel. 05 56 82 02 95, www.andernos-tourisme.fr

Office de Tourisme d'Arcachon
Esplanade Georges Pompidou, 33120 Arcachon, Tel. 05 57 52 97 97, www.bassin-arcachon.com

Office de Tourisme de Biscarrosse
55, Place Georges Duffau, 40600 Biscarrosse, Tel. 05 58 78 20 96, www.biscagrandslacs.com

Office de Tourisme de Biarritz
Square d'Ixelles, 64200 Biarritz, Tel. 05 59 22 37 00, www.tourisme.biarritz.fr

Office de Tourisme de Saint-Jean-de-Luz
20, Boulevard Victor Hugo, 64500 Saint-Jean-de-Luz, Tel. 05 59 26 03 16, www.saint-jean-de-luz.com

Bureau d'Accueil Touristique d'Ainhoa
Maison du Patrimoine, 64250 Ainhoa, Tel. 05 59 29 93 99, www.ainhoa-tourisme.com

Office de Tourisme de Saint-Jean-Pied-de-Port
14, Place Charles de Gaulle, 64220 Saint-Jean-Pied-de-Port, Tel. 05 59 37 03 57, www.saintjeanpieddeport-paysbasque-tourisme.com

CAMPINGPLÄTZE UND STELLPLÄTZE

S 8.1 **Aire de Camping-car** (S. 281 E4)
Le Port, 17780 Soubise, Tel. 05 46 84 92 04, www.soubise.fr
GPS: 45.928333, -1.006667
Asphaltierter Stellplatz in ruhiger Lage am Flussufer der Charente neben dem Hafen, von einer Baumreihe durchzogen. Alle nötigen Einrichtungen stehen bereit, die maximale Aufenthaltsdauer beträgt zwei Nächte. Ganzjährig.

S 8.2 **Aire de la Fosse aux Mâts** (S. 281 E4)
Avenue de la Fosse aux Mâts/ Avenue de la Charente,

17300 Rochefort,
Tel. 05 46 82 65 00,
www.ville-rochefort.fr
GPS: 45.927778, -0.954722
Zentrumsnahes Gelände für 30 Fahrzeuge mit Picknickplatz neben dem städtischen Campingplatz. Dort befindet sich auch ein Restaurant. Ganzjährig.

C 8.3 **Castel Camping Séquoia Parc** (S. 281 E4)
La Josephtrie, 17320 Saint-Just-Luzac,
Tel. 05 46 85 55 55,
www.sandaya.fr
GPS: 45.810249, -1.059991
Luxuriöse Anlage bei einem Schloss, parkartig angelegt. Sie verfügt über ein Erlebnisbad, ausgestattet unter anderem mit mehreren Rutschbahnen, Strömungskanal und Wasserfall. Ein 5000 m^2 großer Streichelzoo gehört ebenfalls zum Angebot. Mitte Mai bis Anfang September.

S 8.4 **Aire de Camping-car Park Royan** (S. 281 E5)
14, Rue Bel-Air, 17200 Royan,
Tel. 01 83 64 69 21,
www.campingcarpark.com
GPS: 45.628333, -1.011944
Dieser gut eingerichtete Stellplatz liegt nahe an Strand und Zentrum. Ganzjährig.

S 8.5 **Aire de Camping-car Parking Front de Mer**
(S. 281 E5) Boulevard de la Côte Beauté, 17110 Saint-Georges-de-Didonne,
Tel. 05 46 05 07 27, www.saintgeorgesdedidonne.com
GPS: 45.596389, -0.991944
Stellplatz für 20 Reisemobile im Anschluss an einen Großparkplatz direkt an der kilometerlangen Promenade. Der Aufenthalt ist auf 72 Stunden begrenzt. Ganzjährig.

S 8.6 **Aire de Camping-car de Soulac-sur-Mer**
(S. 281 E5) 31, Boulevard de l'Amélie,
33780 Soulac-sur-Mer,
Tel. 05 56 09 86 61,
www.medoc-atlantique.com
GPS: 45.500000, -1.138611
Parzellierter Stellplatz direkt am kilometerlangen Sandstrand. Er ist angelegt für 45 Fahrzeuge. Die Aufenthaltsdauer ist auf 72 Stunden beschränkt. Strom und Wasser sind erhältlich, Entsorgung ist möglich. Ganzjährig.

C 8.7 **Camping Les Sables d'Argent** (S. 281 E5)
33, Boulevard d'Amélie,
33780 Soulac-sur-Mer,
Tel. 05 56 09 82 87,
www.sables-d-argent.com
GPS: 45.499039, -1.139235
Naturbelassenes Campinggelände mit hohen Bäumen am Meer – mit direktem Strandzugang. Mietunterkünfte prägen den Platz. Es gibt ein beheiztes Freibad. Anfang April bis Ende September.

S 8.8 **Aire Plage Sud**
(S. 281 E5)
4 Boulevard de Lattre de Tassigny/Boulevard du Front du Mer, 33930 Montalivet-les-Bains, Tel. 01 83 64 69 21,
www.campingcarpark.com
GPS: 45.375556, -1.157222
Großes Gelände ohne Serviceeinrichtungen an der Düne mit Strandzugang. Ganzjährig.

↓ Camping Panorama du Pyla ↘ Stellplatz in Saint-Georges-de-Didonne: reservierte Fläche an der Promenade

↑ Aire des 3 Coccinelles – mit Liebe angelegt
↗ Le Pavillon Royal: wahrlich königlicher Ausblick

S 8.9 Aire de Camping-car Hourtin-Port (S. 281 E6)
108, Avenue de Lac,
33990 Hourtin-Port,
Tel. 05 56 09 69 60,
www.mairie-hourtin.fr
GPS: 45.180833, -1.080833
Der gut ausgestattete Stellplatz erstreckt sich unter Pinien neben dem Sporthafen an Frankreichs größtem Süßwassersee. Ein Restaurant befindet sich nebenan. Ganzjährig.

C 8.10 Yelloh! Village Les Grands Pins (S. 285 E1)
Plage Nord, 33680 Lacanau-Océan, Tel. 05 56 03 20 77,
www.lesgrandspins.com
GPS: 45.011006, -1.195045
Straff geführte Campinganlage, teils in einem hochstämmigen Pinienwald, teils in tiefsandigem Gelände. Über einen befestigten Dünenweg gelangt man zum außergewöhnlich breiten und langen Sandstrand. Zur sehr guten Ausstattung gehören unter anderem eine aufwendig gestaltete Badelandschaft und ein Restaurant mit großer Terrasse. Ende April bis Mitte September.

C 8.11 Camping Le Truc Vert (S. 285 E1)
Route du Truc-Vert, 33970 Lège-Cap-Ferret-Océan,
Tel. 05 56 60 89 55,
www.trucvert.com
GPS: 44.715496, -1.242294
Ein streng geschützter Dünengürtel, den die Gäste bequem auf Holzstegen überqueren, trennt die Strandmeile vom 11 ha großen Campingplatzgelände. Die Parzellen verstecken sich ein Stück landeinwärts im Föhrenwald vor Wind und Sonne. Unter den Besuchern sind zahlreiche Jugendliche, die in erster Linie zum Wellenreiten hierherkommen. Auch eine Schule dafür gibt es. Die grüne Landzunge zwischen dem Bassin d'Arcachon und dem Ozean eignet sich darüber hinaus bestens für Reitausflüge. Mai bis September.

S 8.12 Aire de Camping-car d'Andernos-les-Bains Port Ostréicole (S. 285 E1)
Avenue du Commandant David Allègre, 33510 Andernos-les-Bains,
Tel. 05 56 82 02 95,
www.andernoslesbains.fr
GPS: 44.745278, -1.112222
Durch Holzbalken abgetrenntes Sand- und Wiesengelände am Austernhafen an wenig befahrener Straße am Stadtrand. Der leicht unebene Untergrund ist durch Holzbalken parzelliert, Bäume spenden etwas Schatten. Die maximale Aufenthaltsdauer beträgt 48 Stunden. Ganzjährig nutzbar.

S 8.13 Aire des 3 Coccinelles (S. 285 E2)
Avenue des Loisirs, 33470 Gujan-Mestras,
Tel. 06 88 99 65 72, www.aire-des-3coccinelles.com
GPS: 44.619167, -1.098611
Außerorts gelegener, ansprechend gestalteter Stellplatz mit Serviceeinrichtungen für 76 Mobile nahe am Aqualand Bassin d'Arcachon. Der Untergrund ist eben und geschottert. Ganzjährig.

C 8.14 Yelloh! Village Panorama du Pyla (S. 285 E2)
Route de Biscarrosse, 33115

Pyla-sur-Mer,
Tel. 05 56 22 10 44, www.yellohvillage-panorama.com
GPS: 44.573638, -1.221816
Ein Großteil der Anlage, zu der unter anderem ein Schwimmbad gehört, erstreckt sich in einem hochstämmigen Pinienwald mit prächtiger Aussicht aufs Meer. Es gibt einen Startplatz für Gleitschirmflieger und neuerdings einen Wasserspielplatz. Anfang April bis Anfang Oktober.

S 8.15 **Aire de Camping-Cars** (S. 285 E2)
Avenue du Lac, 40160 Gastes
Tel: 01 83 64 69 21,
www.campingcarpark.com
GPS: 44.329158, -1.150782
Stellplatz für 80 Wohnmobile auf überwiegend ebenem Wiesengelände mit einzelnen Bäumen und Seeblick. Er ist beleuchtet, es gibt Frischwasser, WLAN, zwei Bistros in der Nähe und vieles mehr. Ganzjährig.

C 8.16 **Camping Le Col Vert** (S. 285 E3)
1548 Rte de l'Etang, 40560 Vielle-Saint-Girons,
Tel. 05 58 42 94 06,
www.sandaya.fr
GPS: 43.903120, -1.310518
Lang gestrecktes Gelände in einem lichten Wald am See mit Sandstrand. Zu den Besonderheiten zählt ein Erlebnis-Planschbecken, eines der Schwimmbecken ist überdachbar. Vor dem Campingplatz befindet sich ein separater Reisemobilstellplatz für maximal zwei Übernachtungen. April bis Mitte September.

S 8.17 **Parking de la Milady** (S. 284 D4)
Avenue de la Milady, 64200 Biarritz, Tel. 05 59 22 37 10,
www.biarritz.fr
GPS: 43.466111, -1.571667
Stellplatz für 80 Wohnmobile auf einem ausgewiesenen Gelände 3 km außerorts Richtung Saint-Jean-de-Luz und 500 m vom Meer entfernt. Ein Bodeneinlass und Frischwasser stehen zur Verfügung. Die maximale Aufenthaltsdauer beträgt 48 Stunden. Ganzjährig.

C 8.18 **Camping Le Pavillon Royal** (S. 284 D4)
Avenue du Prince de Galles, 64210 Bidart,
Tel. 05 59 23 00 54,
www.pavillon-royal.com
GPS: 43.455108, -1.579528
Eine der wenigen Anlagen am Atlantik, die freien Blick aufs Meer bieten. Über eine Treppe gelangt man zum 500 m langen und bis zu 30 m breiten Sandstrand unterhalb der Steilküste. Die meisten Terrassenplätze verfügen über feste Anschlüsse für Wasser und Abwasser. Freibad, Supermarkt und Restaurant vervollständigen das Angebot. Mitte Mai bis Ende September.

S 8.19 **Aire de Camping-car Municipale de Saint-Jean-de-Luz** (S. 284 D4)
RN10, Pont Charles de Gaulle, 64500 Saint-Jean-de-Luz,
Tel. 05 59 26 03 16,
www.saint-jean-de-luz.com
GPS: 43.385278, -1.662778
Zentrumsnaher Platz auf einem schmalen Streifen neben einer großen Brücke. Die Fahrzeuge stehen meist sehr eng beieinander. Ganzjährig.

S 8.20 **Aire de Camping-car Lac de Saint-Pée**
(S. 284 D4) Base de Loisirs, 64310 Saint-Pée-sur-Nivelle,
Tel. 05 59 54 10 19, www.saint-pee-sur-nivelle.com
GPS: 43.349444, -1.521389
Reserviertes Gelände zwischen See und Straße mit ebenen und befestigten Stellflächen und Picknicktischen. Eine bewachte Badestelle erstreckt sich in 200 m Entfernung. Es gibt wenig Schatten. Ganzjährig.

S 8.21 **Aire de Camping-car de Saint-Jean-Pied-de-Port** (S. 285 E4)
Rue du 11 Novembre, 64220 Saint-Jean-Pied-de-Port,
Tel. 05 59 37 00 92,
www.saintjeanpieddeport-paysbasque-tourisme.com
GPS: 43.165000, -1.231944
Großer, für Reisemobile reservierter Bereich am Fußballplatz in Gehweite zur Altstadt. Der Untergrund ist teils asphaltiert, teils unbefestigt. Ein Bodeneinlass ist vorhanden. Die Aufenthaltsdauer ist auf 48 Stunden beschränkt. Ganzjährig.

Weinschlösser umringen Saint-Émilion.

9

AUF DEM WEG IN DAS GRÜNE HERZ DER GRANDE NATION

Von Saint-Émilion durchs Tal der Dordogne und weiter ins ehemalige Limousin

Bereits Station eins entpuppt sich als großer Höhepunkt: Saint-Émilion – mit goldgelben Steinhäusern einer der schönsten Winzerorte im Département Gironde – liegt eingebettet zwischen lieblichen Rebhängen und stattlichen Schlossgütern. Station zwei ist Bergerac mit ebenfalls langer Tradition im Weinbau. Sein Hafen erinnert darüber hinaus an die goldenen Zeiten der Flussschifffahrt und des Tabakhandels. Ein besonders malerischer Flecken, der folgt, ist La Roque-Gageac: Das Dorf schmiegt sich an eine hohe Felswand am Ufer. Sarlat-la-Canéda, Turenne und Collonges-la-Rouge heißen die nächsten Etappen.

Die beiden Letztgenannten gehörten bis vor Kurzem zur Region Limousin. Diese und die Nachbarregionen Aquitanien und Poitou-Charentes fusionierten am 1. Januar 2016
zur neuen Region Nouvelle-Aquitaine. Die Schlusspunkte dieser schönen Tour mit dem Wohnmobil sind Limoges, Frankreichs Porzellan- und Emaille-Hauptstadt, sowie die benachbarten Monts de Blond, eine herbschöne Landschaft aus bewaldeten Hügeln, Quellen und Teichen.

IN DER ROTWEINSTADT

Besucher, die **Saint-Émilion**, das weltweit bekannte Rotweinstädtchen an einem Hang über der Dordogne mit dem Wohnmobil ansteuern, sollten, wie es ohnehin die meisten motorisierten Verkehrsteilnehmer tun, ihr Fahrzeug unbedingt noch weit vor den Toren auf dem Seitenstreifen parken. Den Kern prägen jahrhundertealte Mauern, er ist somit nicht für den heutigen Verkehr ausgelegt – zudem sind die Parkmöglichkeiten auch außerhalb der alten Gemäuer beschränkt. Wer jedoch den Spaziergang hinauf nicht scheut, dürfte es nicht bereuen: Trotz offen zur Schau gestellter Geschäftstüchtigkeit – zahllose Weinläden mit Probierstuben säumen die Gassen – wirkt der altehrwürdige Flecken durchaus sympathisch. Eine besonders schöne Atmosphäre umgibt die Place du Marché mit Cafés und der Église Monolithe, einer Felsenkirche, deren gewölbeartiges Inneres ab dem 8. Jahrhundert ganz aus dem Kalkstein herausgehauen wurde. Überm Gotteshaus wacht der romanisch-gotische Turm (12.–15. Jh.). Wer dessen Treppe mit 187 Stufen hinaufsteigt, wird mit einer wunderbaren Aussicht auf die Stadt belohnt.

Heller Sandstein prägt die weltberühmte Winzergemeinde.

ROUTE 9

START- UND ENDPUNKT
Saint-Émilion und Montrol-Sénard

BESTE JAHRESZEIT
Mai bis September

STRECKENLÄNGE
392 Kilometer

FAHRZEIT
7 bis 10 Tage

MAUTSTRECKEN
keine

Start St-Émilion
243E1 – Felsenkirche, Église Collégiale, Jurade
243
130
936
936B
936 – 55 km
Bergerac

ZEUGNISSE UND ZEREMONIEN

In nordwestlicher Richtung erhebt sich die weiträumige Église Collégiale mit ihrem 67 Meter hohen, frei stehenden Glockenturm und stimmungsvollen gotischen Kreuzgang mit eleganten Doppelsäulen. Die Stiftskirche wurde zwischen dem 11. und 15. Jahrhundert erbaut. Drinnen, am Ende des rechten Langhauses, kann man beeindruckende Wandmalereien aus der Frühzeit erkennen.

Sie zeigen Maria und die Legende der heiligen Katharina. In den Kellern unter den Ruinen des Franziskanerklosters (14. Jh.) reift ein feiner Crémant de Bordeaux heran, der dort auch verkostet werden darf. Die berühmten Rotweine des Bezirks – er zählt heute zum UNESCO-Weltkulturerbe – galten im Mittelalter als »Ehrenweine«, die den »Oberen« als Huldigung dargereicht wurden. Von der Plattform der Tour du Roi wird jedes Jahr am dritten Sonntag im September von der »Jurade« feierlich der Beginn der Traubenlese verkündet – begleitet von Speis und Trank. Im Mittelalter bestand die Jurade aus vom englischen König eingesetzten Robenträgern – seit ihrer Wiedereinsetzung im Jahr 1948 üben sie gemeinschaftlich die Funktion einer Weinbruderschaft aus, die alte Zeremonien pflegt und Verkaufsförderung betreibt für die hiesigen, fast durchweg exzellenten Tropfen, die Werbung gar nicht bräuchten.

Apropos Gaumenfreuden: Ausgesprochen beliebte Spezialitäten im Tal der Dordogne sind unter anderem die schwarzen Périgord-Trüffel, Steinpilze, Edelkastanien und Walnüsse. Letztere liefern obendrein ein Spitzenöl. Käseliebhaber bevorzugen den »Cabécou«, einen herrlich zarten Ziegenkä-

Bergerac
660 Quai Salvette
Altstadt
703 Domaine du Haut-Pécharmant
8E4
29
51E
51
703
703E 53 km
St-Cyprien
Kirche
703E
703 10 km
Beynac-et-Cazenac
703 Château de Beynac
5 km
La Roque-Gageac

Pont vieux in Bergerac von 1822 – die Brücke hatte viele Vorgängerinnen.

Buntes Allerlei: Flohmarkt in Sainte-Alvère

se. Dazu passt vortrefflich ein weiterer vollmundiger Roter, der Pécharmant, welcher an den Hängen im Nordosten von Bergerac angebaut wird. Eine ausführliche Präsentation samt Weinprobe erwartet den interessierten Kenner zum Beispiel in der Domaine du Haut-Pécharmant. Das Reisemobil darf dazu – auch über Nacht – im Weinberg stehen (www.haut-pecharmant.com). Daneben findet auch der sehr gerbstoffreiche »Cahors« wegen seiner ausgeprägten erdigen Note zahlreiche Freunde. Er mundet ausgezeichnet zum bäuerlichen Confit aus butterweichem Gänse- und Entenfleisch.

VON MARKT ZU MARKT

Gäste, die **Bergerac** besichtigen möchten, parken ihr Fahrzeug am besten in der Rue Hippolyte Taine – direkt am Ufer der Dordogne. Von da sind es nur ein paar Schritte zum Quai Salvette, wo früher die Weinfässer und der Tabak aus der Gegend in die traditionellen Holzschiffe, Gabarres genannt, verladen wurden. Hier schließt sich auch die vorbildlich sanierte Altstadt an, die nach wie vor einen wichtigen Umschlagplatz darstellt. Vor allem am Mittwoch und Samstag, wenn

Domaine du Haut-Pécharmant, ausgestattet mit kleinem Stellplatz

Verkanntes Saint-Cyprien, unweit vom Fluss

in und um die Markthalle herum ein großer Gemüsemarkt stattfindet – genau wie an der Kirche Notre-Dame im Quartier Sainte-Catherine. Weitere Einkaufsmöglichkeiten in der Region sind die zahllosen, regelmäßig abgehaltenen Flohmärkte, die vielerorts einem fröhlichen Volksfest gleichen. So auch in **Sainte-Alvère**, zu Füßen einer malerischen Burgruine. Im Schatten hoher Laubbäume kann man dort allerhand Krimskrams erwerben – und mit etwas Glück womöglich die ein oder andere Kostbarkeit. Mit fast 500 Kilometer Länge gehört die Dordogne zu den längsten Flüssen in Frankreich. Sie entspringt im Zentralmassiv, durchfließt zuerst das Quercy und danach das Périgord, bevor sie sich mit dem Fluss Garonne vereinigt. Im Wesentlichen entspricht die historische Landschaft Périgord dem Département Dordogne. Gemütliche Dörfer sowie Burgen und Schlösser, die auf Felsen wachen, kennzeichnen den mittleren Abschnitt. Wenig bekannt ist zum Beispiel der alte Ort **Saint-Cyprien**, der mit hübschen Gässchen aufwartet. Er verdankt seine Entstehung einer Abtei, die über dem Grab eines Eremiten namens Cyprien errichtet

Handgemachte Ziegel

Bizarre Felshänge bei Limeuil

wurde. Dieser hatte sich um das Jahr 620 in die Höhlen von Fages oberhalb des heutigen Kerns zurückgezogen. Aus dem Dächermeer des Ortes ragt die mächtige Kirche aus dem 12. Jahrhundert hervor. Doch nur noch der quadratische Turm des aktuellen Bauwerks ist romanisch, andere Teile wurden später im gotischen Stil umgebaut.

FRANZOSEN GEGEN ENGLÄNDER

Unübersehbar: die Burg im Nachbarort **Beynac-et-Cazenac**, die sich wie ein Adlerhorst in schwindelnder Höhe erhebt – einst eine bedeutende Bastion der Franzosen. Denn in Sichtweite liegt auf der gegenüberliegenden Uferseite die Festung **Castelnaud**, die im Hundertjährigen Krieg zeitweise den Engländern gehörte. Reich verzierte Natursteinhäuser aus dem 15. bis 17. Jahrhundert säumen den steilen Fußweg zum Château de Beynac. Über eine Rampe gelangt man schließlich vom unteren zum inneren Burghof. Zauberhaft ist der Blick durch die Fenster des imposanten Wohnpalastes sowie von den Burgzinnen herab.

Castelnaud, die zu den meistbesuchten Burgen im Land gehört, beherbergt ein Museum für mittelalterliches Kriegsgerät. Besichtigt werden kann auch das nahe Schloss Les Milandes, wo in den 1950er-Jahren die legendäre Tänzerin Josephine Baker eine Gruppe Waisenkinder betreute. Die beste Aussicht auf **La Roque-Gageac** genießt man, wenn man sich am Nachmittag zu Fuß von Westen her dem Ort nähert: Dann leuchten seine honigfarbenen Häuser vor der hohen

La Roque-Gageac
Felsendorf
57 Gabarres-Rundfahrt
10 km
Sarlat-la-Canéda
704 Maison de La Boétie
704A Samstagmarkt
703
820
19
150E 52 km
Turenne

grauen Felswand und spiegeln sich im Fluss. Schlichte Bauten von Bauern und Handwerkern drängen sich neben prächtigen Palais dicht am Berg. Das Dorf, das im Mittelalter durch eine Stadtmauer gesichert war, diente einst den Bischöfen von Sarlat als Sommerfrische.
Unablässig ziehen auf dem Wasser Kanugruppen oder die besagten Gabarres vorbei. Diese flach gehenden Boote, die auf den Flüssen überall in Westfrankreich eingesetzt wurden, kommen heute nur als Nachbauten als kleine offene Ausflugsschiffe zum Einsatz. Eine kommentierte Rundfahrt mit einem der beiden Anbieter vor Ort dauert 55 Minuten und kostet vergleichsweise wenig (www.gabarres.com, www.gabarrecaminade.com).

Turenne
8 Altstadt
19 Festung
38 10 km
Collonges-la-Rouge
38 rote Sandsteinhäuser
920 Nachbarort
25 Meyssac
30 km
Travassac

ITALIEN LÄSST GRÜSSEN

Dank der genau nach Süden gerichteten Lage säumt üppiges Pflanzenwerk – bestehend etwa aus Feigenbäumen, Bananenstauden und Palmen – die steilen Gassen. Vom in den Fels gehauenen Fort aus dem 12. Jahrhundert erkennt man lediglich noch die Grundform; die Mauern wurden 600 Jahre später geschleift.
Auf La Roque folgt die Königin unter den Städten in der Dordogne-Region: **Sarlat-la-Canéda**. Die viel besuchte 10 000-Einwohner-Gemeinde liegt in einer von Wald umgebenen Senke des Périgord noir, etwa zehn Kilometer nördlich des Flusses. Adelsfamilien und Kaufleute verhalfen ihr seinerzeit zu enormem Wohlstand und Einfluss, was sich in den schönen ockerfarbenen Renaissance-Fassaden widerspiegelt. Durch die Altstadt führen schmale, gepflasterte Gassen; sie bildet ein geschlossenes Ensemble.
Die Maison de la Boétie gilt als Wahrzeichen der Stadt: Das Geburtshaus des Schriftstellers Étienne de La Boétie (1530–1563) besticht mit breiten Kreuzstockfenstern im italienischen Stil. Die Restaurants rechts und links servieren Trüffel, Entenmagen und Foie gras in allen Variationen. Auf dem großen Wochenmarkt am Samstag gibt es alles, was (Genießer-)Herzen höherschlagen lässt – bis hin zum passenden Werkzeug wie Töpfen und Küchenmessern.
Mit **Turenne** ist die frühere Region Limousin erreicht. Diese bildet seit 2016 zusammen mit Aquitanien und Poitou-Charentes die

↓ Buntes Markttreiben in Sarlat ↘ Zauberhaftes Collonges-la-Rouge mit Kirche Saint-Pierre

↑ Schloss Montfort, 90 Meter hoch auf einem Dordogne-Felsen ↓ Von Turenne aus wurde früher regiert.

↑ Uzerche erhebt sich stolz über dem Vézère-Fluss.
↓ Saint-Germain-les-Belles – am Fuß liegen See und Campingplatz. ↘ Stück für Stück: Schiefer aus Travassac

neue Region Nouvelle-Aquitaine. Wie ein zerdrücktes Hütchen wirkt die Burg auf einer Bergkuppe über dem alten Ortskern – und doch ist sie schön anzuschauen, direkt vom Reisemobilstellplatz zu ihren Füßen aus. Die Festung, die einst Sitz der mächtigen Vizegrafschaft Turenne war, ist nur noch eine Ruine. Heute ist es kaum mehr vorstellbar, dass von ihr aus vom 9. bis ins 18. Jahrhundert hinein mehr als 100 Gemeinden und 1200 Dörfer regiert wurden. Mit eigener Währung ausgestattet und von den Abgaben an den König befreit, waren Burg und Stadt weitgehend autonom. Den Niedergang besiegelte 1738 der Vizegraf Charles-Godefroy, als er – von Spielschulden geplagt – alles an Ludwig XV. verschachern musste.
Zwei Türme sind übrig geblieben vom einstigen Glanz, zwischen ihnen breitet sich jetzt ein gepflegter Garten aus. Vom Rundturm, der Tour César, bietet sich eine herrliche Aussicht. Reste der Burg wie Spitzbögen zieren die herrschaftlichen Häuser in der Altstadt, oft im Flamboyant-Stil erbaut. In den südlichen Quartieren logierten zuerst Ritter, später Beamte und in den nördlichen waren die Ställe sowie die Hufschmiede untergebracht.

KULTUR

MITTELALTERDORF LE CHALARD

Der charmante Flecken Le Chalard nahe der Stadt Saint-Yrieix-la-Perche wartet mit einer bemerkenswerten romanischen Kirche auf, erbaut im 11. Jahrhundert aus massiven Granitblöcken. Im Inneren birgt sie schöne gemeißelte Kapitelle und das Grabmal des Erbauers, des heiligen Geoffroy. Die Kirche ist jeden Tag frei zugänglich. Ihre Mauern säumt ein Mönchsfriedhof aus dem Mittelalter, dessen Gräber durch Skulpturen individuell gestaltet wurden. Das Dorf ist auch durch seine Goldminen bekannt, die von der Zeit der Gallier bis ins Jahr 2002 in Betrieb waren. Eine ständige Ausstellung im »Haus des Goldes« (Maison de l'Or) erzählt davon und gibt ebenso einen Einblick in die modernen Betriebsprozesse bei der Gewinnung und Verarbeitung des Edelmetalls. Führungen durch das Dorf und das Museum werden im Juli und August auch für Einzelpersonen angeboten (www.tourisme-saint-yrieix.com).

ROTE SCHÖNHEIT

Die hohen Beamten der Grafschaft Turenne unterhielten darüber hinaus mit Türmchen verzierte Herrensitze im benachbarten **Collonges-la-Rouge**, dem frankreichweit bekannten Dorfjuwel (von Turenne auch über den Wanderweg GR480 erreichbar). Collonges Einzigartigkeit liegt darin, dass alle Gebäude einschließlich Mauern und Schuppen aus leuchtend rotem Sandstein gebaut sind. Ein gutes Näschen bewies 1982 der damalige Bürgermeister Charles Reyrac, als er die Auszeichnung »Les Plus Beaux Villages de France« ins Leben rief und – welch Überraschung – als Erstes seinen Ort damit schmückte. Collonges-la-Rouge ist somit die Urmutter Frankreichs schönster Städtchen, von denen es inzwischen 155 im Land gibt.
Besonders sehenswert sind die Kirche mit dem hervorstechenden weißen Tympanon – so nennt man die Schmuckfläche über dem Portal – und nebenan die Markthalle mit dem Brotofen. Nicht nur der große Busparkplatz im Ort,

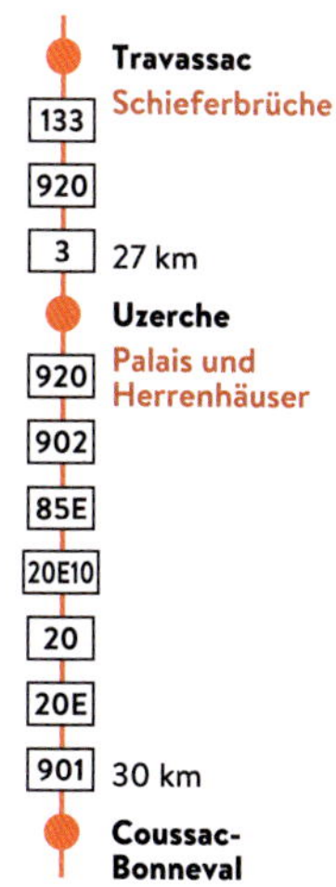

↑ Schloss Coussac-Bonneval mit vier großen Rundtürmen ↗ Prunkvoll eingerichtete Schlossräume

sondern auch der Reisemobilstellplatz – etwas außerhalb in einem schönen, schattigen Wäldchen – sind in der warmen Jahreszeit stets gut besucht. Fast genauso sehenswert wie die Altstadt von Collonges ist auch die des Nachbarortes **Meyssac**, der einstigen Kantonshauptstadt. Hervorzuheben sind die gotischen Häuser (15. Jh.), die Kirche Saint-Vincent mit ihrem Glockenturm, dazu die Getreidehalle. Der Schiefer aus dem winzigen Ort **Travassac** genießt einen exzellenten Ruf in puncto Haltbarkeit. Jede einzelne Platte ist ein handgemachtes und einmaliges Produkt. Die Schieferbrüche von Travassac nördlich von **Brive-la-Gaillarde** werden noch heute wie zu Urzeiten unter freiem Himmel abgebaut. Ein Arbeiter fertigt etwa 3000 Dachziegel pro Monat. Bei einer kleinen Besichtigungstour durch die »Pans de Travassac« darf man ihnen über die Schulter schauen.

Coussac-Bonneval
Château
901
18 km
Le Chalard
romanische Kirche
901
11
18 km
Nexon
Schlosspark
11
11A
46
N21
21 km
Limoges

TIERISCHE SACHEN

Nochmals ein kleines Stück nördlich breitet sich die wehrhaft wirkende Stadt **Uzerche** lang gestreckt auf einem Felssporn über dem Fluss Vézère aus. Ein beliebtes Sprichwort besagt: »Wer ein Haus in Uzerche hat, besitzt einen Palast im Limousin.« Prächtige Palais und Herrenhäuser machen einen Bummel durch die Altstadtgassen in der Tat zum Erlebnis.

Pippin der Jüngere ließ im 8. Jahrhundert die Stadt zu einer Festung ausbauen. Als wenig später um 760 die Sarazenen diese stürmen wollten, setzten sie zunächst auf die Aushungertaktik. Doch diese führte auch nach sieben Jahren nicht zum Erfolg. Die Bewohner waren zwar geschwächt, ersannen aber noch eine Kriegslist, indem sie ihr letztes Korn an ihren letzten Stier verfütterten. Dann schickten sie das Tier wohlgenährt vors Tor, woraufhin die Sarazenen annahmen, dass die Nahrungsvorräte von Uzerche unerschöpflich seien und daher verbittert abzogen. So berichtet es die Legende. Zwei Stiere zieren seither das Stadtwappen. Nach dem Bau des Benediktinerklosters (10. Jh.) begannen im 14. Jahrhundert die Adeligen mit der Errichtung der besagten Prachtgebäude.

Übrigens: Am Reisemobilstellplatz am alten Bahnhof am Vézère-Ufer gegenüber beginnt ein schöner Weg mit Blick auf die Stadt, der auf der stillgelegten Trasse nach Seilhac führt.

Einige Kilometer nordwestlich, in **Coussac-Bonneval**, an der Richard-Löwenherz-Straße, steht leicht erhöht in der Ortsmitte das mächtige gleichnamige Schloss; es sieht aus wie eine Wehrburg. Dazu tragen hauptsächlich die vier großen Rundtürme, der Burggraben und die Zugbrücke bei. Das stattliche Äußere mitsamt dem gepflegten Grün ringsum machen das Château zu einem der schönsten Bauwerke in der Region. Im Inneren gibt es ein Dutzend für die Öffentlichkeit zugängliche Räume – reich ausgestattet mit Möbeln, Wandteppichen und Holzarbeiten. Das prächtige Deckengemälde im Europasaal zeigt die Entführung Europas durch Jupiter. Besichtigung ist nur auf einer der Führungen möglich; diese finden von Mai bis September täglich ab 14.30 Uhr statt (www.chateaudebonneval.com).

Zu einem schönen Spaziergang lädt beispielsweise auch der Schlosspark in **Nexon** ein. Die 38,5 Hektar große Wald- und Parklandschaft ließen die Grafen von Chorlot in der Mitte des 19. Jahrhunderts anlegen, von den damals bekanntesten Landschaftsarchitekten und -gärtnern. Angeschlossen ist ein »Garten der Sinne« mit Duftpflanzen und medizinischen Kräutern. Es besteht das ganze Jahr über freier Zugang.

Bernadaud, edles Porzellan – von Hand gefertigt

WEISSE ERDE, WEISSES GOLD

Limoges trägt viele Beinamen wie »Tor zum Süden« und »Porzellanhauptstadt«. Letzteren verdankt sie dem Vorkommen von Kaolin, einem wichtigen Rohstoff zur Porzellanherstellung. Das als »weiße Erde« bezeichnete Gestein wurde erstmals in Frankreich 1765 zufällig von einer Arztgattin in der Nähe von Saint-Yrieix-la-Perche entdeckt, ein paar

Dorf Nexon, bekannt für den großen Schlosspark

Kilometer südlich. Die Frau schwor auf die Reinigungswirkung des Minerals und wusch damit ihre Wäsche. Ein Apotheker in Bordeaux, dem ihr Ehemann eine Probe geschickt hatte, erkannte, um was es sich in Wirklichkeit handelte. Die einzige bis dahin in Europa bekannte Kaolin-Abbaustelle war bei Aue in Sachsen. Das goldene Zeitalter des Limousiner Porzellans umfasste die Jahre um 1850, als es etwa 30 Fabriken in Limoges gab. Berühmtester Hersteller bis heute ist Bernardaud, gegründet 1863. Bei einer Führung durch die Fertigungshallen darf man die einzelnen Verarbeitungsschritte vom Teig zum harten Porzellan mitverfolgen – und dabei auch mal etwas anfassen (www.bernardaud.fr)

Limoges
79 Porzellanfabrik Bernardaud
20 Metzgergasse
Kathedrale
32 35 km
Saint-Junien
675 Handschuhmanufaktur Agnelle
5A3 18 km
Montrol-Sénard
Ökomuseum Nostalgie rurale

Die wohl malerischste Gasse in der Altstadt ist die Rue de la Boucherie (Metzgergasse) mit ihren hohen, schmalen Fachwerkhäusern, hinter denen das früher als schmutzig und anrüchig verrufene Fleischerhandwerk ausgeübt wurde. An einem kleinen Platz dort duckt sich die Kapelle Saint-Aurélien (15. Jh.), die dem Schutzheiligen der Metzger am Ort, einem ehemaligen Bischof, geweiht ist. Sie wurde gebaut, um seine Reliquien würdevoll zu bewahren; ihr barocker Chor und der mit Kastanienschindeln gedeckte Glockenturm kamen später hinzu. Die alteingesessenen Betriebe zu beiden Seiten sind inzwischen in die Nähe des Schlachthofs gezogen, eine Bruderschaft hält aber weiterhin die Traditionen dieses Handwerks aufrecht.

KALKSTEIN, STAHL UND BACKSTEIN

Der Bau der gewaltigen gotischen Kathedrale Saint-Étienne begann 1273 und endete 1888, also mehr als sechs Jahrhunderte später. Ihr Hauptportal Saint-Jean präsentiert sich reich dekoriert im Flamboyant-Stil. Im Inneren begeistert ein Lettner, fein gearbeitet aus Kalksandstein in der Zeit der Renaissance. Das Gotteshaus ist eines der wenigen erhaltenen aus der Gotik südlich der Loire. Ein Jahr nach seiner Fertigstellung wurde auch die zentrale Markthalle eröffnet. Die Techniken von Gustave Eiffel standen bei deren Bau augenscheinlich Pate: Glas und stählerne Bögen bilden den Oberteil, Backstein den Mittelteil und grauer Naturstein den Sockel. Unter dem Dach verläuft ein schöner Fries

↓ Altehrwürdige Metzgergasse in Limoges
↘ Schlichtes Bauernhaus im Limousin

aus 328 Porzellanplatten. Drinnen gibt's alles zu kaufen, was unter den Begriff Genuss fällt, und zwei Bistros mit marktfrischen Produkten zum Mittagstisch sind dort ebenfalls zu finden. Die Halle ist an allen Werktagen von 6 bis 14 Uhr und sonntags von 7 bis 13 Uhr geöffnet.

Monts de Blond ist der Name eines kleinen Gebirgszuges im Nordwesten von Limoges. Die Berge bestehen aus Wäldern mit seltenem Baumbestand, mythenumrankten Felsen, klaren Bächen, Flüssen, Teichen und Seen. Megalithen ragen aus struppigem Unterholz. Im Dorf Montrol-Sénard lädt das Ökomuseum »Nostalgie rurale« zu einer spannenden Zeitreise ein. Es zeigt das Limousiner Landleben am Anfang des 20. Jahrhunderts. Frei zu besichtigen sind von Mai bis Oktober unter anderem: ein Bauernhof mit großem Backofen, Schweine- und Hühnerställe, das Waschhaus, die Gemeindeschule, Werkstätten für Holz- und Lederschuhe – darüber hinaus (Foto-)Ausstellungen zu den Themen »ländliche Siedlungsweise« und »Hanf und Wolle«. Das Museum setzt einen schönen Schlusspunkt auf dieser Tour von den berühmten Weinlagen im Westen über spektakuläre, von Burgen gekrönte Dörfer im Dordogne-Tal bis in das liebenswerte grüne Herz Frankreichs.

Limoges: Hier in der Altstadt nimmt man gerne Platz.

SPECIAL

EXKLUSIVES BEKLEIDUNGSACCESSOIRE

Feine Lederhandschuhe aus Saint-Junien waren lange Zeit Exportschlager. Ihre Herstellung begann im 11. Jahrhundert. Lohmühlen und Gerbereien säumten fortan die Ufer von Vienne und Glane. Die ersten Kunden waren Priester, die weiße Modelle bevorzugten. Aristokraten wurden neugierig auf das Produkt, spezielle Kreationen für die Dame von Welt folgten. Als König Ludwig XI. einst bei einem Besuch ein besonders edles Paar geschenkt bekommen hatte, erreichte der gute Ruf der Lederhandschuhe aus Saint-Junien den Königshof. Zu Beginn des 19. Jahrhunderts werkelten 70 Handschuhmacher, 13 Weißgerbereien und 1000 Näherinnen in der Stadt. Dem Gewerbe ging es weiter gut, bis in die 1950er-Jahre, als Billigware den Markt überschwemmte. Heute bestehen noch drei Manufakturen, darunter die Ganterie Agnelle (www.agnelle.com). Das Tourismusbüro veranstaltet ganzjährig (außer im August) Führungen durch die Betriebe.

PRAKTISCHE HINWEISE

TOURISTINFORMATIONEN

Office de Tourisme du Grand Saint-Émilionnais
Place des Créneaux, 33330 Saint-Émilion,
Tel. 05 57 55 28 28, www.saint-emilion-tourisme.com

Office de Tourisme Bergerac–Sud Dordogne
Quai Cyrano, 1, Rue des Récollets, 24100 Bergerac,
Tel. 05 53 57 03 11, www.pays-bergerac-tourisme.com/fr

Office de Tourisme de Saint-Cyprien
Place Charles De Gaulle, 24220 Saint-Cyprien,
Tel. 05 53 30 36 09, www.perigordnoir-valleedordogne.com

Sommer auf dem Land! Feld am Ufer der Dordogne

Office de Tourisme de La Roque-Gageac
Bourg, 24250 La Roque-Gageac, Tel. 05 53 31 45 45,
www.sarlat-tourisme.com

Office de Tourisme Sarlat–Périgord Noir
3, Rue de Tourny, 24200 Sarlat-la-Canéda,
Tel. 05 53 31 45 45, www.sarlat-tourisme.com

Office de Tourisme Vallée de la Dordogne
L'Hospitalet, 46500 Rocamadour, Tel. 05 65 33 22 00,
www.vallee-dordogne.com

Office de Tourisme du Pays d'Uzerche
10, Place de la Libération, 19140 Uzerche,
Tel. 05 55 73 15 71, www.terresdecorreze.com

Office de Tourisme Intercommunal du Pays de Saint-Yrieix
58, Boulevard de l'Hôtel de Ville, 87500 Saint-Yrieix-la-Perche, Tel. 05 55 08 20 72,
www.tourisme-saint-yrieix.com

Office de Tourisme de Limoges
12, Boulevard de Fleurus, 87000 Limoges,
Tel. 05 55 34 46 87, www.limoges-tourisme.com

Office de Tourisme de Saint-Junien
Place du Champ de Foire, 87200 Saint-Junien,
Tel. 05 55 02 17 93, www.poltourisme.fr

Office de Tourisme du Haut-Limousin
Rue des Doctrinaires, 87300 Blond, Tel. 05 55 68 12 79,
www.visitlimousin.com/haut-limousin

CAMPINGPLÄTZE UND STELLPLÄTZE

C 9.1 **Camping La Riviere Fleurie** (S. 285 F1)
180, Rue Théophile Cart, 24230 Saint-Antoine-de-Breuilh, Tel. 05 53 24 82 80,
www.la-riviere-fleurie.com
GPS: 44.829721, 0.122799
Kleiner, gepflegter Platz (66 Parzellen) für all jene, die in erster Linie viel Ruhe suchen. Ein Freibad ist vorhanden, zum Dordogne-Ufer gegenüber der wenig befahrenen Dorfstraße sind es nur ein paar Schritte. Ende März bis Mitte September.

S 9.2 **Aire de Service pour Camping-car de Château du Haut Pezaud** (S. 285 G2)
Les Pezauds, 24240 Monbazil-

Klein, aber fein: Schwimmbecken auf dem Camping de Montréal

lac, Tel. 06 70 75 56 72, www.chateau-du-haut-pezaud.com
GPS: 44.784444, 0.486389
Stellplatz für neun Reisemobile auf Gras und Kies zwischen Reben rund um ein Gut mit Weinverkauf – 4 km südlich von Bergerac und 1,5 km südlich des Ortes. Duschen und Stromanschlüsse sind vorhanden. Morgens kommt ein Bäcker vorbei, die maximale Aufenthaltsdauer beträgt drei Nächte. Ganzjährig, außer Weihnachten/Neujahr.

C 9.3 **Camping Le Port de Limeuil** (S. 285 G1)
Rue du Port, 24480 Alles-sur-Dordogne, Tel. 05 53 63 29 76, www.leportdelimeuil.com
GPS: 44.879828, 0.885959
Großzügig angelegtes Gelände am Zusammenfluss von Dordogne und Vézère am Ufer der Dordogne. Der Platz verfügt über einen Strand und ein beheiztes Freibad mit Whirlpool, Kinderrutsche und Planschbecken. Mai bis Mitte September.

S 9.4 **Les Terrasses de Merculot** (S. 285 H1)
Lieu dit Merculot, 24220 Marnac, Tel. 06 80 85 86 09, www.perigordnoir-valleedordogne.com
GPS: 44.843056, 1.033611
Schön gelegener Stellplatz für sechs Reisemobile an einem privaten Anwesen mit Blick über das Nord-Périgord. Der Untergrund ist geschottert. Stromanschlüsse, Ver- und Entsorgungsmöglichkeit sind vorhanden. März bis Oktober.

S 9.5 **Aire de Camping-car** (S. 285 H1)
Place Mackenheim/Rue du Priolat, 24220 Saint-Cyprien, Tel. 05 53 29 28 22, www.perigordnoir-valleedordogne.com
GPS: 44.868333, 1.043611
Reservierte Fläche für zehn Reisemobile auf öffentlichem Parkplatz mit Blick auf die Altstadt. Zahlung erfolgt mit Bankkarte am Automaten. Eine Servicestation steht zur Verfügung. Ganzjährig.

S 9.6 **Aire de Camping-car** (S. 285 H2)
Place Publique, 24250 La Roque-Gageac, Tel. 05 53 29 51 52, www.sarlat-tourisme.com/de/la-roque-gageac
GPS: 44.824444, 1.183889
Für Wohnmobile reserviertes Gelände auf Großparkplatz am Fluss, nur drei Minuten zu Fuß von der Altstadt entfernt. Bezahlt wird am Parkscheinautomaten. Picknicktische und Servicestation befinden sich am Platz. Ganzjährig.

S 9.7 **Aire de Camping-car du Pradal** (S. 285 H2)
Le Pradal, 24250 Domme, Tel. 05 53 28 61 00, www.domme.fr
GPS: 44.801389, 1.221667
Geschottertes Areal für Busse und maximal 24 Reisemobile, 500 m östlich des Ortes. Eine Ver- und Entsorgungsstation befindet sich am Platzrand. Ganzjährig.

C 9.8 **Camping Les Granges** (S. 285 H2)
Les Granges, 24250 Groléjac, Tel. 09 63 62 57 13, www.capfun.com
GPS: 44.816184, 1.291032
Gut geführter Terrassenplatz um einen ehemaligen Bauernhof. Freibad und Restaurant sind vorhanden, es werden Kanu- und Kajaktouren angeboten. Ende April bis Anfang September.

C 9.9 **Camping Les Valades** (S. 285 G1)
Les Valades, 24220 Coux-et-Bigaroque, Tel. 05 53 29 14 27, www.lesvalades.com
GPS: 44.860821, 0.964363
Weitläufig gestalteter Platz mit bis zu 300 m² großen Luxusparzellen zwischen den Tälern der Dordogne und der Vézère, eingebettet zwischen Wiesen und Wälder. Es gibt sowohl einen beheizten Pool mit Kinderschwimmbecken als auch einen kleinen See mit sandiger Badestelle und Angelbereich. Kanus stehen kostenlos zur Verfügung. April bis September.

S 9.10 **Area Camper Sarlat la Canéda** (S. 285 H1)
4, Avenue du Général de Gaulle, 24200 Sarlat-la-Canéda, Tel. 05 53 31 53 31, www.aire-service-camping-car-panoramique.fr
GPS: 44.895833, 1.212778
Ausgewiesenes, mit einer Schranke gesichertes Terrain auf Großparkplatz in Altstadtnähe. Eine Servicestation steht zur Verfügung. Die maximale Aufenthaltsdauer beträgt 48 Stunden. Ganzjährig.

C 9.11 **Camping Les Acacias** (S. 285 H1)
Bourg La Canéda, 8, Rue Louis de Champagne, 24200 Sarlat-la-Canéda, Tel. 05 53 31 08 50, www.acacias.fr
GPS: 44.857681, 1.237236
Sehr gut eingerichteter Campingplatz, 3 km südöstlich der Stadt. Die Parzellen verteilen sich auf einem Gelände mit noch jungem Bewuchs – teils auf leicht geneigter Wiese, teils auf Terrassen. Es gibt ein beheiztes Schwimmbad mit Planschbecken und ganz in der Nähe einen Reiterhof. Darüber hinaus werden auch Kanu- und Kajaktouren organisiert. Mitte April bis September.

C 9.12 **Camping Les Terrasses du Périgord**
(S. 285 H1) Pech-d'Orange, 24200 Sarlat-la-Canéda, Tel. 05 53 59 02 25, www.terrasses-du-perigord.com
GPS: 44.906758, 1.237104
Weitläufiges Wiesengelände, teils mit schönem Blick auf die Hügellandschaft, 2,5 km nordöstlich von Sarlat. Zur guten Ausstattung zählt unter anderem ein großer überdachter Whirlpool. Es finden organisierte Kanutouren statt. Mitte April bis Mitte September.

S 9.13 **Aire d'Accueil de Camping-car de Turenne**
(S. 281 H6) Le Bourg, Place du Belvédère, 19500 Turenne, Tel. 05 55 85 91 15, www.turenne.fr
GPS: 45.053889, 1.580278
Gekieste Stellfläche für zehn Reisemobile mit zauberhaftem Burgblick. Die Zufahrt ist eng und steil, der Aufenthalt ist auf 48 Stunden begrenzt. Ganzjährig (im Winter kein Wasser und Strom).

S 9.14 **Aire de Camping-car Le Marchadial**
(S. 281 H6) D 38, 19500 Collonges-la-Rouge, Tel. 05 55 25 32 25, www.vallee-dordogne.com
GPS: 45.058056, 1.658333
Stellplatz für 40 Reisemobile auf Naturboden und Schotter am Rand des pittoresken und sehenswerten Dorfes aus rotem Sandstein. Ein Asphaltweg führt ins 600 m entfernte Zentrum. Der Platz – er ist auch für große Fahrzeuge geeignet – befindet sich zur Hälfte unter hohen Bäumen und verfügt über ein Toilettenhäuschen, bietet aber keine Stromanschlüsse. Ganzjährig.

S 9.15 Aire de Camping-car d'Objat (S. 281 H5)
Avenue Jules Ferry, 19130 Objat, Tel. 05 55 24 08 80, www.objat.fr
GPS: 45.271111, 1.411667
Schön angelegter Reisemobilhafen mit gekiesten Buchten in Ortsnähe. Zufahrt ist nur mit Code möglich, der im Tourismusbüro erhältlich ist. Dort gibt es auch die Jetons für die Ver- und Entsorgung. Die Stellplatzgebühr ist nur mit Kreditkarte bezahlbar. Ganzjährig.

S 9.16 Parking Place de la Petite Gare (S. 281 H5)
Rue Paul Langevin, 19140 Uzerche, Tel. 05 55 73 17 00
GPS: 45.425000, 1.566667
Großer Stellplatz mit Serviceeinrichtungen auf einem Parkplatz am Ufer des Vézère, gegenüber dem historischen Ortskern. Das Zentrum erreicht man über die Flussbrücke nach 500 m. Jeden Freitag und am 20. jeden Monats ist der Platz von 6 bis 16 Uhr für Wohnmobile gesperrt. Der Aufenthalt ist auf 48 Stunden begrenzt. Ganzjährig.

C 9.17 Camping de Montréal (S. 281 H5)
Rue du Petit Moulin, 87380 Saint-Germain-les-Belles, Tel. 05 55 71 86 20, www.campingdemontreal.com
GPS: 45.611650, 1.501365
Der Campingplatz – engagiert geführt von einem holländischen Ehepaar – liegt ansprechend an einem Badesee mit Sandstrand. Die Parzellen sind durch hohe Hecken voneinander getrennt. Schwimmbecken und Servicestation befinden sich im Eingangsbereich. Das Restaurant mit Blick über See und Hügelland hat von Mitte April bis Mitte Oktober geöffnet. Ganzjährig.

C 9.18 Camping Château de Leychoisir (S. 281 H4)
Route de Leychoisir, 82270 Bonnac-la-Côte,
GPS: 45.933021, 1.290009
Dieser Campingplatz mit altem Baumbestand befindet sich oberhalb eines Badesees in einem Schlosspark. Es gibt auch einen Pool, angrenzend befindet sich ein Wildgehege. Mitte April bis Mitte September.

S 9.19 Aire de Repos pour Camping-cars (S. 281 G4)
Rue du Stade, 87520 Oradour-sur-Glane,
Tel. 05 55 03 13 73,
www.oradour-sur-glane.fr
GPS: 45.934706, 1.025560
Großzügig gestalteter Wohnmobilhafen, ruhig gelegen am Ortsrand neben dem Stadion. Die Parzellen sind durch Hecken getrennt. Im Winter stehen weder Strom noch Frischwasser zur Verfügung. Ganzjährig.

↓ Stellplatz in Collonges-la-Rouge
↘ Höhepunkt im Dordogne-Tal: Beynac-et-Cazenac

Blick von der Brücke in Castelsarrasin auf bunte, schwimmende Heime

10

ALTES KULTURLAND AM FUSS GROSSARTIGER GIPFEL

Ab Moissac über Toulouse in die Pyrenäen

Die westlichen Teile von Okzitanien (ehemalige Region Midi-Pyrénées) einschließlich der zentralen Pyrenäen warten mit spannenden Stationen auf, die Reisemobilfahrer auf einer Tour durch Südwestfrankreich nicht versäumen sollten. Der Startschuss fällt im altehrwürdigen Städtchen Moissac und führt über den ehemals großen Handelsplatz Montauban in die umtriebige Metropole Toulouse. Dann führt die Route weiter entlang des Pyrenäen-Hauptkammes. Ziel ist der fantastische Bergsee Lac de Gaube. Vom milden Klima begünstigt, dauert die Wandersaison hier in den französischen Hochpyrenäen bis weit in den Herbst.

Doch Berge und Vorland stellen nicht nur ein schützenswertes Naturparadies dar, sondern sind auch ein Hort ausgezeichneter Esskultur und vor allem jahrhundertealter Baukunst, was der Ort **Moissac** auch gleich beweist. Er liegt mitten in einem sehr fruchtbaren Hügelland, wo – durchzogen von Wasseradern wie Tarn, Garonne und Garonne-Seitenkanal – die berühmten Chasselas-Trauben heranreifen. Im alten Kern der Stadt erhebt sich die ehemalige Abteikirche Saint-Pierre mit ihrem befestigten Glockenturm aus dem 12. Jahrhundert. Von hoher Schaffenskraft zeugt insbesondere das prächtige Südportal mit seinen Darstellungen im Bogenfeld; sie zeigen in seltener Intensität die Apokalypse nach der Vorstellung des Evangelisten Johannes. Bewundernswert sind vor allem die Bildkomposition und die Detailgenauigkeit, die etwa in den Gewändern und Gesichtszügen der Figuren stecken.
Durch das Tourismusbüro hindurch gelangt man zu einem weiteren Glanzstück romanischer Baufertigkeit: dem überwältigend schönen Kreuzgang. Er besticht durch die Leichtigkeit seiner 76 reich geschmückten

Moissac: außergewöhnlich prächtig gestalteter Kreuzgang

Arkadenbögen. Die Kapitelle zieren kunstvoll gestaltete Motive, darunter Tiere und biblische Szenen. Zahllose Kriege und Plünderungen setzten den Gebäuden seit ihrer mutmaßlichen Gründung durch einen Benediktinermönch im 7. Jahrhundert stark zu. Die endgültige Zerstörung des Klosters in der Mitte des 19. Jahrhunderts drohte aber von ganz anderer Seite: Alles einschließlich Kreuzgang sollte abgerissen werden, um den Schienen der Eisenbahnstrecke Bordeaux–Sète Platz zu machen, was damals von Denkmalschützern gerade noch verhindert werden konnte. In den beschaulichen Gassen ringsum trifft man heute auf Glasbläser und andere Kunsthandwerker.

ROUTE 10

START- UND ENDPUNKT
Moissac und Lac de Gaube

BESTE JAHRESZEIT
Mai bis Oktober

STRECKENLÄNGE
483 Kilometer

FAHRZEIT
6 bis 9 Tage

MAUTSTRECKEN
keine

Start
Moissac
Abteikirche Saint-Pierre
72
45
72BIS
72 28 km
Montauban
Place Nationale
Ingres-Museum
21
94
13
4 52 km
Toulouse

KRÄMERSEELEN UND KÜNSTLERNATUREN

Der Handel mit Tuch und Wein ließ vor langer Zeit das benachbarte **Montauban** groß werden. Die mittelalterliche Planstadt und spätere Hochburg des Calvinismus erstreckt sich ebenfalls am Tarn-Fluss,

KULTUR

MUSÉE INGRES

Allen Kunstfreunden sei der Besuch des Ingres-Museums in Montauban ans Herz gelegt. Es ist im früheren Bischofspalast untergebracht, der 1664 auf den Ruinen zweier Mittelalter-Festungen gebaut wurde, und beherbergt die Sammlungen von zwei berühmten Söhnen der Stadt: Jean-Auguste-Dominique Ingres, einem Maler, und Antoine Bourdelle, einem Bildhauer. Letzterem ist im Parterre ein großer Raum gewidmet, wo beispielsweise seine Büsten von Beethoven oder Rodin zu sehen sind. Im ersten Stock fällt sofort der Blick auf das großartige Bild »Jésus parmi les docteurs« (Jesus unter den Gelehrten), das Ingres im hohen Alter malte. Die zweite Etage präsentiert unter anderem Gemälde von flämischen und spanischen Künstlern. Im Untergeschoss, den Gewölbekellern der einstigen Burgen, sind darüber hinaus archäologische Schätze aus der Region zu bestaunen (www.museeingresbourdelle.com).

Toulouse
826 Capitol
Basilika Saint-Sernin
1
52 km
Revel
79 Place Philippe VI de Valois
126 Markthalle
624 Stausee Saint-Ferréol
6
28
119
513
13
10
13
113
1 86 km
Foix

50 Kilometer von der Metropole Toulouse entfernt. Den Mittelpunkt von Montauban bildet die Place Nationale, umringt von eleganten Häusern aus rosarotem Ziegelstein und Arkaden mit Doppelgalerien. Die gewölbeartigen Gänge sind der Ersatz für überdachte Holzpassagen, die im 17. Jahrhundert zwei Großbränden zum Opfer fielen. Am ersten Pfeiler an der Ecke Rue Malcousinat ist übrigens das Metermaß der Tuchhändler eingelassen. Auch heute noch weht jeden Morgen ein Hauch von historischer Marktatmosphäre über den Platz.

1780 wurde in der Stadt der Maler Jean-Auguste-Dominique Ingres geboren, der durch seine Bleistiftzeichnungen berühmt wurde. Ateliers in Rom und Paris waren über viele Jahre seine Stationen. Er blieb jedoch seiner Geburtsstadt zeitlebens sehr verbunden und hinterließ ihr viele bedeutende Werke, die heute im Museum zu bewundern sind (siehe Kasten).

Capitol, so nennt man das stattliche Rathaus in **Toulouse**, ebenso den weitläufigen Platz davor. Namensgeber waren die »Capitouls«, jene Stadträte, die bis zur erstmalig stattfindenden Wahl eines Bürgermeisters im Jahr 1790 die Garonne-Metropole gemeinsam regierten. Die Arkaden um den Capitol-Platz bilden einen stimmungsvollen Rahmen – ganz besonders in den noch immer sehr frequentierten Abendstunden, wenn alle Fassaden in festlichem Lichterglanz erstrahlen. »Rosa Stadt« wird Toulouse indes wegen der auch hier vorherrschenden Backsteinarchitektur genannt. Rund 110 000 Studenten, zahlreiche Musik- und Straßenfestivals tragen zur locker-quirligen Atmosphäre bei. Die farbenfrohen Märkte an jeder Ecke

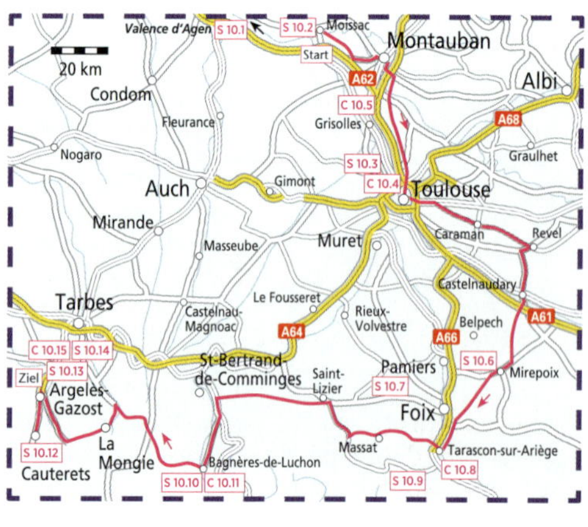

↑ Handwerk mit Tradition: Glasbläser in Moissac ↓ Durch Toulouse fließt breit die Garonne.

SPECIAL

IKONEN DER LUFTFAHRT

Caravelle und Concorde sind Namen, die Flugzeugfans in aller Welt aufhorchen lassen. Die beiden legendären Modelle und weitere Maschinen aus der Airbus-Schmiede wie den A300 zeigt das neue, großartig gestaltete Musée Aeroscopia. Es befindet sich am Nordende des Flughafens Toulouse-Blagnac. Der 1984 in Betrieb genommene A300 war das erste Großraum-Flugzeug für Kurz- und Mittelstrecken. Die ausgestellte Concorde diente als Testflugzeug und wurde das ein oder andere Mal für Flüge des französischen Staatspräsidenten genutzt. Weiteres Ausstellungs-Highlight: der Riesenvogel Super Guppy Turbine – speziell gebaut zum Transport von Flugzeugbaugruppen (www.aeroscopia.fr).

und die vor allem in den Sommermonaten belebte Flaniermeile am Ufer der Garonne unterstreichen die heitere Lebensart. Schicke Läden, gemütliche Bistros, Restaurants und Straßencafés verführen zum stundenlangen Müßiggang, bestehend aus unbeschwertem Bummeln und bewusstem Genießen.
Zu den bedeutendsten Sehenswürdigkeiten der Stadt gehört die Basilika Saint-Sernin mit ihrem markanten, 65 Meter hohen achteckigen Glockenturm; er wurde vor allem in der Region Languedoc oft nachgebildet. Saint-Sernin gilt als eine der schönsten Pilgerkirchen auf dem Weg nach Santiago de Compostela. Wer im Inneren zum Beispiel die Chorpartie mit ihren neun Kapellen und die romanischen Skulpturen im südlichen Seitenschiff betrachtet, kann das nachempfinden. Neben anderen biblischen Figuren sind hier König David und die Apostel dar-

Revel, sehenswerte Kleinstadt östlich von Toulouse

Foix hielt den Angriffen fast immer stand.

gestellt. Der große Reichtum von einst resultierte aus dem Handel mit der Färberpflanze Färberwaid. Heute hingegen sichert die Luft- und Raumfahrtindustrie Arbeitsplätze und Wohlstand. Nebenbei bemerkt führt ein herrlicher Radweg am Garonne-Kanal entlang von Moissac nach Toulouse.

Revel ist eine liebenswerte Kleinstadt im Südosten von Toulouse. Sie wurde anno 1342 als Bastide gegründet. Als Bastide bezeichnet man in Okzitanien einen militärisch gesicherten Ort. Seine Besonderheit ist der von Arkaden gesäumte Hauptplatz Philippe VI de Valois – er gehört zu den größten Frankreichs – mit einer sehr bemerkenswerten Markthalle aus dem 14. Jahrhundert. Diese besitzt einen Turm und trägt ein Dach mit hölzernem Dachstuhl. Die schönen Arkaden rings um den Platz stammen aus dem 17. bis 18. Jahrhundert. In Revel gibt es sehr viele Holz verarbeitende Betriebe – daher spricht man auch von der Hauptstadt der Kunstmöbel. Der nahe Stausee von Saint-Ferréol

↓ Musée Aeroscopia – nicht nur für Flugzeugenthusiasten spannend ↘ Der Stausee Saint-Ferréol reguliert den Lauf des Canal du Midi.

↑ Wasserspiele im »Park der Frühgeschichte«
↓ Fette Weide mit glücklichen Kühen bei Mirepoix
↘ Rauschender Bach im Arize-Massiv

speist den Canal du Midi bei Bedarf mit Wasser. Er und die dort angelegten Jardins du Canal du Midi bieten zauberhafte Spazierwege.

SCHÖN STANDHAFT, DIE BURG

Das Stadtbild von Foix weiter im Süden, früherer Hauptort der gleichnamigen Grafschaft, wird von einer mächtigen mittelalterlichen Burganlage gekrönt. Diese galt im 12. Jahrhundert als Zentrum der höfischen Welt Okzitaniens. Ein Minnesänger würdigte sie mit dieser Liedzeile: »Die Burg ist so stark, sie verteidigt sich selbst.« Aufgrund der Unterstützung der Katharer durch das Grafenhaus wurde auch Foix ein Ziel des Albigenserkreuzzuges. Die Festung konnte jedoch mehrfach erfolgreich verteidigt werden. Graf Gaston IV. ließ schließlich den runden Turm (Tour ronde) errichten, der das Aussehen der Stadt bis heute prägt. Nur ein einziges Mal fiel die Burg: 1486 durch Johann von Foix-Étampes im Kampf gegen seine Nichte, Königin Katharina von Navarra. Seit 1930 beherbergen die standfesten Mauern ein sehenswertes regionales Geschichtsmuseum. Gewaltige Schmelzwassermassen schufen in den tiefer gelegenen Pyrenäen-Gebieten zum Ende der Eiszeit unzählige unterirdische Gänge und Höhlen, die später häufig bewohnt wurden. Allein in der Umgebung im nachfolgenden Ort **Tarascon-sur-Ariège** fand man 15 Höhlen mit prähistorischen Wandmalereien. Um diese zu schützen, wurde der Parc de la Préhistoire ins Leben gerufen, wo Kopien der frühen Kunstwerke und multimediale Präsentationen ein Bild der Steinzeit aufzeigen sollen. Man kümmert sich auch sehr um die jungen Besucher, welche die Erkenntnisse der Forscher in Kleingruppen spielerisch vermittelt bekommen (www.sites-touristiques-ariege.fr/sites-touristiques-ariege/parc-de-la-prehistoire).

Fantastischer Weitblick am Col de Port

VIEL SONNE, VIEL REGEN

Beim Erlebnispark zweigt eine kurvenreiche Passstraße quer durch das Massif de l'Arize zum 1250 Meter hohen Col de Port ab. Am Weg grüßen die mächtigen Felsen Soudour und Calamès, danach der Zackengrat des häufig verschneiten Pic des Trois Seigneurs (2199 m). Der Scheitel der Passhöhe bildet die Grenze zwischen den sonnenverwöhnten östlichen Pyrenäen und den regenreichen im Westen, die in höherem Maß atlantischen Tiefausläufern ausgesetzt sind. Die einzig größere Ortschaft in diesem Gebiet ist wieder im Tal unten das Bergdorf **Massat** mit kanonenbestückter Kirche und kleinen Läden, wo sich die Vorräte im Reisemobil gut mit Herzhaftem aus der Region auffüllen lassen.

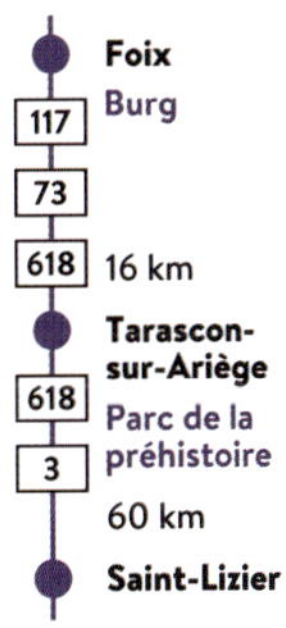

Die nächste Stadt heißt **Saint-Lizier**, ihr Wahrzeichen ist die Kathedrale mit achteckigem Ziegelsteinturm. Deren Innenwände schmücken bedeutende romanische Fresken und das Kloster daneben wartet mit einem Kreuzgang mit 32 Arkaden auf, die vor allem durch ihre fein ausgearbeiteten Kapitelle bestechen. Beim Bummel durch die beschaulichen Altstadtgässchen käme man nie auf den Gedanken, dass im Ort lange Zeit, nämlich fast 1300 Jahre, Bischöfe

↑ Kathedrale Saint-Lizier mit achteckigem Turm ↗ Führung durch die kostbare alte Apotheke

regierten, die das Alltagsleben maßgeblich prägten. Ebenfalls wenig bekannt ist, dass alle Sakralbauten und die in Teilen erhaltene römische Stadtmauer zum Weltkulturerbe zählen.
Edle Gefäße, die äußerst fragwürdige Heilmittelchen wie etwa »Hundeöl« (huile de chien) enthielten, reihen sich in der historischen Apotheke; sie gehörte früher zum Hôtel-Dieu der Stadt und kann täglich mit Führung besichtigt werden (Anmeldungen im örtlichen Tourismusbüro). Von der großen Terrasse des Restaurants Le Carré de l'Ange im Palais des Evêques bietet sich im Übrigen ein überwältigender Blick auf Altstadt und Kathedrale. Das Haus offeriert traditionelle Küche auf höchstem Niveau (www.lecarredelange.com).

INTENSIVER GESCHMACK

Traditionell wird in dieser Südecke Frankreichs das Essen in einer Runde mit einem Schluck »Hypocras« eröffnet. Dies ist ein seit dem Mittelalter geschätzter, süßer Gewürzwein. Als wohl beliebteste Vorspeise in der Region gilt die umstrittene Foie gras, Geflügelstopfleber. Dazu kommen Enten in allen erdenklichen Zubereitungsarten auf den Tisch: etwa als gegrillte Entenbrust oder -filet, eingelegte Keulen, fein gewürzte Pasteten oder Entenmagen. Letzterer macht jeden Salat zu einem unvergesslichen Gaumenerlebnis. Zu den gastronomischen Höhepunkten zählt ebenso das Toulouser Cassoulet. Dieser weit über die Grenzen der Region bekannte Eintopf-Klassiker besteht zumeist aus weißen Bohnen, Gänsefleisch, Schweinebauch und Saucisson, der berühmten Knoblauchwurst. Ein echtes Cassoulet muss stundenlang köcheln, bevor es im großen Tontopf serviert wird.
In den kühlen Gebirgsflüssen fängt man hauptsächlich Forellen, die vor allem gegrillt köstlich schmecken. Spitzenweine in der Region Midi-Pyrénées, die das begehrte AOP-Zeichen tragen dürfen, heißen: Cahors, Gaillac, Fronton, Madiran und Marcillac. Nach dem Essen mundet vorzüglich ein Armagnac. Der seit vielen Jahrhunderten am Fuß der Berge hergestellte Weinbrand trägt zum exzellenten Ruf der Regionalküche bei.

AUSFLUG

VALLÉE DE LA PIQUE

Natur- und Wanderfreunde, die es ins wunderbare Pique-Tal zieht, sollten auf der D 125 kurz hinter Luchon an der Abzweigung zum Lys-Tal zunächst weiterfahren. Darauf folgt das Forst-Laboratorium Maison Forestière de Jouéu, wo man das Fahrzeug abstellen kann. Zu Fuß ist rasch die Hospice de France (1385 m) erreicht. Das historische Gebäude mit der neu gestalteten Gaststube ist seit über 400 Jahren gefragte Station für Reisende. Die Alpe ringsum mit kleinen plätschernden Wasserfällen lädt zu Spaziergängen ein. Trainierte Tourengeher können frühmorgens über den Maultierpfad zum Port de Vénasque (2448 m) weiter hinaufsteigen oder auch zum Pic de Sauvegarde (2738 m), wo sich grandiose Aussichten auf das Maladeta-Massiv eröffnen. Schließlich lockt am Abend das Hospiz mit gutem Essen (www.hospicedefrance.fr).

Die Strecke mit der Straßennummer 618 schlängelt sich nun weiter in Richtung des bekannten Wallfahrtsorts **Saint-Bertrand-de-Comminges**. Er erhebt sich majestätisch auf einer Anhöhe. Gekrönt wird das festungsartige Dorf von der Kathedrale Sainte-Marie. Von deren Kreuzgang mit Klostergarten kann man weit über die Landschaft blicken. Die Kapitelle (12.–16. Jh.) sind übersät mit sehenswerten Flecht- und Blattwerken. Größte Attraktion im Kircheninneren ist der Chor der Domherren, verziert mit herrlichen Holzschnitzereien, geschaffen von Toulouser Künstlern. Er besteht unter anderem aus dem Lettner, dem Bischofsstuhl und dem Chorgestühl mit 66 Stühlen.
Die gern besuchte Wallfahrtsgemeinde verdankt ihren Aufstieg dem Geistlichen Bertrand de l'Isle, der im 12. Jahrhundert zum Bischof der Region ernannt wurde. Er ließ die Kathedrale bauen und gründete ein Domherrenstift, woraufhin der Zug der Gläubigen und Pilger einsetzte. Auf den Resten eines römischen Gräberfeldes ruht in Sichtweite im Tal die romanische Basilika Saint-Just, die mit eher ungewöhnlichen Stilelementen aufwartet, wie etwa einer nach innen eingebuchteten Apsis (= Raumteil, meist halbkreisförmig).

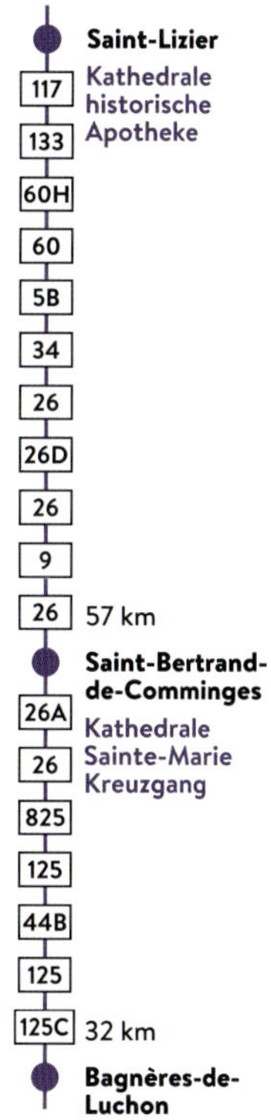

WIEDER GUT DURCHATMEN

Schwefelhaltiges warmes und heißes Wasser aus den Tiefen der Erde macht ein Stück südlich **Bagnères-de-Luchon** zum bedeutendsten Kurort in den Pyrenäen. Um 1760 erkannte man seine heilsame Wirkung speziell bei Atemwegserkrankungen, woraufhin mondäne Thermenkomplexe errichtet wurden. Diese tragen bis heute wesentlich zum gediegenen Flair Luchons

Wallfahrtsort Saint-Bertrand-de-Comminges mit festungsartiger Kathedrale

Der Bär scheint sich im Tierpark wohlzufühlen.

bei. Im Kurort weilten einst illustre Gäste, darunter Flaubert, Bismarck und Mata Hari. Doch die Quellen sind weitaus länger bekannt: Ihr Wasser mit Austrittstemperaturen zwischen 18 und 66 Grad Celsius wurde bereits in galloromischer Zeit umgeleitet, gemischt und therapeutisch genutzt, wie freigelegte Marmorbecken, Heißluftschächte und Wasserläufe nahelegen. Als die schönsten Gründerzeitvillen im Ort gelten die Villa Edouard (2, Boulevard Edmond Rostand) und die in der Nähe liegende Villa Julia mit Erkern beziehungsweise sechseckigem Turm.

Bagnères-de-Luchon
618 Thermen
918 Gründerzeitvillen
921 Vallée de la Pique
921B
920A 83 km
Cauterets
920A Lac de Gaube
921 17 km
Argelès-Gazost
Kletterpark Chlorofil
Parc Animalier des Pyrénées

ZUM DAHINSCHMELZEN

Über die Gebirgspässe Col d'Aspin (1489 m) und den berühmten Col du Tourmalet (2114 m) gelangt man nach viel Kurbelei in den wohnmobilfreundlichen Traditionskurort **Cauterets** (2 Stellplätze). Der Ort ist der ideale Ausgangspunkt für Wanderungen in die Hochpyrenäen. Eines der beliebtesten Routenziele dort ist der Gaube-See. Sein tiefgrün schimmerndes Wasser und die vereisten Gipfel des Vignemale-Massivs im Hintergrund verzückten schon im 19. Jahrhundert Schriftsteller und Landschaftsmaler. Er gehört zu einer ganzen Kette von Bergseen. Seinen Zufluss sichern überwiegend unterirdisch verlaufende Schmelzwasserströme. Man erreicht das Gewässer nach einer rund dreistündigen Wanderung direkt von Cauterets aus – oder deutlich bequemer und schneller per Seilbahn und anschließendem kurzen Fußmarsch. Um den Lac de Gaube ranken sich sowohl romantische als auch geradezu schaurige Geschichten, wie etwa die eines frischvermählten jungen Paares, das unter mysteriösen Umständen in den unergründlichen Fluten ertrank. Eine weitere klassische Tour dort oben folgt den Spuren einer einst belebten Passstraße, die von Port d'Espagne durch das Marcadau-Tal zur Wallin-Hütte führt. Diese ist jedoch nur im Hochsommer bewirtschaftet.

AUSFLUG

NATUR AKTIV ERLEBEN

Zum Herumtoben zwischen Bäumen wurde in Argelès-Gazost, etwa 15 Kilometer südlich von Lourdes, ein Waldkletterpark eingerichtet. Der »Parc Chloro'fil« bietet Strecken für Kinder ab vier Jahren an, aber auch für Fortgeschrittene und Erwachsene anspruchsvolle schwarze und rote Abschnitte. Darüber hinaus sind Rafting- und Canyoning-Touren im Angebot. Die Saison in diesem Freizeitpark dauert von März bis Mitte November (www.chlorofil-parc.com). Im »Parc Animalier des Pyrénées« im Teilort Ayzac-Ost tanzt nicht nur der Bär. Es scheint, dass sich auf dem Zoogelände neben besonders schönen Exemplaren des Prachttieres unter anderem auch Murmeltier und Otter sehr wohlfühlen (www.parc-animalier-pyrenees.com).

PRAKTISCHE HINWEISE

TOURISTINFORMATIONEN

Office de Tourisme Intercommunal Moissac – Terres des Confluences
1, Boulevard de Brienne, 82200 Moissac, Tel. 05 32 09 69 36, www.tourisme-moissac-terresdesconfluences.fr

Office de Tourisme de Montauban
1, Place Pénélope, 82000 Montauban, Tel. 05 63 63 60 60, www.montauban-tourisme.com

Office de Tourisme de Toulouse
Donjon du Capitole, Square Charles de Gaulle, 31080 Toulouse, Tel. 05 17 42 31 31, www.toulouse-tourisme.com

Office de Tourisme de Foix
29, Rue Théophile Delcassé, 09000 Foix, Tel. 05 61 65 12 12, www.foix-tourisme.com

Office de Tourisme des Montagnes de Tarascon et du Vicdessos
Rue des Pyrénées, 09220 Auzat, Tel. 05 61 05 94 94, www.montagnesdetarasconetduvicdessos.com

Office de Tourisme Saint-Girons Saint-Lizier
Quai du Gravier Maurice Gardelle, 09200 Saint-Girons, Tel. 05 61 96 26 60, www.tourisme-couserans-pyrenees.com

Office de Tourisme de Bagnères-de-Luchon
18, Allée d'Étigny, 31110 Bagnères-de-Luchon, Tel. 05 61 79 21 21, www.pyrenees31.com

Office de Tourisme de Cauterets
Place Foch, 65110 Cauterets, Tel. 05 62 92 50 50, www.cauterets.com

Castelnau-Durban: schöner Stellplatz mitten im Ort unter Bäumen

CAMPINGPLÄTZE UND STELLPLÄTZE

S 10.1 **Aire de Camping-car L'Abattoir** (S. 285 G3)
Rue Garonne, 82400 Valence d'Agen, Tel. 05 63 39 88 07, www.valencedagen.fr/camping-municipal-valence-dagen/
GPS: 44.105556, 0.885833
Stellplatz für zehn Reisemobile am restaurierten alten Schlachthaus an einem Seitenkanal der Garonne. Im Gebäude (geöffnet von ca. 8.30 bis 19 Uhr) befinden sich Duschen, Aufenthaltsraum und eine Kochgelegenheit. Ganzjährig.

Grünes Fleckchen: Domaine Arôme Vanille

S 10.2 **Aire de Camping-car des Berges du Tarn** (S. 285 H3) 281, Chemin de la Rhode, 82200 Moissac, Tel. 05 32 09 69 36, www.tourisme-moissac-terresdesconfluences.fr
GPS: 44.098333, 1.093889
43 Stellplätze auf befestigter Fläche zwischen dem Fluss Tarn und einem Kanal, 300 m vom Zentrum entfernt. Strom- und Wasseranschlüsse, Bodeneinlass und Ausguss für Chemietoiletten stehen zur Verfügung. Zahlung erfolgt mit Bank- oder Kreditkarte. Ganzjährig.

S 10.3 **Parking Musée Aeroscopia** (S. 285 H3)
Allée André Turcat, 31700 Blagnac, Tel. 05 34 39 42 00, www.aeroscopia.fr
GPS: 43.658333, 1.361111
Fünf markierte Plätze zur Einmalübernachtung auf separater Stellfläche auf großem Besucherparkplatz am Luftfahrtmuseum. Es gibt keine Serviceeinrichtungen. Ganzjährig.

C 10.4 **Camping Caravaning Le Rupé** (S. 285 H4)
21, Chemin du Pont-de-Rupé, 31200 Toulouse, Tel. 05 61 70 07 35, www.vap-camping.fr/camping-de-toulouse
GPS: 43.656244, 1.415780
Ganzjahres-Campingplatz der Mittelklasse an der N 20 Richtung Montauban in verkehrsreicher Lage, 6 km nördlich des Stadtzentrums. Die Stellplätze liegen meist unter Bäumen. Gegenüber befindet sich ein Freizeitzentrum.

C 10.5 **Camping La Tisarne** (S. 285 H3)
451, Chemin de la Tisarne, 82370 Campsas, Tel. 05 63 64 02 75, www.sites.google.com/site/campinglatisarne
GPS: 43.896410, 1.300887
Kleiner, günstiger Campingplatz mit Standardeinrichtung einschließlich Freibad und Servicestation – umgeben von Rebfeldern. Die Sanitäreinrichtungen sind von 8 bis 22 Uhr geöffnet, dann schließt auch die Schranke bis 8 Uhr. Ganzjährig.

S 10.6 **Parking Place Paul Dardier** (S. 286 A5)
Avenue du Marechal Foch, 09500 Mirepoix, Tel. 05 61 68 10 47, www.mirepoix.fr
GPS: 43.085000, 1.873889
Der Stellplatz für zehn Reisemobile befindet sich auf einem asphaltierten Parkplatz am südlichen Stadtrand. Er ist nachts beleuchtet. Es gibt Frischwasser und die Möglichkeit zur Entsorgung, jedoch keinen Strom. Ein schöner Radweg auf ehemaliger Bahntrasse, Restaurant und Supermarkt liegen in der Nähe. Ganzjährig.

S 10.7 **Parking Centre Ville** (S. 285 H5)
D 117, 09420 Castelnau-Durban, Tel. 05 61 96 34 33, www.ville-cancale.fr
GPS: 42.999722, 1.340278
Stellplatz für zehn Fahrzeuge auf charmantem Dorfplatz unter herrlich dichten Laubbäumen an der Durchgangsstraße am kleinen Fluss Arillac. Stromanschlüsse,

Toiletten und Grillplatz sind vorhanden, Entsorgung ist möglich. Das Zentrum mit Restaurants und Geschäften befindet sich gegenüber. Ganzjährig.

C 10.8 Yelloh! Camping Village Le Pré Lombard
(S. 286 A5) Avenue de l'Ayroule, 09400 Tarascon-sur-Ariège, Tel. 05 61 05 61 94,
www.prelombard.com
GPS: 42.839979, 1.611889
Zentrumsnaher Komfortplatz (mit vielen Mietunterkünften) am Fluss Ariège. Das ebene Wiesengelände bietet neben dichtem Baumbestand stellenweise schönen Bergblick. Zur Ausstattung gehören unter anderem Freibad, Restaurant und Kiosk. Angeboten werden des Weiteren Animation, Abendveranstaltungen und geführte Sportaktivitäten aller Art einschließlich Paragliding. März bis Anfang Oktober.

S 10.9 Aire Naturelle de Camping-car Municipale
(S. 285 H5) D 8/Terrain aérospatial, 09220 Vicdessos,
Tel. 05 61 64 88 25
GPS: 42.768333, 1.501667
Geschottertes Gelände für 20 Fahrzeuge hinter einem Supermarkt, wo auch die Zahlung erfolgt. Ver- und Entsorgungseinrichtungen stehen bereit, eine öffentliche Toilette befindet sich 200 m entfernt beim Tourismusbüro. Ganzjährig, aber im Winter kein Service.

S 10.10 Aire de Camping-car Bagnères-de-Luchon
(S. 285 G5) Rue Jean Mermoz, 31110 Bagnères-de-Luchon, Tel. 05 61 79 21 21,
www.luchon.com
GPS: 42.795000, 0.598611
Stellplatzgelände für 58 Reisemobile mit maximal sieben Meter Länge. Die leicht geneigten Asphaltplätze liegen am Ende einer Straße an einem Bach. Ver- und Entsorgung sind gewährleistet, jedoch stehen bislang nur zwei Stromanschlüsse zur Verfügung. Die Therme liegt 800 m entfernt. Ganzjährig.

C 10.11 Camping Domaine Arôme Vanille (S. 285 G5)
Route de Subercarrère, 31110 Montauban-de-Luchon,
Tel. 05 61 89 84 90
GPS: 42.795559, 0.607868
Schöner, ruhig gelegener Platz im Grünen nordöstlich des Ortes – mit Büschen und Bäumen gärtnerisch gestaltet. Bar, Restaurant und Fahrradverleih sind vorhanden. Mitte April bis Mitte Oktober.

S 10.12 Aire de Place de la Patinoire (S. 285 F5)
Place de la Patinoire, 65110 Cauterets, Tel. 05 62 92 50 50,
www.ville-cancale.fr
GPS: 42.893930, -0.112380
Asphaltierter Stellplatz auf Großparkplatz im Ortszentrum gegenüber dem Campingplatz. Servicestation (Eigenbau) ist vorhanden. Ganzjährig.

S 10.13 Camping Sunêlia – Les Trois Vallées (S. 285 F5)
Avenue des Pyrénées, 65400 Argelès-Gazost,
Tel. 05 62 90 35 47,
www.camping3vallees.com
GPS: 43.012440, -0.096875
Komfortabler Campingplatz am nördlichen Ortsrand direkt gegenüber dem Tierpark Animalier des Pyrénées. Er verfügt über eine große Badelandschaft mit Hallenbad. April bis Mitte Oktober.

S 10.14 Aire de Camping-car Le Pibeste (S. 285 F5)
16, Avenue du Lavedan, 65400 Agos-Vidalos,
Tel. 01 83 64 69 21,
www.campingcarpark.com
GPS: 43.035556, -0.070833
Komplett ausgestatteter Stellplatz der Camping-car-park-Gruppe für 30 Fahrzeuge. Ganzjährig.

C 10.15 Camping de la Fôret
(S. 285 F5)
Route de la Forêt,
65100 Lourdes,
Tel. 05 62 94 04 38, www.camping-hautes-pyrenees.com
GPS: 43.095979, -0.075696
Von einem jungen Ehepaar mit viel Herzblut geführter Campinglatz auf einem 4 ha großen naturnahen Grundstück am Waldrand von Lourdes, 2 km außerhalb des Ortes. 98 Stellplätze stehen zur Verfügung, ferner ein Freibad, ein kleines Restaurant und ein renaturiertes Waldstück zur Erholung. April bis Oktober.

Festungsartig überragt die Kathedrale Albi und den Tarn.

11

TRAUMTOUR DURCH DAS LEGENDÄRE LAND DER KATHARER

Von der Tarn-Schlucht über Albi und Carcassonne nach Collioure am Mittelmeer

Hinreißend schön: Die bis zu 600 Meter tiefe Tarn-Schlucht in den Cevennen ist ein Sehnsuchtsziel für Kajakfahrer und Wanderer. Die Route führt über Albi, die »rote Stadt«, das Zentrum der einst reichen Tarn-Region – und weiter über wahre Schatzkästchen wie Cordes-sur-Ciel nach Carcassonne, die Hauptstadt des Département Aude mit ihrer glanzvollen Cité. Es folgen die auf steilen Graten erbauten Burgen von Lastours, Peyrepertuse und Quéribus. Durch ihre abgeschiedene Lage boten sie letzte Zufluchtsstätten für die mit unerbittlicher Härte verfolgten Katharer. Krönender Abschluss ist die reizende Hafenstadt Collioure. Einer der ersten Gäste, der sie zu Anfang des 20. Jahrhunderts in sein Herz schloss, war der Maler Matisse: Er sah in diesem Fischerdorf alle Farben des Mittelmeers vereint.

Die kräftezehrenden 610 Höhenmeter rühren von den vielen Steilfelsen, welche die Wanderer auf dem »Sentier des Gorges du Tarn« von **Sainte-Énimie** nach **La Malène** auf halber Höhe umgehen müssen. Dieser Traumpfad gewährt immer wieder fantastische Ausblicke: darunter auf das Dorf Saint-Chély-du-Tarn mit malerischem Wasserfall und das Château de la Caze, ein Renaissanceschloss aus dem 15. Jahrhundert; es beherbergt ein Hotel. Wenig später erreicht man den Weiler Hauterives mit seinen verwunschenen Häusern in traditioneller Gewölbebauweise. Die Versorgung der Bewohner erfolgt per Seilwinde vom anderen Ufer aus.
Der Fluss entspringt am Südhang des Mont Lozère auf 1600 Meter Seehöhe. Bei Florac gräbt sich sein Lauf immer tiefer zwischen die Hochflächen von Méjean und Sauveterre. Stille umgibt die Wanderer – lediglich unterbrochen vom bunten Treiben, das im Hochsommer das Leben in den Gemeinden prägt. La Malène etwa lädt mit gemütlichen Restaurants zum Krafttanken ein. Die 130-Seelen-Gemeinde ist außerdem Ausgangspunkt von geführten Barkenfahrten; die Boote mit maximal fünf Passagieren starten mehrmals täglich. Auf der acht Kilometer langen Strecke erleben die Fahrgäste den spektakulärsten Abschnitt der Schlucht in nächster Nähe vom Wasser aus. Wände aus Kalkstein und Mergel ragen senkrecht über ihren Köpfen aus einem Meer von Grüntönen in den tiefblauen Himmel – darunter der Cirque des Baumes, ein geschätztes Klettergebiet mit integriertem Bungee-Absprungplatz, wo Tollkühne sich aus 107 Meter Höhe am Gummiseil hängend hinabstürzen. Nach einer Stunde Fahrt endet die erlebnisreiche Bootstour; der Rücktransport erfolgt mit einem Kleinbus (www.gorgesdutarn.com).

Tarn-Schlucht: Wunderwerk der Natur

ROUTE 11

START- UND ENDPUNKT
Sainte-Énimie und Collioure

BESTE JAHRESZEIT
Mai bis Oktober

STRECKENLÄNGE
590 Kilometer

FAHRZEIT
8 bis 12 Tage

MAUTSTRECKEN
keine

Start
Sainte-Énimie
Sentier des Gorges du Tarn
907BIS
13 km
La Malène
Les Baumes Hautes
907BIS
43 11 km
Les Vignes

RAUS AUS DEM BOOT

Gewaltige Gesteinsblöcke haben am »Pas de Soucy« eine natürliche Engstelle geschaffen; selbst erfahrene Wildwasserfahrer müssen dort ihre Kajaks umtragen. Den schönsten Blick auf das nach einer Legende benannte »teuflische Chaos« hat man vom **Belvédère du Pas de Soucy** über einem Andenkenladen an der Talstraße. Die Aufstiegsgebühr über

SPECIAL

WILDE WASSER

Den Fluss auf einer Kanufahrt zu erleben, stellt für viele Gäste den Höhepunkt ihrer Reise in die Cevennen-Region dar. Die Schlucht weist die Wildwasser-Schwierigkeitsgrade I bis II+ auf. Bei hohem Wasserstand können jedoch einige Passagen die Stufe III erreichen; nicht erfahrene Kanuten sollten in diesem Fall das Befahren unbedingt unterlassen. Über die aktuellen Wetterprognosen und Pegelstände informiert die Internetseite www.vigicrues.gouv.fr.

eine Stahltreppe beträgt moderate 50 Cent. Im Übrigen liegt der Aussichtspunkt nur ein paar Schritte vom Campingplatz in **Les Vignes** entfernt. Exzellent speisen mit Aussicht auf die Karstgipfel kann man im Ort von der Terrasse des Restaurant Parisien aus. Seit mehr als 120 Jahren serviert man hier lokale Produkte, darunter Forelle.

Auch das 13 Kilometer lange Teilstück des Wanderwegs von La Málene nach Les Vignes bietet viele großartige Aussichten, wie zum Beispiel den Blick von oben auf Les Baumes Hautes, eine Siedlung mit Steinhäuschen, die in den Fels hineingebaut sind. 385 Höhenmeter sind zu bewältigen, auf den letzten drei Kilometern geht es steil bergab. Beide Etappen sind durchgehend weiß-rot als GR 736 markiert.

Les Vignes
Belvédère du Pas de Soucy
70
986
63 29 km
Drigas
Rode à Drigas
63 7 km
Le Buffre
La Croix du Buffre
63
6 km
Grotte Aven Armand
63
996
29
187
907
168
515
207
30
44
903 140 km
Albi

URALTE ZEUGNISSE

Eindrücke ganz anderer Art vermitteln Wanderungen auf der Causse Méjean, jener Hochebene, die sich südlich des Tarn erstreckt. Als ein wunderbar magischer Ort erweist sich die »Rode à Drigas« – Überreste eines ursprünglich vier Meter hohen Verteidigungswalls der Kelten, erbaut im 6. Jahrhundert vor unserer Zeitrechnung. Neben dem Dorf **Drigas** hält auch der Nachbarort **Le Buffre** mit dem »Croix du Buffre« ein seltenes Kulturerbe bereit. Dieses monumentale Steinkreuz zeigt grob gehauene Heiligenfiguren. Es steht an einem alten Pilgerweg, der von Sainte-Énimie nach Guilhem-le-Désert führt. Sein Sockel trägt die Jahreszahl 1151 – damit ist das Kreuz das älteste erhaltene im Département. Mehr als 400 Stalagmiten in einem riesigen Kuppelsaal machen die

Prachtansicht:
Saint-Chély-du-Tarn

südwestlich gelegene Grotte **Aven Armand**, entdeckt 1897 von Louis Armand, zu einer der schönsten der auf der Erde bekannten Tropfsteinhöhlen; die bis zu 30 Meter hohen Tellerstalagmiten zählen zu den größten weltweit.

BLAUES GOLD

Glaubt man den alten Legenden, so hat das Schlaraffenland im Süden Frankreichs seinen Ursprung, genauer gesagt in den südwestlichen Départements Tarn und Aude. Fast paradiesische Zustände herrschten in der Tat für viele Menschen im 15. und 16. Jahrhundert in und um **Albi**, der ehemaligen Bischofsstadt am Tarn-Ufer. Damals wurde dort aus der Pflanze mit dem Namen *Pastel*, auf Deutsch Färberwaid, jenes blaue Pigment gewonnen, das in ganz Europa zum Färben von Stoffen heiß begehrt war – bezeichnet auch als das blaue Gold. Die Leute hatten alle ihr Auskommen, ohne sich dabei zu Tode zu schuften. Es gab sogar den Beruf des Biertrinkers. Bezahlt wurde er aber nicht fürs Trinken, sondern für das genaue Gegenteil – seine offizielle Tätigkeitsbezeichnung lautete entsprechend »Pisseur«. Der Urin war notwendig, um die zu Kugeln geformte, getrocknete Pigmentpaste für den oft viele Monate dauernden Transport zu den Färbereien haltbar zu machen.

Ab Les Vignes
weitet sich das Tal.

KULTUR

MUSEUM TOULOUSE-LAUTREC

Das neben der Kathedrale in Albi befindliche Palais de la Berbie – der Name stammt vom okzitanischem Wort »bisbe« für Bischof ab – wurde ab 1265 als Schutz für die Stadt gebaut; später, in friedlichen Zeiten, trug man einen Großteil der Anlage wieder ab. In den großen Gewölbesälen des Trutzbaus präsentiert das Musée Toulouse-Lautrec über 1000 Gemälde des Künstlers und seiner damaligen Kollegen – darunter Degas, Matisse und Rodin.

KOLOSSALER KIRCHENBAU

Einen überwältigenden Eindruck vom früheren Reichtum der Stadt vermittelt ein Besuch der Kathedrale Sainte-Cécile, die mit einer Länge von 130 Metern und einer Breite von 50 Metern zu den weltgrößten Backsteinkirchen zählt. Sie lässt sich besonders schön von der alten Brücke (Pont Vieux) aus betrachten. Wie ein Bollwerk erhebt sich das Gotteshaus über dem Fluss. Rundtürme mit Schießscharten zwischen den bis zu sechs (!) Meter dicken Backsteinmauern unterstreichen ihren Festungscharakter; derselbe Baustil setzt sich im 78 Meter hohen Turm fort. Vom Baubeginn bis zur Fertigstellung dieses ungewöhnlichen Sakralbaus vergingen 230 Jahre (1282–1512). Das Innere der Kathedrale besticht indes mit prächtigen Wandmalereien und außerordentlich filigranen Steinmetzarbeiten von italienischen und burgundischen Künstlern.

Gute und schlechte Zeiten lagen in Albi immer sehr nahe beieinander. Doch dank der gewaltigen Stadtmauer richteten die Kriege, welche die Gegend immer wieder heimsuchten, keine großen Gebäudeschäden an. In der denkmalgeschützten Altstadt – sie ist die ausgedehnteste in Südfrankreich – reihen sich in den Gassen bestens erhaltene Fachwerkhäuser mit Erkern. Als besonders düsteres Kapitel in der Geschichte gilt der Feldzug gegen die Katharer im 12. Jahrhundert. Die Katharer waren abtrünnige Gläubige, die sich urchristlichen Idealen wie Armut und Verzicht verschrieben hatten und unter anderem nicht ans Fegefeuer und den Ablass glaubten. Von ihrem Namen leitet sich vermutlich das deutsche Wort »Ketzer« ab. Da einer der vier Katharer-Bischöfe in Albi residierte, trugen die Anhänger dieser Lehre auch den Namen Albigenser.

↓ Die Gärten am bischöflichen Palais
↘ Ungewöhnliches Fachwerk zeichnet die Stadt aus.

DEM HIMMEL SO NAH

Vor den Toren Albis liegt etwas östlich das 450-Seelen-Dorf **Ambialet**, das vom Fluss eng umschlungen ein sehr malerisches Bild bietet. Im Nordwesten der Tarn-Metropole schiebt sich nach wenigen Kilometern Fahrt **Cordes-sur-Ciel** in den Blick – ein ganz besonderes Juwel, das wie ein Adlerhorst an einer markanten Erhebung im Cérou-Tal klebt. Fünf Mauerringe umschließen den mittelalterlichen Kern. Der einst erworbene Reichtum spiegelt sich in großartigen Gotikpalästen wider, wie etwa dem Grand Ecuyer, dem Sitz des Oberstallmeisters. Die Maison du Grand Fauconnier dient heute als Rathaus; sie beherbergt daneben ein Museum für moderne Kunst. Die Pfeiler der Markthalle datieren aus dem Jahr 1352. Rund 100 Jahre älter sind Chor und Querschiff der Kirche Saint-Michel, die sich am höchsten Punkt der Stadt erhebt. Am Fuß des Berges lädt der große Reisemobilstellplatz dazu ein, die teils steilen Gässchen von Cordes-sur-Ciel mit viel Zeit genüsslich zu erkunden. Anderntags ist rasch Gaillac erreicht. Der Aufstieg der Stadt war eng mit der Benediktinerabtei Saint-Michel verbunden, die im 10. Jahrhundert am Tarn-Ufer gegründet wurde. Das am Jakobsweg gelegene Kloster bestand bis zur Französischen Revolution. Handelsstraßen trafen hier auf den schiffbaren Tarn, der wiederum einen wichtigen Transportweg nach Bordeaux darstellte. Weinbau und Pastel waren die Grundpfeiler des Wohlstands. Im 16. Jahrhundert zählte die Stadt bereits 3500 Einwohner. Die Religionskriege brachten jedoch wüste Zerstörungen. Der Wiederaufbau, etwa der Abteikirche, dauerte bis ins 18. Jahrhundert hinein. Im

Ambialet bei Albi, reizvoll am Tarn-Ufer gelegen

Albi
600 922
Altstadt
Kathedrale Sainte-Cécile
Museum Toulouse Lautrec
24 km
Cordes-sur-Ciel
600 922 988
gotische Paläste
Markthalle
24 km
Gaillac
87
Benediktinerabtei Sainte-Michel
26 km
Lavaur
47 47B 83
Samstagsmarkt
31 km
Lautrec
83 612
Manufaktur La Ferme au Village
Windmühle
Knoblauchfest
34 km
Mazamet

SPECIAL

EXQUISITE GAUMENFREUDEN

Berühmt für seine ausgezeichnete Küche inmitten der lieblichen Tarn-Weinberge ist das Sterne-Restaurant im Château de Salettes in Cahuzac-sur-Vère, auf halbem Weg zwischen den Orten Cordes-sur-Ciel und Gaillac. Serviert werden dort ausschließlich Gerichte, die mit frischen regionalen Produkten zubereitet wurden. Zu den hauseigenen Spezialitäten gehört beispielsweise butterzartes Kalbfleisch, das über viele Stunden bei niedriger Temperatur gegart wurde. Die Menüs kosten zwischen 29 und 90 Euro. Weinverkostungen und -verkauf sind an allen Tagen im Schlosskeller möglich (www.chateaudesalettes.com).

↑ Sanftes Hügelland bei Carcassonne
↓ Cordes-sur-Ciel, dem Himmel nah, wie schon der Name sagt

19. Jahrhundert hielten neoromanische Elemente wie das Portal an ihrer Westfassade Einzug. Die später restaurierten Abteigebäude beherbergen heute die Maison des Vins (Haus des Weins von Gaillac) und das Stadtmuseum. Überregional bekannt ist der Ort hauptsächlich für seine hervorragenden, gut 3700 Hektar umfassenden Weinlagen. Es gibt sowohl kleine, selbst produzierende Privatgüter wie das Château de Lacroux in Cestayrols als auch große Genossenschaften wie Labastide, die für einen Großteil der Jahresproduktion im Gaillac-Gebiet verantwortlich zeichnen.
Das Schlaraffenland wirkt zu Beginn des Sommers saftig grün. Sanfte Höhenrücken und beschauliche Städte aus Backstein und Fachwerk wechseln einander ab. Letzteres ist gut zu beobachten in Lavaur, wo auf dem großen Wochenmarkt am Samstag, einem Schaulauf der regionalen landwirtschaftlichen Vielfalt, jeder in aller Ruhe seinen Besorgungen nachgeht. Nicht wenige gönnen sich eine Pause für ein Gläschen in Ehren nebst Verkostung der frisch eingetroffenen Austernlieferung vom Pariser Großmarkt.

Wieder aufgebaute Abteikirche in Gaillac

ROSAROTE AUSSICHTEN

Mit **Lautrec** folgt eine weitere Perle. Die beschauliche Gemeinde liegt in der Landschaft Lauragais am Fuß der Montagne Noire, des »Schwarzen Gebirges«. Völlig zu Recht trägt sie die Auszeichnung »Plus Beaux Villages de France«, mit der sich nur die allerschönsten Dörfer in Frankreich schmücken dürfen. Im alten Wehrdorf widmet man sich wieder mit

SPECIAL

BLAU MACHEN

Die Knoblauchmetropole Lautrec wartet mit einem besonderen Laden auf: einer Manufaktur mit Namen La Ferme au Village. Wie einst werden dort Stoffe mit Pastel gefärbt und verkauft. Betreiberin Françoise Carayol führt ihren Kunden vor, wie das Färben funktioniert. Sie rührt das Pigment in einer alkalischen Lösung an und legt dann den Stoff in die Schüssel. Nach minutenlangem Umrühren nimmt Madame Carayol das Baumwolltuch wieder heraus. Sofort setzt das Wunder der Chemie ein: Erst erscheint das Tuch gelb, wird dann grün und Sekunden später ist es blau – und braucht nun nur noch zu trocknen. Die Farbe ist sehr altersbeständig, was am Beispiel eines 250 Jahre alten, verschlissenen Stoffes zu sehen ist (www.lafermeauvillage.fr). Färberwaid findet darüber hinaus wieder Einzug in die Kosmetikproduktion. Im Mittelalter wusste man schon von der dermatologischen Heilkraft des Samenöls. Heute entwickeln beispielsweise Nathalie Juan und Carole Garcia unter der Marke »Graine de Pastel« Körperpflegeartikel auf der Grundlage von Pastelöl.

Mazamet
Museum Maison des Mémoires
118
411
701 30 km
Lastours
Burgruinen
701
101
201
149
49 17 km
Carcassonne
Cité
Ringmauer mit 52 Türmen
6113 Kathedrale St-Nazaire
3
36 km
Lagrasse

Erfolg dem Färben mit Pastel (siehe Kasten). Daneben ist der Ort für seinen rosa Knoblauch landesweit berühmt, der bereits seit dem Mittelalter dort angebaut wird; er gilt als sehr haltbar und trägt die geschützte Herkunftsbezeichnung »Ail rose de Lautrec«. Einmal im Jahr, im August, steigt im Städtchen ein großes Knoblauchfest, bei dem die örtlichen Honoratioren höchstselbst den Kochlöffel schwingen.
Unter den sehenswerten historischen Bauten stechen das Stadttor Porte de la Caussade (13. Jh.) und die schmucke Windmühle von 1688 besonders hervor. Sie erhebt sich auf einem Hügel am Rand mit weitem Blick über die roten Ziegeldächer. Die Windmühle von Lautrec ist eine der wenigen im Süden Frankreichs, die auch Mehl herstellte. Im Ort gibt es auch noch einen Holzschuhmacher, er heißt Paul Bonhoure (Atelier du Sabotier, Rue du Saint-Esprit).

LETZTE BASTIONEN

Eine Fahrtstunde südlich liegt die Stadt **Mazamet**, wo das Museum Maison des Mémoires einen umfassenden Überblick über das Leben der Katharer aufzeigt. Von deren praktizierter Askese ist heute im Hinblick auf die üppige und sehr schmackhafte Regionalküche nichts mehr zu spüren, wovon man sich gleich nebenan im Restaurant Le Grand Balcon überzeugen kann. Die edlen Weine aus dem besagten Gebiet Gaillac munden dazu vortrefflich. Die Katharer sind auch in dem sich südöstlich anschließenden Département Aude ein immer wiederkehrendes Thema.
Zuflucht fanden die Verfolgten früher unter anderem in den **Châteaux de Lastours** – einem Ensemble aus vier Festungen, die wie Orgelpfeifen eine Felswand säumen. Die ältesten bekannten Funde dort gehen nebenbei bemerkt auf die Bronzezeit zurück, wie etwa die Grabstätte eines jungen Mädchens, das Schmuck trug, der vermutlich aus Ägypten stammte. Damit war der Name »Prinzessin

↙ Laden von Françoise Carayol mit Pastelprodukten ↓ Schätze am Weg: reizendes Dorf Lagrasse

von Lastours« geboren. Des Weiteren stieß man auf zehn Westgotengräber. Die Westgoten drangen im 6. Jahrhundert nach Christus in die Region Languedoc-Roussillon ein. Die Anlage – bestehend aus den Burgen Cabaret, Tour Régine, Surdespine und Quertinheux – fiel erst, nachdem man den Burgherren, die den Katharern Unterschlupf geboten hatten, Straffreiheit zusicherte. Vom östlich gelegenen Belvedere hat man den schönsten Ausblick auf das Quartett.

Kathedrale Saint-Alain in Lavaur, aus Mauerziegeln errichtet

KRIEG UND FRIEDEN

Römer, Westgoten, Araber und Franken waren die Ersten, die den Marktflecken Carcasso – das später sehr bedeutende **Carcassonne** – in ihren Besitz nahmen. 1209 eroberte Simon von Montfort die Stadt, damals eine Hochburg der Katharer. Er machte sie zum Ausgangspunkt für seine grausamen Feldzüge gegen die Abtrünnigen. Die Festung wurde fortan ständig erweitert und galt ab dem 14. Jahrhundert als uneinnehmbar. Nach den Katharerkriegen bot sie den bestmöglichen Schutz vor iberischen Angreifern. Doch der Pyrenäenfrieden von 1659 machte ihre Widerstandskraft auf einen Schlag bedeutungslos: Die Mauern verfielen rasch. 1843 begannen Denkmalschützer mit der Restaurierung der Burgstadt. Diese damals durchgeführten, umfangreichen Arbeiten bedeuten aber auch, dass zum Beispiel die Spitzdächer auf den Türmen womöglich nur die romantischen Vorstellungen des 19. Jahrhunderts über das Mittelalter wiedergeben. Auch vor dem ersten Besuch der wunderbaren Altstadt kommt einem ihre wehrhafte

Herrlicher Blick vom Belvedere in Lastours auf die vier Burgruinen

Silhouette mit doppelter Ringmauer irgendwie bekannt vor. Das ist kein Wunder, denn Carcassonne diente häufig als Filmkulisse, etwa in der Neuverfilmung von »Robin Hood« (1991) oder weitaus früher als Vorbild für Zeichentrickfilme von Walt Disney. Ins Gassengewirr führen nur zwei Zugänge: der Haupteingang Porte Narbonnaise im Osten und die Porte d'Aude im Westen. Die immensen Besucherströme in den beiden Hochsommermonaten lassen sich nur umgehen, wenn man auf die Morgen- oder Abendstunden ausweicht.

Lagrasse
historische Markthalle
3 – 23 – 39 – 139 – 10 – 410 – 123 – 410 – 14
45 km
Duilhac-sous-Peyrepertuse
Katharerburg
14
5 km
Cucugnan
Windmühle
14 – 123
4 km
Château de Quéribus
letzte Katharer-Bastion
123 – 19 – 117 – 1 – 39 – 37 – 23 – 37 – 2 – 618 – 114
70 km
Collioure
buntes Fischerstädtchen
Templerburg
Kirche Notre-Dame-des-Anges

GUT GETARNT

Lagrasse gilt als eine der schönsten Kleinstädte im Languedoc. Die alte Hauptstadt der Corbières ist gottlob noch immer nicht aus ihrem jahrhundertelangen Dornröschenschlaf erwacht. Holprige Gässchen und die offene steinerne Markthalle aus dem 14. Jahrhundert mussten daher keinen Neubauten weichen. Als mächtigste der Katharerburgen gilt das nahe **Château de Peyrepertuse**; sie besteht aus zwei Teilen, die auf einer Länge von 300 Metern in 800 Meter Meereshöhe einen Kalkkamm überziehen – und vom Tal aus kaum auszumachen sind, da die Mauern mit dem Fels zu verschmelzen scheinen. Diese einzigartige Lage sollen bereits die Römer geschätzt haben. Kirche, Kapelle, Wohngebäude und vier Wasserzisternen machten die Burg zu einem autarken Dorf. Doch auch sie verlor durch den Pyrenäen-Friedensvertrag ihren strategischen Nutzen. Der steinige Pfad hinauf erfordert gutes Schuhwerk, zudem ist Vorsicht bei starkem Wind geboten, der sehr oft und mit großer Beständigkeit über die schroffen Bergspitzen fegt.
Reizend ist auch ein Bummel durch **Cucugnan**, ein darauf folgendes Dorf ohne herausragende Sehenswürdigkeiten. Nur eine besuchenswerte alte Mühle erhebt sich über den Dächern, wo heute ein exzellentes Brot gebacken wird, das jeden Morgen auch in ferne Städte geliefert wird.

Alte Mühle im Dorf Cucugnan, wo heute wieder Brot gebacken wird

↑ Collioure: Der Mistral wühlt kräftig das Meer auf. ↗ Stadtstrand des Malerdorfs mit Kirche Notre-Dame-des-Anges

Windumtost präsentiert sich fast in Sichtweite gern auch das **Château de Quéribus**, die letzte als nicht zerstörbar geltende Katharer-Bastion. Doch auch sie fiel 1255. Der Turm überrascht mit einer kunstvoll gearbeiteten Wendeltreppe. Von oben reicht die Aussicht bis zum Meer.

Ein Höhepunkt an der Küste ist das Fischerdorf **Collioure** – ganz im Süden an der Grenze zu Spanien. Den seit der Antike bestehenden Hafen und späteren Handelshafen von Perpignan machten ab 1905 die Maler Matisse und Derain einem breiten Publikum bekannt. Sie waren fasziniert von den Farben des Ortes und machten daher den Versuch, diese auf Leinwand zu bannen, was ihnen bekanntlich bestens gelang. Neugierig geworden durch die Bilder, setzte schon bald darauf eine Gästeflut ein, die bis heute unvermindert andauert.

Die große Templerburg nah am Zentrum war einst die Sommerresidenz der mallorquinischen Könige und der Königin von Aragón (13./14. Jh.). Als Wahrzeichen des Städtchens gilt indes die Kirche Notre-Dame-des-Anges am Nordstrand, deren Turm lange Zeit als Leuchtturm diente. Sehenswert ist ihr riesiger vergoldeter Hauptaltar in katalanischem Barock, 1701 fertiggestellt. Klares Resümee dieser Erlebnistour zwischen Zentralmassiv und Mittelmeer: Ja, dieses alte Kulturland begeistert auf vielfältigste Weise, auch wenn dort heute wie damals weder Milch noch Honig fließen.

KULTUR

EINTRITTSERMÄSSIGUNGEN

Mit dem »Pass der Sehenswürdigkeiten im Land der Katharer« (»Passeport des Sites du Pays Cathare«) sichern sich interessierte Besucher bei 21 Monumenten in der Region – dazu zählen unter anderem die besagten Fluchtburgen, zwei Museen und eine Reihe von Abteien – schon ab der zweiten Besichtigung einen Preisnachlass beziehungsweise freien Eintritt für ein Kind (6–15 Jahre). Der Pass ist ein Jahr gültig und für zwei Euro an allen Kassen erhältlich.

PRAKTISCHE HINWEISE

TOURISTINFORMATIONEN

Office de Tourisme Sainte-Énimie Gorges du Tarn
Village, 48210 Gorges du Tarn Causses, Tel. 04 66 45 01 14, www.cevennes-gorges-du-tarn.com

Tarn Tourisme
10, Rue des Grenadiers, 81000 Albi, Tel. 05 63 77 32 10, www.tourisme-tarn.com

Agence de Développement Touristique de l'Aude
Allée Raymond Courrière, 11855 Carcassonne Cedex 9, Tel. 04 68 11 66 00, www.audetourisme.com

Association des Sites du Pays Cathare – Conseil Général de l'Aude
Allée Raymond Courrière, 11855 Carcassonne Cedex 9, Tel. 04 68 11 37 97, www.payscathare.org

Office de Tourisme d'Albi
42, rue Mariès, 81000 Albi, Tel. 05 63 36 36 00, www.albi-tourisme.fr

Office de Tourisme du Pays Cordais au Pays de Vaour
38–42, Grand Rue Raimond VII, 81170 Cordes-sur-Ciel, Tel. 05 63 56 00 52, www.cordessurciel.fr

Office du Tourisme – Accueil de Gaillac
Place de la Libération , 81600 Gaillac, Tel. 08 05 40 08 28, www.tourisme-vignoble-bastides.com

Office de Tourisme Tarn-Agout à Saint-Sulpice-La-Pointe
Rue du 3 Mars 1930, 81370 Saint-Sulpice-la-Pointe, Tel. 05 63 41 89 50, www.tourisme-tarnagout.com

Jedem seine Nische: Domaine d'Arnauteille

Die Kathedrale Sainte-Cécile in Albi wirkt wie eine Festung.

Office de Tourisme du Lautrécois-Pays d'Agout – Bureau de Lautrec
Rue du Mercadial, 81440 Lautrec, Tel. 05 63 97 94 41, www.lautrectourisme.com

Office de Tourisme de Mazamet
7, Place Georges Tournier, 81200 Mazamet, Tel. 05 63 61 27 07, www.tourisme-castresmazamet.com

Office de Tourisme de Carcassonne
28, Rue de Verdun, 11890 Carcassonne Cedex 9, Tel. 04 68 10 24 30, www.tourisme-carcassonne.fr

Corbières Roussillon Tourisme – Cucugnan
2, Route de Duilhac, 11350 Cucugnan, Tel. 04 68 45 69 40, www.corbieres-salanque-tourisme.com

Office de Tourisme de Collioure
Place du 18 Juin, 66190 Collioure, Tel. 04 68 82 15 47, www.collioure.com

CAMPINGPLÄTZE UND STELLPLÄTZE

C 11.1 **Camping Chantemerle** (S. 286 C2)
La Ponteze lieu dit, 48400 Bédouès-Cocurès, Tel. 04 66 45 19 66, www.camping-chantemerle.com
GPS: 44.345, 3.610833

Dieser sehr gut ausgestattete Campingplatz direkt am Tarn-Ufer zeichnet sich durch seinen vielseitigen Baumbestand aus. Er verfügt über eine eigene Badestelle, einen Spielplatz, eine Sauna und einen kleinen Laden. Ein Restaurant am Fluss mit Bar und Frühstücksservice runden das Angebot ab. Die weiteren Eckdaten lauten: 2,5 ha Fläche, 66 große Parzellen (150–200 m²) und 27 Mietunterkünfte. Anfang April bis Ende Oktober.

C 11.2 **Camping Chon du Tarn** (S. 286 C2)
Le Chon du Tarn, 48400 Bédouès-Cocurès, Tel. 04 66 45 09 14, www.camping-chondutarn.com

Meerblick inklusive: Camping Castels Les Criques de Porteils

GPS: 44.344167, 3.605556
Chon du Tarn liegt außerorts an einer Nebenstraße am Oberlauf des Tarn. Die kleine Anlage ist solide ausgestattet. Verschiedenartige Bäume spenden Schatten. Es stehen 80 Stellplätze zur Verfügung. Ebenfalls vorhanden: ein kleiner Laden mit Brötchenservice. Die Entfernung zum Zentrum beträgt 4 km. Einen besonders schönen Badeplatz findet man 1,5 km flussaufwärts. Ende April bis Anfang Oktober.

C 11.3 **Camping le Vagabond/ Camping du Pont Neuf**
(S. 286 C2)
Quartier Pont Neuf,
RN106 route d´Alès,
48400 Florac-Trois-Rivières, Tel. 06 80 90 73 07,
www.campinglevagabond.fr
GPS: 44.317222, 3.599444
Klein, aber fein ist das Motto dieses Campingplatzes in Ortsnähe am Ufer des Tarnon, eines Tarn-Zuflusses. Er gewährt Zutritt zu einem Naturschwimmbad. Das engagierte Betreiberpaar bietet unter anderem Brötchenservice und Fahrradverleih. Ein Aufenthaltsraum steht den Gästen ebenfalls zur Verfügung. 28 Stellplätze. Anfang April bis Ende Oktober.

C 11.4 **Camping Le Site de Castelbouc** (S. 286 C2) Le Céret, 48210 Gorges du Tarn Causses, Tel. 04 66 48 58 08, www.camping.gorges-du-tarn.fr
GPS: 44.341389, 3.468889
Solide ausgestatteter Campingplatz außerorts auf ebenem Wiesengelände mit dichtem Baumbestand direkt am Fluss. Die Entfernungen nach Sainte-Énimie betragen 7 km, nach Ispanac 9 km. Der Laden mit Brötchenservice bietet regionale Produkte. Auch Kanus kann man mieten. 54 mittelgroße Stellplätze stehen bereit. Mitte April bis Ende September.

C 11.5 **Yelloh village Camping and Nature River**
(S. 286 C2)
Route de Millau, 48210 Gorges du Tarn Causses,
Tel. 04 66 48 57 36
www.yellohvillage.de
GPS: 44.346111, 3.395278
Man genießt eine wunderbare Aussicht auf die Felsen und den Fluss. Zum Frühstück kann man Baguettes und Croissants ordern, für den Tag eine Kanufahrt inklusive Shuttle-Service buchen. Eigene Badestelle, Grillplatz, Bar, Mini-Shop, Spielplatz, Sportfeld und Fahrradverleih sind weitere Merkmale. Das Zentrum mit Restaurant

und Lebensmittelgeschäft ist 2 km entfernt. 60 Stellplätze (80–150 m²), 29 Mietunterkünfte. Anfang Mai bis Mitte September.

C 11.6 **Camping des Gorges du Tarn** (S. 286 C2)
Route de Florac,
48210 Sainte-Énimie,
Tel. 04 66 45 24 89, www.campingdesgorgesdutarn.fr
GPS: 44.365278, 3.426111
Einfach ausgestatteter Campingplatz mit 40 schattigen Parzellen in idyllischer Lage am Fluss und Ausblick auf hohe Felsen. Kanus sind am Platz buchbar. Mitte April bis Ende September.

C 11.7 **Camping Municipal Le Pradet** (S. 286 C2)
D 907 bis, 48210 La Malène,
Tel. 04 66 48 58 55, www.gorgesdutarn-camping.com
GPS: 44.301111, 3.318333
Einzelwaschkabinen sind die Besonderheit dieses gut ausgestatteten Geländes der Gemeinde unter Bäumen am westlichen Ortsrand. Darüber hinaus sind Waschmaschinen und Trockner vorhanden, ebenso ein Kinderspielplatz. 46, maximal 90 m² große Stellplätze. Anfang April bis Ende September.

C 11.8 **Camping La Blaquière** (S. 286 C2)
D 907 bis, 48210 Massegros Causses Gorges,
Tel. 04 66 48 54 93,
www.campinggorgesdutarn.fr
GPS: 44.304444, 3.267778
Gut ausgestatteter Campingplatz mit 59 Parzellen unter Bäumen direkt am Fluss, umrahmt von hohen Felsen. Große Badestelle mit Strandbar. Brot und Pizza bekommt man auf Wunsch an den Stellplatz geliefert. Mitte Mai bis Mitte September.

C 11.9 **Camping Huttopia Gorges du Tarn** (S. 286 C2)
lieu dit Le Beldoire, Les Vignes,
48210 Massegros Causses Gorges, Tel. 04 66 48 64 97,
www.europe.huttopia.com
GPS: 44.286667, 3.234167
Gut ausgestattete Anlage auf teils terrassiertem und durch Mauern gegliedertem Gelände mit altem Baumbestand am Flussufer und natürlichem Schwimmbecken. Die Attraktion ist ein großer Imbisswagen mit Biergarten, wo gelegentlich Live-Musik-Abende stattfinden. Freibad und Spielplatz gehören ebenfalls zur Ausstattung. Verleih von SUPs und Mountain-Bikes. 6 ha, 65 Stellplätze, 46 Mietunterkünfte. Mitte Mai bis Mitte September.

C 11.10 **Camping Le Terrados** (S. 286 C2)
7 Saint-Préjet, 48210
Massegros Causses Gorges,
Tel. 04 66 49 36 73,
www.campingleterrados.fr
GPS: 44.278333, 3.23
Solide ausgestattetes Terrassengelände unter Bäumen in ruhiger Lage an einer Staustufe am Fluss. Es umfasst ein Freibad und einen Spielplatz. Anfang April bis Mitte Oktober geöffnet.

S 11.11 **Parking de la Cathédrale** (S. 286 A3)
Boulevard Sibille – Place Savène, 81000 Albi,
Tel. 05 63 49 10 10,
www.mairie-albi.fr
GPS: 43.927222, 2.140833
Das asphaltierte Areal für neun Reisemobile ist Teil eines Großparkplatzes bei der Kathedrale. Die teils stark geneigten Plätze sind nachts beleuchtet. Eine Entsorgungsstation und Toiletten befinden sich in der Avenue Albert Thomas. Ganzjährig.

C 11.12 **Albirondark Parc** (S. 286 A3)
31, Allée de la Piscine, 81000 Albi, Tel. 05 63 60 37 06,
www.albirondack.fr
GPS: 43.933773, 2.164773
Gestuftes Gelände unter Eichen im Stil eines US-Campingparks – geprägt durch Mietunterkünfte, wie etwa Airstream-Caravans. Viele Stellplätze sind nicht für große Fahrzeuge geeignet. Zur Ausstattung gehören unter anderem Restaurant, Pool, Sauna und Dampfbad. Ein Wanderweg führt in die 3 km entfernte Innenstadt. Anfang April bis Mitte Oktober.

S 11.13 **Parking des Tuileries (P1)** (S. 286 A3)
Rue de Fournarens, 81170
Cordes-sur-Ciel,
Tel. 05 63 56 00 52,
www.cordessurciel.fr

GPS: 44.063889, 1.958056
Stellplatz in Buchten unter Bäumen auf zwei geschotterten Geländestufen für 45 Fahrzeuge – auch große – im Tal unterhalb des malerischen Bergstädtchens gelegen. Eine Servicestation steht zur Verfügung, zahlbar nur in Münzen am Automaten. Ganzjährig.

S 11.14 **Aire d'Accueil des Camping-cars** (S. 286 A3)
Rue des Aulnes, 81310 Lisle-sur-Tarn, Tel. 05 63 33 35 18,
www.ville-lisle-sur-tarn.fr
GPS: 43.862222, 1.818333
Stellplatz für zehn Fahrzeuge auf ebener, geschotterter Fläche auf einem Freizeitgelände am Lac Bellevue. Daneben erstreckt sich eine Liegewiese. Jetons für Frischwasser sind im Rathaus am Place Paul Saissac erhältlich. Ganzjährig.

C 11.15 **Camping de Gourjade**
(S. 286 B4)
Route de Roquecourbe, 81100 Castres, Tel. 05 63 59 33 51,
www.campingdegourjade.net
GPS: 43.620686, 2.254567
Solide eingerichteter Campingplatz am Fluss Agout, rund 3 km außerorts. In der Hochsaison verkehrt ein Boot ins Zentrum von Castres. Die Stellplätze sind durch Hecken unterteilt. April bis September.

S 11.16 **Aire de Camping-car**
(S. 286 B4)
Z.A. de La Cabasse,
11390 Cuxac-Cabardès,
Tel. 06 02 08 72 72
GPS: 43.360278, 2.301944
Großzügig angelegter Stellplatz in einem entlegenen Weiler an den südlichen Hängen der Montagne Noire. Das Gelände liegt außerorts, ist eben, unparzelliert und grob geschottert. Es gibt weder Schatten noch Beleuchtung. Wasser und Strom sind jedoch verfügbar. Betreiber ist eine auf US-Mobile spezialisierte Werkstatt. Ganzjährig.

C 11.17 **Aire de Camping-car de Carcassonne**
(S. 286 B5) Route de Saint Hilaire, 11000 Carcassonne,
Tel. 04 68 10 24 30,
www.tourisme-carcassonne.fr
GPS: 43.200064, 2.352690
Im Herbst 2016 neu eröffnetes Gelände am städtischen Campingplatz. Zur Zitadelle benötigt man etwa 20 Minuten zu Fuß. Entsorgung ist möglich. Ganzjährig.

S 11.18 **Sites et Paysages Le Moulin de Sainte Anne**
(S. 286 B4) 2, chemin de Sainte Anne,
11600 Villegly-en-Minervois,
Tel. 04 68 72 20 80,
www.moulindesainteanne.com
GPS: 43.283095, 2.441294
Engagiert geführter Campingplatz mit Pool in ruhiger Ortsrandlage, 12 km von Carcassonne entfernt. Die Parzellen sind durch Hecken getrennt und bieten damit Sichtschutz. Supermarkt und Bäcker liegen in Gehweite. Mitte April bis Ende September.

S 11.19 **Aire des Collines du Lauragais** (S. 286 A4)
Zone du Pradel, 11150 Villasavary, Tel. 01 83 64 69 21,
www.campingcarpark.com
GPS: 43.218611, 2.032222
Asphaltiertes und umzäuntes Areal des landesweit agierenden Stellplatzbetreibers SAS Camping-Car-Park für elf Reisemobile am Fuß des Dorfes. Es ist ein guter Ausgangspunkt für Touren durchs Katharerland. Ganzjährig.

C 11.20 **Yelloh! Village Domaine d'Arnauteille**
(S. 286 A5) D 43, 11250 Montclar, Tel. 04 68 26 84 53,
www.camping-arnauteille.com
GPS: 43.123897, 2.258341
Komfortabler Campingplatz auf riesigem Landgut mit stellenweise weitem Blick auf die hügelige und waldreiche Umgebung. Herzstück ist ein großer Outdoor-Wasserpark im griechisch-römischen Stil. Es gibt auch ein Restaurant. April bis Mitte September.

S 11.21 **Aire de Camping-car**
(S. 286 B5)
Rue des Amandiers, 11350 Duilhac-sous-Peyrepertuse,
Tel. 04 68 45 40 55, www.chateau-peyrepertuse.com
GPS: 42.861389, 2.565000
Gärtnerisch gestaltetes, gekiestes Gelände im Süden des Ortes mit schönem Bergblick. Die Zufahrt durch das kleine Dorf mit seinen engen und steilen Gassen ist mit großen Fahrzeugen sehr schwierig. Ganzjährig.

Canal du Midi, ein Bauwerk der Extraklasse

S 11.22 **Aire Municipale de Bélesta** (S. 286 B5)
Rue des Loisirs, 66720 Bélesta, Tel. 04 68 84 51 73, www.belesta.fr
GPS: 42.715833, 2.607778
Durch Bäume und Büsche parzellierter Stellplatz in Zentrumsnähe. Wegen steiler Zufahrt und einer großen Bodenwelle ist er für große Wohnmobile nicht geeignet. Servicestation, Strom und Duschen stehen zur Verfügung.

C 11.23 **Camping Castels Les Criques de Porteils**
(S. 286 C6) RD 114, Corniche de Collioure, 66700 Argelès-sur-Mer, Tel. 04 68 81 12 73, www.lescriques.fr
GPS: 42.534121, 3.068008
Vielfach gestuftes Terrassengelände über einer Steilküste mit teils prächtigem Blick aufs Meer. Die Ausstattung ist gut; sie umfasst Freibad und Restaurant. Drei Treppen führen zu mehreren, von Felsen umrahmten Kiesbuchten. Ein Panoramaweg schlängelt sich entlang der Küste nach Collioure. Der Platz ist von Ende März bis Oktober geöffnet.

S 11.24 **Aire de Camping-car**
(S. 286 C6)
Route de Madeloc, 66190 Collioure, Tel. 04 68 82 15 47, www.collioure.com
GPS: 42.525556, 3.068333
Asphaltierte und parzellierte, leicht unebene Plätze auf sechs Terrassen, teils unter jungen Bäumen. In den Gebühren enthalten sind Strom, Sanitärnutzung, Ver- und Entsorgung sowie die Busfahrkarten ins Zentrum (Mai–Sept.). Der Aufenthalt ist auf 48 Stunden begrenzt. Der Platz ist ganzjährig geöffnet.

Bédoin: charmantes Dorf am Fuß des Mont Ventoux

12

AUF DER STRASSE NACH SÜDEN

Vom Département Drôme in das Vaucluse

Wo bitte fließt die Drôme? Diese Frage stellen häufig selbst Franzosen, wenn der Name des Flusses fällt. Das Gewässer erscheint dennoch nicht unbedeutend, denn das Département, das die Drôme von Ost nach West durchquert, trägt stolz ihren Namen. Weiter Richtung Süden, zwischen dem legendären »Radlerberg« Mont Ventoux und dem Luberon-Gebirge, erstreckt sich das malerische Hochplateau Vaucluse. Dieses bietet den mobilen Reisenden eine weitgehend intakte Naturlandschaft. Weite Wälder – unterbrochen von Korn, Lavendelfeldern sowie klaren Wasserläufen – charakterisieren die Gegend. Die Höhen sind oft sanft und somit ist es nicht sehr anstrengend, die uralten Bergdörfer, verfallenen Burgen und schmucken Kirchen gemütlich mit dem Rad zu entdecken. Hauptattraktionen sind etwa die Fontaine-de-Vaucluse (Quelle der Sorgue), die größte Quelle Frankreichs, das Bergstädtchen Gordes und die bezaubernden Ockersteinbrüche am Dorf Roussillon.

In den Augen seiner Nachbarn galt der Briefträger Ferdinand Cheval (1836 – 1924) als Wirrkopf. Er lebte im Dorf Hauterives im Norden des Département Drôme. Seit seiner Jugend verfolgten ihn Bilder, die er zunächst nicht deuten konnte. Er notierte sie daher sorgfältig und entwarf daraus eine Skizze, die einen außergewöhnlichen Palast darstellte, der die Gemeinsamkeiten zwischen den verschiedenen Völkern und Religionen in der Welt hervorhob. Da ihm aber solch ein Bauwerk nutzlos erschien, vergaß er seine Aufzeichnungen wieder – bis zu jenem Tag im Jahr 1878, als er auf seiner täglichen 32 Kilometer langen Runde über einen merkwürdig geformten Stein stolperte. Daraufhin beschloss der Postbote, seine Vision mit dem Bau eines Schlosses zu verwirklichen, das seinem Modell entsprach. Dazu sammelte er jeden Tag 40 Kilogramm Baumaterial – bestehend aus Kieselsteinen, Felssplittern und Sand. Zusätzlich ließ er sich Muscheln vom Meer schicken. Cheval schuftete als Briefträger, Architekt, Maurer und Steinmetz von früh bis spät. Nach 33 Jahren Bauzeit (!) war sein »Palais Idéal« vollendet – eine Mischung aus Sandburg, Moschee und Hindu-Tempel. Heute staunen jährlich mehr als 100 000 Besucher über den 26 Meter langen und fast elf Meter hohen Fantasiebau mit seinen üppig verzierten Säulen und unzähligen filigranen Türmchen. Das Schloss verfügt des Weiteren über eine begehbare Treppe, Galerien und eine Terrasse. Eingemeißelte Lehrsätze wie »Was du nicht willst, das man dir tut, das füg auch keinem anderen zu«, sind in abgewandelter Form in vielen Kulturen der Erde zu finden. Er erscheint heute aktueller denn je. Ferdinand Cheval war ohne Frage ein Sonderling, aber war er psychisch krank?

PRÄCHTIGE NATURKULISSE

Diese bei vielen Wohnmobilfahrern bisher wenig bekannte Region erreicht man am schnellsten über die Autobahn 7 durch das Rhône-Tal – bezeichnet als »Autoroute du Soleil«. Wer jedoch Zeit hat, wählt die

ROUTE 12

START- UND ENDPUNKT
Hauterives und Ménerbes

BESTE JAHRESZEIT
April bis Oktober

STRECKENLÄNGE
408 Kilometer

FAHRZEIT
7 bis 11 Tage

MAUTSTRECKEN
keine

Start Hauterives
Palais Idéal
51
20
71
518 107 km
Die
Wochenmarkt Dorf Pontaix
93
70 41 km
Beaufort-sur-Gervanne

Palais Idéal: Da kann man nur staunen.

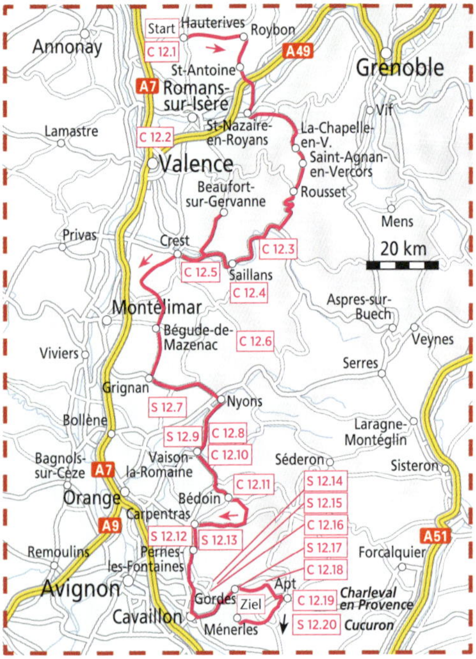

landschaftlich reizvollere Variante durch den Regionalen Naturpark Vercors nach Die. In das Tal der Drôme ein Stück südlich von Hauterives strömen im Sommer vor allem Paddler und Ruhesuchende. Der Fluss entspringt in den Bergen Südostfrankreichs auf einer Höhe von 1033 Metern und schlängelt sich dann rund 111 Kilometer ungebändigt gen Westen, bis er in der Nähe von Valence in die Rhône mündet. Am linken Flussufer breitet sich der Wald von Saoû aus, umringt von beeindruckenden Kalkfelsen. Er birgt mit seinen Wiesen, Feucht- und Heideflächen eine hohe Artenvielfalt. Die charmanten Dörfer und Kleinstädte am Ufer und auf den Hängen mit ihren trutzigen Steinhäusern aus dem Mittelalter wirken wie hingetupft in eine Gegend, die für sich beansprucht: Hier beginnt der mediterrane Süden.

Nach mediterraner Art führt die Drôme im Sommer wenig Wasser, doch im Frühling und Herbst verwandelt sie sich fast regelmäßig in einen reißenden Strom. Vier Kilometer unterhalb des Zuflusses der Bez liegt eine gern genutzte Einstiegsstelle (km 72,4) für versierte Paddler. Es folgt der nach Ansicht der Könner spannendste Abschnitt bis zum Dorf Pontaix. Es scheint, als würden dessen Häuser über der Drôme schweben. Viele von

Leuchtend gelbe Sonnenblumenfelder reichen bis an den Waldrand.

ihnen stammen aus dem 15. Jahrhundert. Anfänger und wenig erfahrene Kajakfahrer beginnen ihre Tour in Sallians (km 40,4), wo in der Regel ruhiges Fahrwasser herrscht. In der Stadt Crest enden gewöhnlich die Paddeltouren. Dort, am Unterlauf, erstreckt sich bis zur Rhône die Réserve naturelle des Ramières, ein Naturschutzgebiet von nationaler Bedeutung. Es bildet einen Rückzugsort für zahlreiche gefährdete Tier- und Pflanzenarten. Im Ort überspannt seit 2001 eine 93 Meter lange Holzbrücke die Drôme, die längste ihrer Art in Frankreich.
Weitere Fließgewässer, die sich etwa zu Fuß zu entdecken lohnen, sind die linken Nebenflüsse Roanne und Grenette sowie die besagte Bez und die Gervanne auf der rechten Seite. Verkehr und Fußgängergedränge herrschen gewöhnlich nur an den Markttagen, wie etwa jeden Samstagmorgen auf dem Wochenmarkt im charmanten Städtchen Die. Eine dort erhältliche Spezialität ist zum Beispiel Picodon, ein pikanter Weichkäse aus Ziegenmilch mit weißer oder grauer Rinde.

RAUS AUS DER STADT

Ein lindgrünes Fahrrad, gebaut vermutlich in den 1950er Jahren, lehnt an einer Hauswand. Es wirkt beinahe so unverwüstlich wie die massive, mit Ornamenten verzierte Holztür daneben. Schmiedeeiserne Gitter sichern die Fenster, durch die Kinderlachen dringt. Vermehrt ziehen junge Familien, die sich fürs Landleben entscheiden, in das Dorf Beaufort-sur-Gervanne, das malerisch einen Felsen ziert. Ums Eck schieben neonfarbig ausstaffierte Urlauber ihre mattschwarzen E-Bikes durch die efeuumrankten Gässchen. Diese enden am gut erhaltenen Verteidigungswall mit zwei Türmen aus dem 14. Jahrhundert. Vom einst mächtigen Bergfried zeugen dagegen nur noch die Grundmauern. Nördlich der Drôme erheben sich die bis zu 2340 Meter hohen Berge des Parc

Beaufort-sur-Gervanne
70 Verteidigungswall
93 Cascade de la Druise
104
204
57 37 km
Cliousclat
554 Töpferwerkstatt Dorf Mirmande
57
9 45 km
Grignan
Schloss
20
94
20 31 km
Vaison-la-Romaine

↓ Einkaufsstadt Die: Schlange stehen für knusprige Baguettes ↘ Die Oliven aus der Region Drôme sind sehr begehrt.

SPECIAL

FISCH ODER FLEISCH

Wandern macht hungrig und durstig sowieso. Daher die Empfehlung: Auf dem Rückweg vom Druise-Wasserfall lockt der herrlich schattige Gastgarten des Restaurants Moulin de la Pipe bei Omblèze. Zu den besonderen Spezialitäten des Hauses zählen etwa gebratene oder geräucherte Forelle, Lammkeule in Heu gegart oder Gratin dauphinois – eine Art Kartoffelauflauf, nur mit Sahne zubereitet (www.moulindelapipe.com).

naturel régional du Vercors mit ihren markanten Felsplateaus, tiefen engen Schluchten, in die fast nie ein Sonnenstrahl bis zur Sohle vordringt, sowie kurvenreichen Pässen und sattgrünen Tälern. Zu den landschaftlichen Höhepunkten zählt beispielsweise die Cascade de la Druise, ein 72 Meter hoher Wasserfall am südlichsten Zipfel des Gebirges. Es gibt zwar eine Straße über Beaufort-sur-Gervanne bis in seine Nähe, doch dann wird der Weg recht anspruchsvoll. Zum Wasserfall gelangt man über einen Pfad, der rund 20 Minuten nach unten führt. Da es am Grund auch im Hochsommer angenehm kühl ist, pilgern im Juli und August viele Familien dorthin, um der üblichen Hitze zu entfliehen. Wer Ruhe schätzt, sollte daher lieber im Mai, Juni oder September hierher wandern. Zu den beliebtesten Wanderungen in der Region gehört ferner die Durchquerung der Schlucht von Les Gueulards. Dieser Canyon ist so schmal, dass man beide Felswände gleichzeitig mit den Händen berühren kann. Am Eingang sind Stahlleitern zum Klettern angebracht. Ein Bauernhof davor offeriert frisch gebackenes Brot und hausgemachten Käse. Der Weg zurück führt über einen Forstweg. Überwältigende Ausblicke beschert daneben die sechs Kilometer lange Rundstrecke, die im Südosten des Naturparks vom Weiler Archiane zum Cirque d'Archiane führt. In den Felsnischen dieses mächtigen Kalksteinmassivs nisten seit Jahren wieder Gänsegeier, die man mit etwas Glück am Himmel erspähen kann.

Vaison-la-Romaine
Archäologisches Museum Théo-Desplans
Kathedrale Notre-Dame-de-Nazareth
938 | 19
22 km
Bédoin
Radweg Aux portes du Ventoux
19 | 213
6 km
Flassan

AUFERSTANDEN AUS RUINEN

Die Region hält noch weitere Schätze parat: Mirmande etwa, gekürt als eines der »schönsten Dörfer Frankreichs«. Am Anfang des letzten Jahrhunderts drohte es zu zerfallen. Doch dann ließ sich 1926 der Maler André Lhote dort nieder, Kollegen folgten ihm. Die Künstler erweckten Mirmande zu neuem Leben. Über Treppen – vorbei an Galerien, Cafés und Läden – gelangt man zur hübschen romanischen Kirche Sainte-Foy, heute entweiht und genutzt für Ausstellungen und Konzerte. Provenzalische Lebensart verströmen auch die Steinhäuser im efeuumrankten Nachbarort Cliousclat, wo Eile sichtlich ein Fremdwort ist. Der Boden des verwunschen wirkenden Dorfes besteht aus hochwertiger Tonerde, die geschickte Hände in einer denkmalgeschützten Töpferwerkstatt unter anderem zu Olivengefäßen, Tellern und Krügen formen.
Im Renaissance-Schloss Grignan dreht sich neben der feudalen Einrichtung fast alles um die Marquise de Sévigné, Frankreichs berühmteste Briefeschreiberin. Ab 1671 schrieb die Dame aus Paris 764 hochliterarische Briefe an ihre Tochter Françoise, nachdem diese den Comte de Grignan geheiratet hatte. Vom großen Balkon schweift der Blick über die Lavendelfelder, sanften Hügel, kargen Karsthöhen und -gipfel der südlichen Drôme.

↑ Über Piégros-la-Clastre prangt stolz die gleichnamige Burg. ↓ Cliousclat: Eile kennt man hier nicht.

INS HOCHPLATEAU

Die Region Vaucluse ist eine bekannte Trüffelregion. Ab November begeben sich die Einheimischen auf die Suche nach dem »Schwarzen Diamanten der Provence«.

- **Flassan**
  - Dorfplatz mit Brunnen
  - 19
  - Manufaktur Ruchofruit
  - 184
- 7 km
- **Mormoiron**
  - Weingut Château Pesquié
  - 942
  - 988
  - 4
- 12 km
- **Carpentras**
  - Hôtel-Dieu Apotheke
  - 938
  - Kathedrale Saint-Siffrein
  - 212
  - Synagoge
- 7 km
- **Pernes-les-Fontaines**

Wenngleich das Vaucluse im Nordwesten der Region Provence-Alpes-Côte d'Azur in weiten Teilen von einer lieblichen Hügellandschaft geprägt wird, Bergsträßchen also die Ausnahmen bilden, sind die allermeisten Verbindungswege dort ungewöhnlich schmal ausgebaut. Das heißt für Reisemobilfahrer: Geschwindigkeit drosseln und verstärkt auf die Außenspiegel achtgeben!

Im Norden des Départements befindet sich das Städtchen Vaison-la-Romaine. Seine Besonderheit verrät schon der Ortsnamen: Die Römer begannen ab zirka 30 vor Christus hier mit dem Bau einer luxuriösen Siedlung. Sie wuchs weit verzweigt auf über 70 Hektar an und hatte vermutlich fast 10 000 Einwohner. Ein klarer, durchdachter Grundriss ist, wie sonst bei den Römern üblich, nicht zu erkennen. Zahlreiche Relikte auf zwei Ausgrabungsfeldern, wie etwa die Überreste eines großen Theaters, lassen die einstige Pracht erahnen. Die kostbarsten Fundstücke, darunter Mosaiken aus der Villa du Paon, zeigt das Archäologische Museum Théo-Desplans im Viertel Puymin. Ebenfalls einen Besuch wert ist im Westteil

Geschafft! Den Stein passieren bis zu 2000 Radler pro Tag.

SPECIAL

CHÂTEAU PESQUIÉ

Auf einer Kellerführung im Château Pesquié in Mormoiron erfährt man einiges über die vielfältigen Rahmenbedingungen, die nötig waren und sind, um seit mittlerweile drei Generationen Jahr für Jahr Spitzenweine zu erzeugen – darunter der optimale Mineralgehalt des Bodens. Frédéric Chaudière, der zusammen mit seinem Bruder Alexandre und seinen Eltern das Gut führt, sagt: »Der Mont Ventoux gibt uns ein spezielles, vergleichsweise kühles Mikroklima und gleichzeitig profitieren wir von den vielen Sonnenstunden des Rhône-Tals. Dazu liegen die Weinberge zwischen 280 und 400 Meter überm Meer, was die Trauben länger reifen lässt. Unsere Lieblingsrotweinsorte ist die Grenache, ebenso lieben wir die klassischen weißen Sorten wie Viognier und Roussanne, welche den kargen Grund sehr lieben.« Seiner Ansicht nach passt zu den roten Pesquié-Weinen eine schöne Daube provençale (provenzalischer Eintopf mit Rindfleisch und frischen Kräutern) und zu den weißen ein leckeres Trüffelomelette (www.chateaupesquie.com).

Traumschloss Pesquié in Mormoiron

des Ortes die Kathedrale Notre-Dame-de-Nazareth, erbaut im 11. und 12. Jahrhundert auf den Grundmauern einer merowingischen Kirche. Sie ist ein schönes Beispiel provenzalischer Romanik.

MEKKA DER RADSPORTLER

Viele kennen das Problem: Die sündhaft gute Nugat-Mandel-Torte vom Vorabend muss abgearbeitet werden! Aber man muss es nicht gleich so übertreiben wie etwa jener vor Energie strotzende Stammgast aus Allemagne, der – wie man im Dorf **Bédoin** erzählt – mitunter mehrmals am Tag den Mont Ventoux hinaufradelt. Die Bilderbuchortschaft am Fuß der Südflanke des berühmten Berges leuchtet sandfarben aus einem Meer von Reben und Zypressen. Der Ventoux ist mit 1912 Metern über Seehöhe die höchste Erhebung in der Provence und mit seiner kalkfarbenen Kappe auch die beeindruckendste. Über diese braust besonders heftig und häufig der Mistral. Einigen ist sicher die Serpentinenstraße hinauf als Königsetappe der Tour de France im Gedächtnis. Der Rundblick von der nach Süden gerichteten Plattform ist überwältigend: Er reicht bis zu den Cevennen, aufs Luberon-Massiv und bei extrem klarem Wetter sogar bis zu den Gipfeln der Pyrenäen.
Doch in Bédoin schwingen sich auch die weniger sportlich Trainierten auf den Sattel, um zum Beispiel in gemächlichem Tempo dem »Aux portes du Ventoux« zu folgen. Die sanft hügelige, 23 Kilometer lange Familienrundstrecke bietet ein appetitliches »hors-d'œuvre«, also einen vielversprechenden

Liebliche Vaucluse-Landschaft bei Malemort-du-Comtat

Appetithappen, auf die vielen Glanzlichter im Osten von Avignon, der Stadt der Päpste und dem heutigen Sitz der Präfektur im reizenden, noch weitgehend unentdeckten Département Vaucluse.

ES GEHT ANS EINGEMACHTE

Stationen sind unter anderem das kleine, farbenfrohe **Flassan**, dessen rustikaler, im Schatten einer Baumkrone plätschernder Dorfbrunnen zu einem Erfrischungsstopp einlädt. Liebhaber von südländischen Aromen sollten zudem unbedingt bei Hélène Schindelholz vorbeischauen. Sie betreibt die Manufaktur Ruchofruit mit Laden, wo sie exquisite Marmeladen und Confits herstellt. Madame schwört speziell auf das Einkochen von Méréville-Früchten, einer kürbisförmigen Melonenart mit hellem, fast weißem Fruchtfleisch. Darüber hinaus empfiehlt sie ihr Tomatenconfit – passend zu Teigwaren oder auf Toastschnitten zum Aperitif.
Die Marktstadt **Carpentras** verdankt ihre hohe Wirtschaftskraft ihren fruchtbaren Feldern und Gärten. Und diese wiederum verdanken ihre hohen Erträge dem 1860 gebauten Kanal, der das Wasser der Durance an sie weiterleitet. Carpentras war einstmals auch Papststadt, und zwar von 1320 bis zur Französischen Revolution. Doch daran erinnert nur noch die Porte d'Orange, das einzig erhaltene von ehemals vier Toren der im 14. Jahrhundert erbauten Stadtbefestigung. Ein Rundgang durch die belebten Gassen der Altstadt beginnt am besten mit dem Hôtel-Dieu (18. Jh.) und seiner im Original erhaltenen Apotheke, die mit kostbaren Keramik- und Glasgefäßen aufwartet. Die

Zu Ziegenkäse passt am besten ein kühler Roséwein.

Schränke sind mit Naturmotiven und lustigen Figuren bemalt. Wenig später folgt die Kathedrale Saint-Siffrein (15.–16. Jh.), ein schönes Beispiel für den südfranzösischen Gotikstil. Über das genannte Stadttor und die Rue des Halles mit herrlichen Arkaden und dem Uhrturm gelangt man zur ebenfalls sehr sehenswerten Synagoge, der ältesten in Frankreich (1367), wobei jedoch große Teile aus dem 18. Jahrhundert stammen. Die Führungen finden von Montag bis Freitag (außer an jüdischen Feiertagen) im Halb- und Einstundentakt statt.

STEINERNE ZEUGEN

Im unweit südlich gelegenen **Pernes-les-Fontaines** plätschert es an allen Ecken. Insgesamt 40 Brunnen (Fontaines) verteilen sich in diesem malerischen Flecken. Der älteste ist der Rebout-Brunnen (Ende 17. Jh.) gegenüber der Markthalle, als schönster gilt der Comaran-Brunnen beim Tor Notre-Dame und dem gleichnamigen Gotteshaus. Im Tour Ferrande (12. Jh.) führt eine schmale Treppe in die dritte Turmetage, wo wunderbare Fresken zu bewundern sind. Sie zeigen Szenen der Kämpfe Karls von Anjou in Süditalien.

Auf Pernes folgt **Cavaillon**. Diese Stadt hat vieles gemeinsam mit Carpentras: Zum einen ist der Obstanbau sehr bedeutend, zum anderen zählt auch hier die Synagoge zu den größten Sehenswürdigkeiten. Beide Synagogen sind die letzten Zeugnisse des provenzalischen Baustils im Comtat, der hiesigen historischen Grafschaft um Avignon. Der untere Saal in Cavaillon beherbergt zudem ein interessantes jüdisches Museum. Das Musée de l'Hôtel-Dieu zeigt indes Steindenkmäler seit der Frühgeschichte. Ein Kombiticket erlaubt den Besuch sowohl der beiden Museen als auch der Synagoge (www.cavaillon.org).

Knapp 700 Einwohner zählt der Ort **Fontaine-de-Vaucluse**. Da muss es doch einen sehr triftigen Grund geben, weshalb über eine Million Besucher pro Jahr hierherströmen und Bedarf für zwei Reisemobilstellplätze besteht. Ziel der Begierde ist die Besichtigung des Sorgue-Quelltopfes, über dessen Rand das smaragdgrüne Flusswasser sprudelt und schäumend zu Tal stürzt. Besonders beeindruckend ist das Naturschauspiel im wasserreichen Frühjahr. Man vermutet unter der Karstquelle ein weit verzweigtes unterirdisches, von Sickerwasser gespeistes Flusssystem. Aber die Suche nach ihm verlief bislang erfolglos: Auch ferngelenkte Mini-U-Boote, die in bis zu 308 Meter Tiefe vordrangen, konnten es nicht aufspüren. Von den einst vier vorhandenen Papiermühlen am Fluss ist noch eine mit Namen Vallis Clausa erhalten; man kann in ihr nicht nur die Herstellungsschritte genau verfolgen, sondern die Produkte – schöne, handgeschöpfte Papiere – auch erwerben. Diese stellen übrigens ein nicht alltägliches Mitbringsel dar (www.moulin-vallisclausa.com).

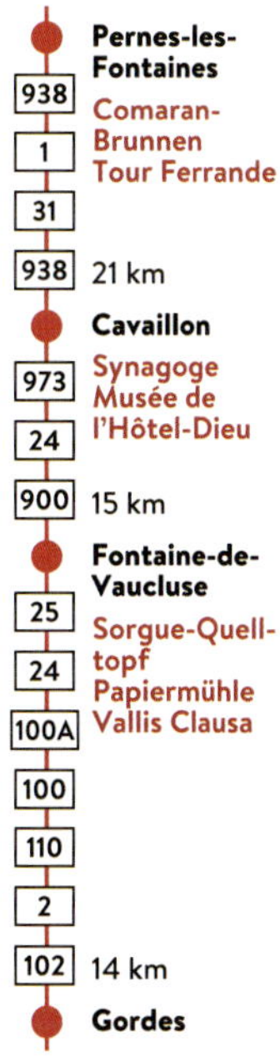

Noch 500 Meter, dann ist Gordes erreicht.

ZIERRAT UND ZISTERNEN

Der meistbesuchte Ort der Gegend ist **Gordes**, das berühmte sandfarbene Dorf, dessen hohes altes Häusermeer sich wunderschön an einem Steilhang am Rand eines Plateaus hoch überm Tal ausbreitet. Schon die Steinzeitmenschen liebten diese exponierte Stelle, die Kelten nannten den Ort Vorda, woraus irgendwann Gordes wurde. Überwölbte Passagen und Arkaden machen einen Streifzug durch die gepflasterten Gassen so reizvoll. Im örtlichen Renaissance-Schloss, erbaut von Bertrand de Simiane, fällt besonders der mit Muscheln und Blumendekor verzierte Kamin im ersten Stock ins Auge. Zu besichtigen sind auch in den Fels gehauene Höhlen, wo man unter anderem auf alte Zisternen und die Reste einer Ölmühle aus dem 15. Jahrhundert stößt (www.caves-saint-firmin.com). Village des Bories heißt ein nahe gelegenes Freilichtmuseum; es zeigt 20 restaurierte Bories rund um einen Ofen. Die so bezeichneten Steinhütten sollen bis zu 500 Jahre alt sein. Sie bestehen aus mörtellos übereinandergeschichteten Kalkplatten und dienten als Unterkunft oder Stall. Ob die schlichten Behausungen nur saisonweise oder ganzjährig genutzt wurden, weiß man nicht.

Ocker ist ein mineralischer Stoff, der in allen Farbschattierungen von leuchtend warmem Gelb bis zu flammendem Rot das nachfolgende Gebiet um den Ort **Roussillon** wie kein anderes prägt – gestern wie heute. Um 1920, der Blütezeit des Abbaus, exportierte man von hier aus jährlich rund 35 000 Tonnen des Gesteins nach ganz Europa. Das Naturmaterial wurde früher zum Verputzen der Häuser verwendet – und wegen seiner Unschädlichkeit auch zur Herstellung etwa von Backteig, Schokolade oder Kosmetik. Die Entwicklung synthetischer Farben vor

Gordes
102 Altstadt
2 Renaissance-Schloss
102 Freilichtmuseum Village des Bories
169
105 9 km
Roussillon
105 Schöner Ortskern
104 Ockerbrüche
199
104
83 7 km
Gargas

KULTUR

HAUCH VON HEILIGKEIT

Nur wenige Kilometer nördlich von Gordes liegt – eingebettet ins tiefe Tal – die Abbaye de Sénanque. Die Zisterzienserabtei, die nach wie vor vom aktiven Klosterleben geprägt ist, erhebt sich im Sommer aus einem Meer von blühendem Lavendel. Führungen (auf Französisch) durch die schlichten Gebäude aus dem 12. Jahrhundert sind möglich, müssen vorher reserviert werden. Den Messen kann man auch ohne Anmeldung beiwohnen. Die Kirche wurde um 1200 errichtet; ihr Inneres weist klare Linien auf und ist völlig schmucklos gehalten – Maßnahmen, welche die innere Einkehr erleichtern sollen. Auch die Kapitelle im Kreuzgang besitzen eine sehr zurückhaltende Ornamentik mit Naturmotiven. Bitte angemessene Kleidung (www.senanque.fr).

Gordes, hinreißend schön – ein Juwel aus Sandstein

↑ Mines de Bruoux: imposante Gänge – von Hand gegraben
↗ Liebreizendes Ockerstädtchen Roussillon ↘ Ockerpfad bei Roussillon

dem Zweiten Weltkrieg ließ eine übermächtige Konkurrenz entstehen, die bereits in den 1950er-Jahren das schnelle Aus der Ockerindustrie in Roussillon herbeiführte. Ein Spaziergang zu den bizarren Ockerbrüchen in Ortsnähe ist ein absolutes Muss für Vaucluse-Reisende.

KIRCHE UNTERTAGE

Ebenfalls sehr lohnenswert ist eine Führung durch die Mines de Bruoux mit riesigen unterirdischen Gewölbegängen unweit des Nachbarortes **Gargas**. Das pigmenthaltige Mineral entstand aus den Ablagerungen eines Flussdeltas, das sich hier vor mehr als 80 Millionen Jahren erstreckte. Um es zu gewinnen, gruben die Bergleute in mühevoller Handarbeit mit Pickel und Schaufel Stollen von insgesamt 40 Kilometer Länge in das Gestein. Dabei entstanden auch riesige kirchenartige Gewölbesäle. Ein Museum präsentiert die dabei eingesetzte Technik. Beim Besuch empfiehlt es sich, ein wärmendes Kleidungsstück mitzunehmen. Denn in dem Stollensystem herrschen ganzjährig kühle Temperaturen um die elf Grad Celsius. Dies nutzten zwischenzeitlich Bauern aus der Gegend: Sie züchteten in den Gängen Champignons für den Markt in Paris. Viel schöner als jedes geologische Lehrbuch erklärt folgende Legende die Entstehung des Ockers: Einst sollen die nach der Vorherrschaft greifenden Titanen ein gigantisches glühendes Wurfgeschoss auf die wehrhaften ansässigen Provenzalen gefeuert haben – und zwar auf das Gebiet zwischen Roussillon und Gargas. Seither leuchtet die Erde dort rot. Der nächstgrößere Ort heißt **Apt**. Er entstand aus der »Colonia Julia Apta«, einer

wohlhabenden Römerkolonie – und sie war im 3. Jahrhundert Sitz eines Erzbischofs. Apt trägt auch den Beinamen »Stadt der kandierten Früchte«. Die Ursprünge dafür reichen bis in die Zeit der Kreuzfahrer zurück: Seit damals wird das in den Früchten enthaltene Wasser bei der Herstellung durch Zucker ersetzt, was das Obst haltbar macht. Zur Konservierung dienen Tauchbäder in siedendem Sirup, die bis zu zwölfmal im Monat angewendet werden.
Etwa eine Stunde dauert der Stadtspaziergang, am Samstag, dem großen Markttag, auch zwei. Man startet ihn am besten an der Place de la Bouquerie. Nach der Rue de la République folgen die Place du Septier mit prächtigen Stadtpalais und die Place Carnot, von der rechts die Rue de la Cathédrale abzweigt. Das dort befindliche Gotteshaus (11. oder 12. Jh.) ist der heiligen Anna, der Mutter Marias, geweiht. Sainte-Anne weist, da vielfach umgebaut, viele Stile auf: So ist etwa das rechte Kirchenschiff romanisch, das linke gotisch. Die einige Gassen entfernte Maison du Parc naturel régional du Luberon bietet eine multimediale Einführungstour zu den vielfältigen Ausflugsmöglichkeiten im Luberon-Naturpark.

Gargas
Mines de Bruoux
101
900 5 km
Apt
Stadtpalais
Kirche Sainte-Anne
Maison du Parc naturel régional du Luberon
900
934
3
36
3
103
103A 22 km
Ménerbes
malerischer Dorfkern
Maison de la Truffe et du Vin

TRÜFFEL UND WEIN

Anderntags bietet sich eine spannende Entdeckungstour per Rad auf der Route »Le Luberon à Vélo« rund um das Luberon-Massiv an. Die Strecke führt an vielen uralten Dörfern vorbei, die immer wieder stillschweigend zum Verweilen auffordern. Eines der beliebtesten Ziele ist **Ménerbes**. Der Name leitet sich von Minerva ab, der Göttin der Weisheit und der Künste. Dies machte Maler wie Picasso neugierig, der 1946 hier Station machte. Andere Künstler seiner Zeit, darunter Nicolas de Staël, weilten dort länger. Ménerbes liegt lang gestreckt wie ein Schiff auf einem Bergrücken. Stattliche Häuser aus dem 16. und 17. Jahrhundert prägen den ansteigenden Ortskern. Oben im Dorf breitet sich im Schatten des Rathausturms die Place de l'Horloge aus. An der Ecke des Platzes steht ein ehemaliges Herrenhaus, ein alter Renaissance-Bau, wo heute hinter dem Rundbogenportal die »Maison de la Truffe et du Vin« beherbergt ist. Die Betreiber widmen sich mit Herzblut ausschließlich den regionalen Produkten – allen voran den schon im Namen genannten: den weithin geschätzten Luberon-Weinen und den berühmten schwarzen Trüffeln, die zwischen November und März in einer Tiefe von bis zu einem halben Meter im regendurchtränkten Boden heranwachsen. Dahinter bietet sich ein zauberhafter Blick auf die Calavon-Ebene, Gordes, Roussillon und ganz in der Ferne auf den Mont Ventoux.

SPECIAL

MIETRÄDER

Das eigene Rad ist übrigens nicht zwingend erforderlich, um den beinahe unausweichlichen Extra-Kalorienzufuhren, die im Vaucluse an jeder Ecke lauern, entgegenzuwirken. Vielerorts kann man Fahrräder mieten – oder E-Bikes, für die auch einige Akkutauschstationen bereitstehen. Ausführliche Informationen zum immer beliebter werdenden Thema einschließlich Routenbeschreibung findet man auf Deutsch unter www.provence-radfahren.de.

↑ Eingemachte Melonen und vieles mehr ↗ Überall begegnen einem die Farben der Provence. → Experte für »Schwarzes Gold«: Pierre Martres (Maison de la Truffe et du Vin) ↓ Alles friedlich da unten – Blick von der ehemaligen Zitadelle in Ménerbes

PRAKTISCHE HINWEISE

TOURISTINFORMATIONEN

Gate DrômArdèche Tourism
6 Rue André Malraux, 26390 Hauterives, Tel. 04 75 23 45 33, www.autour-du-palais-ideal.fr

Office de Tourisme du Pays Diois – Bureau de Die
1 rue des Jardins, 26150 Die, Tel. 04 75 22 03 03, ladrometourisme.com

L'ADT Vaucluse Tourisme
12, Rue Collège de la Croix, 84008 Avignon Cedex 1, Tel. 04 90 80 47 00, www.provenceguide.com

Office de Tourisme de Bédoin
1, Route de Malaucène, 84410 Bédoin, Tel. 04 90 65 63 95, www.ventouxprovence.fr

Office de Tourisme de Carpentras
97, Place du 25 Août, 84200 Carpentras, Tel. 04 90 63 00 78, www.carpentras-ventoux.com

Office de Tourisme Fontaine de Vaucluse
Avenue Robert Garcin, 84800 Fontaine-de-Vaucluse, Tel. 04 90 38 04 78, www.islesurlasorguetourisme.com

Office de Tourisme Luberon Cœur de Provence – Gordes
Place Genty Pantaly, 84220 Gordes, Tel. 04 90 72 02 75, www.luberoncoeurdeprovence.com

Point d'Information Touristique de Roussillon en Provence
Place de la Poste, 84220 Roussillon, Tel. 04 90 05 60 25, www.luberon-apt.fr

Office de tourisme Pays d'Apt Luberon
788, Avenue Victor Hugo, 84400 Apt, Tel. 04 90 74 03 18, www.luberon-apt.fr

CAMPINGPLÄTZE UND STELLPLÄTZE

C 12.1 **Flower Camping Le Château** (S. 287 E1)
5, route de Romans, 26390 Hauterives, Tel. 04 75 68 80 19, www.camping-hauterives.com
GPS: 45.252778, 5.026667
Der vier Hektar große Platz befindet sich in einem Schlosspark in Zentrumsnähe in Gehweite zum Palais Idéal. Seine 90 Touristenplätze sind zum Teil kreisförmig angelegt. Das Freibad ist nur im Hochsommer geöffnet. Weitere Einrichtungen: Mehrzwecksportfeld, Restaurant und Imbiss. Anfang April bis Ende September.

C 12.2 **Camping Le Soleil Fruité** (S. 287 E1)
480, chemin des communaux, 26300 Châteauneuf-sur-Isère, Tel. 04 75 84 19 70, www.lesoleilfruite.com
GPS: 44.9975, 4.893611
Sehr komfortabel eingerichteter Campingplatz auf ebenem Wiesengelände mit Bäumen in Hörweite zu Autobahn und Bahnlinie. Im Mittelpunkt steht eine Badelandschaft mit überdachbarem Freibad und Wasserrutsche. Mini-Club, Laden und Restaurant sind ebenfalls vorhanden. Die Entfernung zum Zentrum beträgt 4 km. 82 Stellplätze, 56 Mietunterkünfte. Ende April bis Mitte September.

C 12.3 **Camping La Pinede** (S. 287 E2)
Quartier du Pont Neuf, 26150 Die, Tel. 04 75 22 17 77, www.camping-pinede.com
GPS: 44.757222, 5.353611
Komfortabel ausgestattetes 11-Hektar-Areal mit Restaurant und Bar am Drôme-Ufer unter Bäumen. Das Freibad ist überdachbar. Angeboten werden unter anderem geführte

Kanutouren. 93 Stellplätze und 93 Mietunterkünfte. Mitte April bis Mitte Oktober.

C 12.4 Camping Les Chapelains (S. 287 E2)
1105, avenue Georges Coupois, 26340 Saillans,
Tel. 04 75 21 55 47,
www.chapelains.com
GPS: 44.695278, 5.181111
Kleiner Campingplatz mit guter Ausstattung in schöner Lage am Drôme-Ufer. Die Parzellen liegen unter Pappeln und sind durch Hecken begrenzt. Anfang April bis Ende September.

C 12.5 Gervanne Camping
(S. 287 E2)
1175, avenue des 3 Becs, 26400 Mirabel-et-Blacons, Tel. 04 75 40 00 20,
www.gervanne-camping.com
GPS: 44.710833, 5.089722
Von einem Geschwisterpaar engagiert geführte Anlage an der Mündung der Gervanne in die Drôme. Eine Straße mit Fußgängerunterführung teilt das Gelände in zwei Teile. Zur Verfügung stehen ein eigener Flussstrand, Freibad, Laden und Restaurant. Abendveranstaltungen und organisierte Ausflüge begleiten die Saison. 4,5 ha, 142 Stellplätze, 32 Mietunterkünfte. Anfang April bis Ende September.

C 12.6 Yelloh! Village Les Bois du Châtelas (S. 287 E2)
Route de Dieulefit, 26640 Bourdeaux, Tel. 06 78 97 85 58,
www.chatelas.com

Bédoin, das Radsport-Basislager am Mont Ventoux

GPS: 44.578333, 5.128056
17 Hektar große Terrassenanlage in Zentrumsnähe mit Blick auf eine Burgruine. Die Ausstattung umfasst Pool (18 x 9 m), Hallenbad, Aqua-Park, Mehrzwecksportfeld, Kinderanimation, Laden und Restaurant. Das Gelände bietet 74 Touristenplätze und viele Mietunterkünfte. Anfang April bis Anfang September.

C 12.7 Domaine des Lauribert (S. 287 E2)
2249, Chemin de Roussillac, 84820 Visan,
Tel. 04 90 35 26 82,
www.lauribert.com
GPS: 44.348805, 4.970945
Stellplatz für 20 Reisemobile auf einem Weingut in Einzellage mit schönem Blick auf die Rebhänge. Eine Weinprobe ist obligatorisch. Ver- und Entsorgungsmöglichkeit sowie Stromanschlüsse sind vorhanden. Die Aufenthaltsdauer ist auf zwei Nächte begrenzt. Ganzjährig.

C 12.8 Camping Le Soleil de Provence (S. 287 E2)
335, Chemin de Toussain, Route de Nyons, 84110 Saint-Romain-en-Viennois, Tel. 04 90 46 46 00,
www.camping-soleil-de-provence.fr
GPS: 44.268530, 5.106072
Der komfortable Platz erstreckt sich außerorts auf einem Hügel, umgeben von Rebfeldern – mit schönem Blick auf waldreiche Höhen und Berge. Die 168 Touristenplätze sind großzügig dimensioniert (100–120 m²). Freibad mit Riesenrutschen und Wasserpark sowie ein Restaurant stehen den Gästen zur Verfügung. Mitte März bis Mitte Oktober.

S 12.9 Parking du Colombier
(S. 287 E3)
Avenue André Coudray, 84110 Vaison-la-Romaine,
Tel. 04 90 36 50 00,
www.vaison-la-romaine.com

GPS: 44.246389, 5.073889
Stellplatz für 35 Reisemobile in Zentrumsnähe auf geschottertem Untergrund, teils umzäunt und zur Straße hin durch eine Baumreihe begrenzt. Ein Bodeneinlass ist vorhanden. März bis Mitte November.

C 12.10 **Camping du Théâtre Romain** (S. 287 E2)
205, Chemin du Brusquet, 84110 Vaison-la-Romaine, Tel. 04 90 28 78 66,
www.camping-theatre.com
GPS: 44.244732, 5.078443
Der kleine Campingplatz (1,5 ha) in der Nähe des Mont Ventoux ist von einer hohen Mauer umgeben und bietet 66 gekieste Parzellen, dazu ein beheiztes Freibad. Es finden zweimal wöchentlich Weinproben statt. Mitte März bis Anfang November.

C 12.11 **Domaine Naturiste de Bélézy** (S. 287 E3)
132 Chem. de Maraval, 84410 Bédoin, Tel. 04 90 65 60 18,
www.belezy.com
GPS: 44.133387, 5.187539
Der luxuriös ausgestattete Campingplatz – er besteht seit 50 Jahren – ist ausschließlich für FKK bestimmt. Seine Lage ist sehr abgeschieden: Er breitet sich auf einer Fläche von 25 ha in einem naturbelassenen Waldgebiet aus. Ein Hydrotherapiezentrum bietet unter anderem Akupunktur, Massagen und eine medizinische Badeabteilung. Ein großes Freibad gibt es ebenfalls. Mitte April bis Anfang Oktober.

S 12.12 **Aire de Camping-car de Carpentras**
(S. 287 E3) 811, Avenue Pierre-de-Courbetin, 84200 Carpentras,
Tel. 04 90 63 00 78,
www.carpentras-ventoux.com
GPS: 44.046667, 5.053333
Stellplatz für acht Reisemobile in der Nähe der Sportanlagen. Entsorgung und Frischwasser stehen bereit. Die maximale Aufenthaltsdauer beträgt zwei Nächte. Ganzjährig.

C 12.13 **Aire de Camping-car**
(S. 287 E3)
Place Frédéric Mistral, 84210 Pernes-les-Fontaines,
Tel. 04 90 61 31 04,
www.tourisme-pernes.fr
GPS: 43.999444, 5.057222
Der zentrumsnahe Stellplatz ist für 20 Reisemobile ausgelegt. Er bietet keine Ver- und Entsorgung, dafür aber Toiletten. Die maximale Aufenthaltsdauer beträgt drei Nächte. Ganzjährig.

S 12.14 **Aire Municipal**
(S. 287 E3) D 25, 84800 Fontaine-de-Vaucluse,
Tel. 04 90 20 32 22, www.
islesurlasorguetourisme.com
GPS: 43.919444, 5.117500
Ein Wohnmobil-Symbol weist auf die Platzeinfahrt westlich des Ortes hin. Die Stellplätze sind mit Holzzäunen begrenzt. Es gibt Toiletten, Entsorgungsmöglichkeit und Frischwasser. Ganzjährig.

S 12.15 **Aire de Camping-car de Fontaine-de-Vaucluse**
(S. 287 E3)
Route de Cavaillon, 84800 Fontaine-de-Vaucluse,
Tel. 08 05 69 48 69,
www.campingcarpark.com
GPS: 43.919722, 5.123056
Stellplatz der SAS-Camping-Car-Park-Gruppe in einem südlichen Ortsteil am Südufer des Flusses La Sorgue. Eine Euro-Relais-Servicestation steht zur Verfügung. Ganzjährig.

C 12.16 **Camping La Coutelière** (S. 287 E3)
Route de Fontaine, 84800 Lagnes, Tel. 04 90 20 33 97,
www.lacouteliere.com
GPS: 43.910280, 5.107137
Engagiert geführter Campingplatz unter teils hohen Bäumen auf naturnahem Gelände am Fluss Sorgue. Ein schönes Freibad, ein Kiosk und eine Servicestation sind vorhanden. Ende März bis Anfang Oktober.

S 12.17 **Parking Gordes**
(S. 287 E3)
D 15, 84220 Gordes,
Tel. 04 90 72 02 75,
www.luberoncoeurde
provence.com
GPS: 43.915278, 5.197778
Ausgewiesenes, abschüssiges Areal für etwa 20 Reisemobile im hinteren Teil eines gebührenpflichtigen Großparkplatzes nahe des Polizeipostens unmittelbar an der Altstadt. Der Untergrund ist asphaltiert, eine Servicestation ist vorhanden. Ganzjährig.

C 12.18 **Camping Les Chênes Blancs** (S. 287 E3)
Chemin des Lombards/ Route de Gargas, 84490 Saint-Saturnin-lès-Apt, Tel. 04 88 70 00 07, www.luberon-camping.fr
GPS: 43.920730, 5.341266
Ebenes Campingareal in einem Eichenwald. Das beheizte Freibad steht während der gesamten Saison zur Verfügung, Restaurant und Kiosk sind jedoch nur im Juli und August geöffnet. Die Gebühren müssen im Voraus entrichtet werden. Ende März bis Mitte Oktober.

C 12.19 **Yelloh! Village Luberon Parc** (S. 287 E4)
Avenue du Bois, 13350 Charleval en Provence, Tel. 04 42 96 60 60, www.campingluberonparc.fr
GPS: 43.713745, 5.245517
Komfortabel eingerichtetes Campingplatzareal im lichten Pinienwald zwischen zwei Kanälen mit schönem Blick auf das Luberon-Gebirge. Es gibt zwei Schwimmbecken, eines davon ist überdachbar. Ende Mai bis Anfang September.

S 12.20 **Stellplatz Moulin Oliversion** (S. 287 F3)
883 Chemin de galon Bastide Galon, 84160 Cucuron, Tel. 04 90 08 90 01, www.domaineoliversion.fr
GPS: 43.772778, 5.453333
Einfache Übernachtungsmöglichkeit auf dem Gelände einer Ölmühle mit Laden. Ein Einkauf ist erwünscht, es gibt keine Serviceeinrichtungen. Ganzjährig.

Kellerführung mit Françoise Radellet im Château Pesquié

Bormes: Mimosen rechts, Mimosen links

13

FRÖHLICHE FRÜHLINGS-FESTE AN AZURBLAUER KÜSTE

Mimosenstraße von Bormes-les-Mimosas nach Grasse

Zeitiger als anderswo – in manchen Jahren schon im Januar – beginnt an der Côte d'Azur das wunderbare Schauspiel der Mimosenblüte. Besonders intensiv erlebt man es im Osten des Départements Var – sowohl in der freien Natur als auch auf Festen mit farbenprächtigen Paraden. Vielerorts hört man die Vögel singen und balzen, daneben genießen die Menschen in den Straßencafés die milde Wintersonne und den sanft schmeichelnden Wind, der vom Meer übers Küstenland streicht. Fantastische Ausblicke bieten sich, wenn man etwa im Februar mit dem Reisemobil den Col du Canadel passiert. Die in Blüte stehenden Büsche und Bäume tauchen die Hänge in flammendes Gelb. Und weit unten blinken tiefblaue Buchten.

Stadt und Land verbindet die »Route du Mimosa«. Sie vermittelt wie keine andere Strecke im Westen der Küste die Schönheiten der provenzalisch geprägten Landschaft. Die Mimosenstraße windet sich von Bormes-les-Mimosas nach Grasse, der traditionsreichen Parfümstadt.
Doch beginnen wir von vorn: Captain Cook, der berühmte englische Seefahrer, brachte 1864 die ersten Mimosen von einer Reise aus Südamerika mit. Seine adligen Landsleute, die den Winter im damals noch jungen Seebad Cannes verbrachten, ließen sie sogleich in die Gärten ihrer Villen pflanzen. Andere Quellen nennen das Jahr 1839, in dem die Mimose aus Australien in den Mittelmeerraum eingeführt wurde. In jedem Fall aber konnte sich das Wärme liebende Gewächs – begünstigt durch den sauren Boden – über die Hügel des Maurenmassivs blitzschnell ausbreiten. Botaniker zählen weltweit viele hundert Mimosenarten, die entweder als Sträucher oder Bäume wachsen – manchmal bis zu zwölf Meter hoch; einige Sorten blühen das ganze Jahr über. Gern zeigt der Gärtner Gérald Cavatore, der in **Bormes-les-Mimosas** eine Baumschule betreibt, interessierten Gästen seine einzigartige Sammlung von mehr als 170 Varietäten, die er auf unzähligen Reisen rund um den Globus zusammengetragen hat.
Der alte Ortskern von Bormes-les-Mimosas erstreckt sich auf Terrassen an einem vor rauen Nordwinden geschützten Südhang. Es duftet hier nicht nur herrlich nach Mimosen, sondern auch nach Eukalyptus, Kamille und Dutzenden Küchenkräutern. Bormes ist ein typisches südfranzösisches Städtchen, das jahrein, jahraus die Besucher in Scharen anzieht. Besonders viele kommen immer am dritten Wochenende im Februar, wenn am Sonntagnachmittag ein grellbunter Blumenkorso mit viel Trara durch die Straßen zuckelt. Fast ein Jahr lang haben die Bewohner auf dieses Ereignis hingearbeitet. Da der Umzug in die närrische Zeit fällt, sind die dargestellten Motive oft deutlich vom Fasching geprägt. Entsprechend ausgelassen ist die Stimmung.
Wer es sonst eher ruhig mag, sollte an einem anderen Wochentag wiederkommen. Nicht wenige Besucher eilen dann schnurstracks hinauf auf den Schlossberg – über eine steile, mitunter rutschige Gasse mit einer Rinne in der Mitte, die im Volksmund »Rompi-Cuou«

ROUTE 13

START- UND ENDPUNKT
Bormes-les-Mimosas und Grasse

BESTE JAHRESZEIT
Februar und März

STRECKENLÄNGE
131 Kilometer

FAHRZEIT
6 bis 8 Tage

MAUTSTRECKEN
keine

Start Bormes-les-Mimosas
559 Altstadt mit Schlossberg
Blumencorso
Saint-Trophyme
Kreuzweg

16 km

Rayol-Canadel-sur-Mer
27 Landschaftsgarten
98 Domaine du Rayol
558 Col du Canadel

21 km

Grimaud

Blütenzauber auf Schritt und Tritt

Die Souvenirläden haben auch im Winter geöffnet.

heißt, zu Deutsch »Halsbrecher«. Von der Schlossruine herab bietet sich ein famoser Blick auf Dächer und Landschaft. Er reicht bei klarer Sicht bis zum Cap Bénat sowie zu den Inseln Port-Cros und Le Lavant.

LAUSCHIGE ECKEN UND PLÄTZE

Die Kirche des Orts, Saint-Trophyme, erbaut im 18. Jahrhundert, zeigt romanische Einflüsse. Den Chor schmücken Fresken. An der Sonnenuhr prangt der Spruch: »Ab hora diei ad horam Dei« (»Von der Stunde des Tages zur Stunde Gottes«). Die 14 Ölgemälde am Kreuzweg sind sehr jung: Sie stammen von 1980. Überdachte Passagen (12. und 16. Jh.), wo sich die Einheimischen seit jeher gern zum Schwätzchen mit den Nachbarn treffen, verbinden die Gassen miteinander. Gemütliche kleine Plätze, wie etwa die Place Lou-Poulid-Cantoun, laden ebenfalls zum Verweilen ein. Dort befindet sich auch ein schönes Gartenlokal mit gleichem Namen. Auf der Place Saint-François findet mittwochs der Wochenmarkt statt. Neben dem Turm der alten Mühle am Platzende bietet sich ebenfalls eine prächtige Aussicht bis zum Meer. Besonders in den Mittagsstunden

SPECIAL

KÖSTLICHE KÜCHE

Orte wie Bormes und Grimaud gelten als Feinschmeckerhochburgen. Fischsuppen etwa sind eine äußerst beliebte Vorspeise in den Lokalen dort – berühmt ist besonders die Bouillabaisse. Diese enthält stets verschiedene Fischsorten, Krustentiere und Muscheln. Auf die dazu gereichten gerösteten Weißbrotscheiben streicht man Rouille, eine pikante sämige Knoblauch-Pfefferschoten-Sauce. Meeresfrüchte genießt man daneben gern als Vorspeise in Ragoutform. Eine beliebte Zubereitungsart von Fleisch ist, es in Stücke zu schneiden und zu schmoren (oft angewendet bei Lamm mit Tomaten). Ständiger Begleiter eines guten Essens im Département Var ist der Wein, wobei man die Weine aus der Gegend und der gesamten Provence lange Zeit schmähte. Das hat sich geändert – sehr gefragt sind etwa die kräftigen Rotweine aus Bandol.

ist es oft angenehm warm, was dazu einlädt, sein geliebtes Tässchen Café oder Tee etwa auf der Terrasse des »Bellevue« zu schlürfen. Den Traditionsbetrieb kann man nicht verfehlen: Er liegt zwischen dem großen Parkplatz und dem Eingang zur Altstadt.
Die Nachmittagsstunden bieten sich dazu an, noch ein bisschen am Meer entlangzuschlendern – zum Beispiel in der Domaine du Rayol im Nachbarort **Le Rayol-Canadel** ein Stück östlich. Den feudalen Besitz ließ anno 1910 der reiche Geschäftsmann Alfred-Théodore Courmes anlegen. Der zugehörige weitläufige Landschaftsgarten präsentiert einen umfassenden botanischen Querschnitt aus subtropischen Gebieten rund um den Erdball.

Tomaten und Kräuter: wichtige Zutaten in der provenzalischen Küche

Wunderbar wandern kann man darüber hinaus anderntags auf der großen Halbinsel, die sich ein Stück nördlich bei Saint-Tropez erstreckt. Von dem berühmten Hafenstädtchen aus führt ein gelb markierter Weg übers Cap Camarat und das Cap Lardier bis zum Strand von Cavalaire. Beim Cap Taillat beginnt der wohl schönste Streckenabschnitt: die geschützte Bucht von Briande. Insgesamt ist der Küstenpfad etwa 40 Kilometer lang, weshalb es empfehlenswert ist, ihn in Etappen zu begehen.

Café Bellevue – der Name sagt alles.

↑ In bester Lage: am Südhang, geschützt vor kalten Winden
↗ Kleiner Abendspaziergang durch Grimaud ↘ Seifen aus besten Rohstoffen

SICHER VOR ANGREIFERN

Ein weiteres Ziel, das man unbedingt ansteuern sollte, ist **Grimaud** – ein reizendes Mittelalterstädtchen mit Burg, hoch auf einem Bergrücken gelegen. Die exponierte Lage schützte den Ort über Jahrhunderte vor Überfällen, etwa von Seeräubern. Die Gebäude und Brunnen wirken behutsam restauriert. Die ältesten Häuser stammen aus dem 15. Jahrhundert. Viele Türrahmen bestehen aus polierten schwarzen Lava- oder dunkelgrünen Serpentin-Platten. Ein Rundgang zu den Sehenswürdigkeiten dauert etwa eine Stunde, den Plan dazu hält das Verkehrsamt bereit. Startpunkt ist meist die Église Saint-Michel mit schönen Fresken. Der Grundriss der romanischen Kirche (12./13. Jh.) weist wie damals üblich die Form eines lateinischen Kreuzes auf. Die Burg ließ Kardinal Mazarin 1655 schleifen, dennoch sind von den ursprünglich drei Befestigungsmauern und vier Ecktürmen ein paar imposante Reste übrig. Vom oberen Wehrgang eröffnet sich eine herrliche Aussicht auf das Maurengebirge mit seinen Korkeichen- und Kastanienwäldern sowie über den Golf von Saint-Tropez. Am Fuß breitet sich die neu-

AUSFLUG

PIC DU CAP-ROUX

Ausgangspunkt einer Wanderung auf den Cap-Roux-Gipfel (452 m) ist der Parkplatz in La Sainte-Baume; dorthin gelangt man ab Saint-Raphaël über die D 559 und die Forststraße am Col Belle-Barbe. Zwei Stunden dauert der Aufstieg über den markierten Weg. Oben angekommen, bietet sich eine überwältigende Aussicht, unter anderem bis zu den Îles de Lérins. Unterhalb befindet sich die Quelle von La Sainte-Baume, die zu einer Picknickpause einlädt. Eine längere und beschwerlichere Variante führt vom Parkplatz aus zum Col du Saint-Pilon, der einen wunderschönen Blick auf das Cap du Dramont gewährt.

zeitliche Lagunensiedlung Port-Grimaud aus, weshalb man sie oft auch modernes Venedig nennt. Wegen seiner langen Sandstrände ist **Sainte-Maxime** im Sommer ein sehr beliebter Ferienort. Doch auch an sonnigen Wintertagen flaniert man hier gern auf der von Palmen gesäumten Promenade Simon-Lorière, die am Hafen entlang verläuft, oder auf der im Westen gelegenen Promenade de la Croisette; sie führt unter anderem zum botanischen Garten. Sainte-Maxime ist eine der wenigen Städte im Var, die ihr reiches architektonisches Erbe aus der Zeit vor dem Zweiten Weltkrieg bewahren konnten. Das Tourismusbüro hat einen Rundgang (2,5 Std.) dazu ausgearbeitet. Am Weg liegen zahlreiche Belle-Époque-Villen, bewohnt von Künstlern und Prominenten; sie wurden in 38 unterschiedlichen Baustilen errichtet. Die meisten von ihnen befinden sich in den Avenuen Charles de Gaulle, Berthie Albrecht und Général Leclerc.

Grimaud
61A Altstadt
Burg
229 Église Saint-Michel
12 km
Sainte-Maxime
Promenade Simon-Lorière
559 Botanischer Garten
Belle-Époque-Villen
22 km
Saint-Raphaël

Fantastisches Panorama auf der Corniche de l'Esterel

EIGENWILLIG UND EXOTISCH

Mit schönen Häusern wartet auch der mondäne Küstenort **Saint-Raphaël** auf; man findet sie im Quartier de la Marine, darunter die prächtig dekorierte Villa Roquerousse (1900) an der Promenade René Coty. Ebenfalls sehr lohnenswert sind ein Spaziergang durch die engen Altstadtgassen, der Besuch der Basilika Notre-Dame-de-la-Victoire-de-Lépante und des archäologischen Museums. Die Kirche im neobyzantinischen Stil, erbaut 1883, fällt durch zahlreiche Besonderheiten auf, wie etwa die orientalische Bemalung im Chor, die an eine Moschee erinnert, oder die Fenster in maurischer Bauweise. Wer in Ruhe lustwandeln möchte, der sollte den

Saint-Raphaël
559 Basilika Notre-Dame-de-la-Victoire-de-Lépante
6098 Archäologisches Museum
2098 Jardin Bonaparte
Esterel-Massiv
34 km
Mandelieu-la-Napoule

SPECIAL

SPEZIELLE SOUVENIRS

Esskastanien mit Zuckerguss oder als Crème sind die besonderen Spezialitäten der Confiserie Azuréenne im Gebirgsdörfchen Collobrières im südlichen Maures-Massiv. Die Geschäfte in Cogolin, einem Städtchen, das etwas östlich davon liegt, führen neben schöner Keramik vor allem Pfeifen, Teppiche und Korkarbeiten. Die Küstenstadt Sainte-Maxime ist hingegen bekannt für Holzskulpturen, derweil man in Mandelieu-la-Napoule unter anderem für exklusive Glaswaren wirbt. Einen wichtigen Platz unter den regionalen Erzeugnissen nimmt das Olivenöl ein. Dieses kauft man am besten beim Erzeuger oder in den Feinkostläden vor Ort. Renommierte Ölmühlen befinden sich beispielsweise in Bandol, Entrecasteaux, Callas, Opio oder Draguignan.

Die einzigartigen Felsen erstrecken sich bis ins Meer.

Das rote Esterel-Massiv begeistert Jung und Alt.

Jardin Bonaparte mit Aussichtsterrasse aufsuchen. Von dieser lässt sich das Treiben im Fischerhafen gut verfolgen.
Direkt hinter der Stadt erhebt sich das Esterel-Massiv, eine bezaubernd schöne, rot leuchtende Bergkette. Diese besteht aus sehr altem, stark verwittertem Vulkangestein mit tiefen Schluchten. Die gezackten Felsen reichen oft bis ins Wasser hinein, manchmal jedoch fallen die Felswände senkrecht ins Meer. Eine Fahrt mit dem Wohnmobil auf der Corniche de l'Esterel mit ihren Aussichtsplätzen ist ein Muss. Wunderbare Wanderwege führen zum Beispiel zum Mont Vinaigre (618 m), der höchsten Erhebung, oder zum Pic de l'Ours (492 m) mit Fernsehturm. Dieser Gipfel bietet den weitesten Ausblick über die Küste zwischen dem Maurenmassiv und den Alpen.
Viele Straßen im Gebirge sind für den Privatverkehr gesperrt beziehungsweise enden an Parkplätzen. Da passt es gut, dass es in der Gegend Campingplätze gibt, wie etwa Royal-Camping in Le Dramont, die bereits nach kurzer Winterpause im Februar wieder öffnen. Die Stele am Straßenrand beim Plage du Dramont erinnert übrigens an die Landung der Amerikaner im August 1944.

ZEHN TAGE PARTY

Zwischen Esterel- und dem nachfolgenden Tanneron-Massiv breitet sich an der Siagne-Mündung die Stadt **Mandelieu-la-Napoule** aus. Im Mittelalter gab es hier einen Hafen mit Namen Epulia, heute hat der Mimosenanbau den Fischfang als wichtigsten Wirtschaftszweig weit hinter sich gelassen. Das ist auch der Grund, weshalb die Menschen in Mandelieu das Mimosenfest im Februar zehn Tage lang begeistert feiern. Zahlreiche Veranstaltungen, Blumen- und Nachtkorsos

Farbenfrohes Mimosenfest in Mandelieu-la-Napoule

Farben, Gerüche, Aromen: Laden von Bernadette Vial

entlang der Seepromenade begleiten das Programm. Die närrischen Einlagen brauchen den Vergleich mit dem weitaus berühmteren Karneval in Nizza nicht zu scheuen. Bejubelter Auftakt ist stets die Wahl der Mimosenkönigin.

Die Mimosenzucht ist auch die große Leidenschaft von Bernard Vial im kleinen Ausflugsort **Tanneron**. Der Gärtner hat ein ausgetüfteltes Verfahren entwickelt, das den Export von Schnittpflanzen möglich macht. Es erfordert einen ständigen Wechsel von Feucht- und Trockenperioden im Gewächshaus mit anschließender Lagerung im Dunkeln. Nach erfolgtem Versand muss der Käufer die Zweige zu Hause in heißem Wasser und einem eigens entwickelten Pulver zum Blühen bringen. Sie sind somit auch ein schönes Reisemitbringsel.

Mandelieu-la-Napoule
109 Mimosenfest mit Umzügen
38
11 km
Tanneron
Mimosenzucht Bernard Vial
9
15 km
Grasse
Altstadt Parfümeriemuseum

Während ihr Mann erfolgreich Mimosen züchtet und vertreibt, offeriert Bernadette Vial in ihrem angeschlossenen Laden ein überaus reichhaltiges Sortiment an Produkten aus der Region. Dieses umfasst zum Beispiel aromatische Kräutermischungen oder hausgemachte Liköre und Konfitüren (www.vial-tanneron.com). Außerdem gibt es hier und überall im Dorf den exzellenten, in den Bergen von Tanneron erzeugten Honig zu kaufen.

RIECHT VERDAMMT GUT

Am Fuß der Parfümhauptstadt Grasse breitet sich die Ebene mit den Blumenfeldern aus, die zu ihrer weltweiten Berühmtheit beitragen. Die gewundenen Altstadtgässchen säumen vier- oder fünfstöckige Häuser. Treppen verbinden die Gassen. Rund ein Dutzend Häuser mit Zwillingsfenstern erzählen von der Blütezeit im Mittelalter. Nach jahrelangen Umbauarbeiten hat das Internationale Parfümeriemuseum wieder geöffnet: Es präsentiert in schönem Ambiente aus gläsernem Gang und Garten auf 3500 Quadratmetern rund 50 000 Exponate aus der Welt der edlen Düfte. Internationales Parfümeriemuseum wieder geöffnet: Es präsentiert in schönem Ambiente aus gläsernem Gang und Garten auf 3500 Quadratmetern rund 50 000 Exponate aus der Welt der edlen Düfte.

PRAKTISCHE HINWEISE

TOURISTINFORMATIONEN

Var Tourisme – Agence de Développement Touristique
1, Boulevard de Strasbourg, 83093 Toulon Cedex, Tel. 04 94 18 59 60, www.visitvar.fr

Office de Tourisme de Bormes-les-Mimosas
Place Gambetta, 83230 Bormes-les-Mimosas, Tel. 04 94 01 38 38, www.bormeslesmimosas.com

Office de Tourisme du Rayol-Candel
Place Michel Goy, 83820 Rayol-Canadel-sur-Mer, Tel. 04 94 05 65 69, www.lerayolcanadel.fr

Office de Tourisme de Grimaud, 679, Route Nationale, 83310 Grimaud, Tel. 04 94 55 43 83, www.grimaud-provence.com

Office de Tourisme de Sainte-Maxime
21, Place Louis Blanc, 83120 Sainte-Maxime, Tel. 08 26 20 83 83, www.sainte-maxime.com

Office de Tourisme de Saint-Raphaël, 99, Quai Albert 1er, 83700 Saint-Raphaël, Tel. 04 94 19 52 52, www.saint-raphael.com

Office de Tourisme et des Congrès de Mandelieu-la-Napoule
806, Avenue de Cannes, 06210 Mandelieu-la-Napoule, Tel. 04 93 93 64 64, www.mandelieu-tourisme.com

Point Info Tourisme de Pegomas
169, Avenue de Grasse, 06580 Pegomas, Tel. 04 92 60 20 70, www.paysdegrassetourisme.fr

Office de Tourisme de Grasse
18, Place aux Aires, 06130 Grasse, Tel. 04 93 36 66 66, www.paysdegrasse tourisme.fr

Stellplatz in Sainte-Maxime, ideales Quartier am Stadtrand

CAMPINGPLÄTZE UND STELLPLÄTZE

S 13.1 **Parking Place Saint-François** (S. 287 G5)
Place Saint-François, 83000 Bormes-les-Mimosas, Tel. 04 94 01 38 38, www.bormeslesmimosas.com
GPS: 43.151111, 6.344444
Stellplatz für zehn Reisemobile auf Großparkplatz in Altstadtnähe. Zufahrt ist nur über eine steile Rampe möglich. Eine Servicestation befindet sich beim Tourismusbüro im Hafen La Favière, Boulevard du Front de Mer. Das Übernachten ist nur vom 1. November bis 31. März erlaubt.

C 13.2 **Camping Manjastre** (S. 287 G4)
D 98, 150, Chemin des Girolles, 83230 Bormes-les-Mimosas, Tel. 04 94 71 03 28, www.campingmanjastre.com
GPS: 43.162458, 6.321366
Schön gelegener, gut eingerichteter Campingplatz zwischen Wald und Reblagen im Nordwesten der Stadt. Ganzjährig.

S 13.3 **Aire de Camping-car** (S. 287 G4)
31, Chemin de la Moutte, 83990 Saint-Tropez, Tel. 04 94 97 32 25, www.sainttropeztourisme.com
GPS: 43.264722, 6.672222
Stellplatz für 28 Reisemobile unter Bäumen, von Mauern und Hecken umgeben. Serviceeinrichtungen inklusive Toiletten, Duschen und Stromanschlüssen stehen bereit. Ganzjährig.

S 13.4 **Aire de Stationnement Grimaud** (S. 287 G4)
RD 559, Saint-Pons-les-Mûres, 83310 Grimaud, Tel. 04 94 55 43 83, www.grimaud-provence.com
GPS: 43.280000, 6.578333
Stellplatz mit Euro-Relais-Station für zehn Reisemobile an verkehrsreicher Straße, zahlbar nur per Kreditkarte. Ganzjährig.

Royal Camping: gute Basis für Wanderungen im Küstengebirge

S 13.5 **Aire de Camping-car de Sainte-Maxime** (S. 287 G4)
D 25, Route de Plan de la Tour, 83120 Sainte-Maxime, Tel. 04 94 55 75 55, www.ste-maxime.fr
GPS: 43.317222, 6.630000
Ebener, geschotterter Stellplatz für 80 Reisemobile im Norden der Stadt – gegenüber befindet sich ein Schnellrestaurant. Eine Servicestation ist vorhanden. Der Aufenthalt ist auf maximal 48 Stunden beschränkt. Ganzjährig.

C 13.6 **Aire de Camping-car Chez Marcel** (S. 287 G4)
Cor des Issambres, 83380 Saint-Aygulf/La Gaillarde, Tel. 06 79 33 69 67, www.saint-aygulf-tourisme.fr
GPS: 43.365781, 6.711713
Umfriedetes Gelände – gekiest und geschottert – für 40 Fahrzeuge an einem Campingplatz. Serviceeinrichtungen einschließlich WC, Duschen, Waschmaschine und Trockner stehen zur Verfügung. Ganzjährig.

C 13.7 **Royal Camping** (S. 287 G4)
Rue Marie-Louise Robinson, 83700 Le Dramont, Tel. 04 94 82 00 20, www.royalcamping.net
GPS: 43.420103, 6.856745
Durch eine schmale Straße zweigeteilter Campingplatz an einer schönen Bucht mit Sandstrand, wo es auch einen kleinen Laden gibt. Die Sanitäranlagen wurden 2016 vollständig erneuert. Anfang Februar bis Mitte November.

C 13.8 **Camping Le Fréjus** (S. 287 G4)
3401, Rue des Combattants d'Afrique du Nord, 83600 Fréjus, Tel. 04 94 19 94 60, www.lefrejus.com
GPS: 43.464096, 6.724136
Der gut eingerichtete Campingplatz liegt 3 km außerhalb des Zentrums an einer viel befahrenen Straße. Mitte Januar bis Mitte Dezember.

S 13.9 **Camping Les Cigales** (S. 287 H4)
505, Avenue de la Mer, 06210 Mandelieu-la-Napoule, Tel. 04 93 49 23 53, www.lescigales.com
GPS: 43.538917, 6.942580
Verkleinertes Gelände mit nur noch 37 Parzellen in Heckennischen am Fluss Siagne. Neben der Einfahrt befindet sich ein kleines Lokal. Die Seepromenade liegt in Gehweite. Bisher ganzjährig, jetzt mit Pausen im Spätherbst und Januar.

S 13.10 **Parking Marineland P1** (S. 287 H4)
306 Avenue Mozart, 06600 Antibes, Tel. 08 06 00 01 15, www.effia.com
GPS: 43.614987, 7.120658
Geschottertes Areal für 50 Fahrzeuge, von Büschen umgeben, am Freizeitpark Marineland. Eine Servicestation befindet sich vor Ort, es gibt zwölf Stromanschlüsse. Ganzjährig.

C 13.11 **Camping La Camassade** (S. 287 H3)
523, Route de Pie-Lombard, 06140 Tourrettes-sur-Loup, Tel. 04 93 59 31 54, www.camassade.com
GPS: 43.705092, 7.050469
Kleiner, engagiert geführter Platz auf Stufen in lichtem Olivenhain und in einem Eichenwald. Die Zufahrt ist steil, das sehenswerte provenzalische Bilderbuchbergdorf liegt 1,5 km entfernt. Ganzjährig.

C 13.12 **Camping Parc des Maurettes** (S. 287 H4)
730, Avenue du Docteur Lefèbvre, 06270 Villeneuve-Loubet, Tel. 04 93 20 91 91, www.parcdesmaurettes.com
GPS: 43.631030, 7.129703
Der Terrassenplatz erstreckt sich in einem Pinienwald, 350 m vom Bahnhof der Küstenbahn entfernt. Zur Ausstattung gehört unter anderem eine Saunalandschaft. Mitte Januar bis Mitte November.

C 13.13 **Camping La Vieille Ferme** (S. 287 H4)
296, Boulevard des Groules, 06270 Villeneuve-Loubet, Tel. 04 93 33 41 44, www.vieilleferme.com
GPS: 43.620121, 7.126020
Sehr gut eingerichteter Campingplatz mit überdachbarem Freibad (geöffnet ab 15. 02.) in einem Naturpark. Das Meer liegt 1 km, die Zugstation 300 m entfernt. Ganzjährig.

Imposanter Großsegler im Hafen von Nizza

14

BLAU-WEISS-ROTE TRAUM-INSEL IM MITTELMEER

Korsika-Rundfahrt über Berge entlang der Küste

Hinreißend schöne Landschaften zeichnen Korsika aus. Damit aber die oft engen Straßen auf der gebirgigsten aller Mittelmeerinseln für Wohnmobillenker nicht zum Albtraum werden, sollten diese ein paar Dinge beachten, darunter die Wahl der besten Reisezeit. Zu meiden sind in jedem Fall die heißen Hochsommermonate mit ihrem hohen Verkehrsaufkommen. Eine Rundtour gegen den Uhrzeigersinn, wie im Folgenden beschrieben, hat außerdem den Vorteil, dass die gelegentlich überhängenden Felsen nicht in die eigene Spur, sondern in die Gegenfahrbahn ragen. Darüber hinaus lassen sich die Kurven von der Meerseite aus leichter einsehen. Wichtige Etappenziele sind unter anderem Porto, Corte und Bonifacio.

Bevorzugter Zielhafen für jene, die über Nizza und Toulon nach Korsika reisen, ist **Bastia**, die blühende Wirtschaftsmetropole im Nordosten. Eine Alternative dazu, die etwa Corsica Ferries neu im Fahrplan hat, ist nebenbei bemerkt Porto-Vecchio, zwei Autostunden südlich. Die Altstadt von Bastia teilt sich in Unter- und Oberstadt: Terra-Vecchia im Norden und Terra-Nova im Süden. Beide Viertel grenzen an den alten Hafen, der mit am Kai liegenden Holzbooten und Netze flickenden Fischern ausgesprochen beschaulich wirkt. Bunte Fensterläden grüßen von den hohen, pastellfarbenen Fassaden. Die schönsten Gebäude sind am Abend hell erleuchtet – und aus den Kneipen klingen korsische Lieder.
Die Kirche Saint-Jean-Baptiste ist die größte auf der Insel; sie thront über dem Hafen. Noch ein Superlativ: Die Place Saint-Nicolas in Terra-Vecchia mit stattlicher Napoleon-Statue ist größer als der Petersplatz in Rom und somit einer der größten Plätze in Europa. Mit reicher Ausstattung im Barockstil glänzt die Église Sainte-Marie (Erzkathedrale) im Viertel Terra Nova – hervorzuheben sind der mehrfarbige Marmorboden und die prächtige Silberstatue der Himmelfahrt Mariens in einer Nische im rechten Seitenschiff.
Auf der anderen Inselseite, an der Nordwestküste, liegt die Stadt **Calvi** in einer wunderbaren, tiefblauen Bucht. Die hellen ockerfarbenen Mauern der Zitadelle, die sich auf einer Landspitze über der Unterstadt und dem Hafen erheben, bilden dazu einen schönen Kontrast. Pinien säumen den sechs Kilometer langen Strand; er bietet ebenfalls ein wundervolles Panorama auf die Stadt und die Zitadelle, welche von 600 Jahren Genuesen-Herrschaft zeugt. Obwohl es in und um Calvi neun Campingplätze gibt, sind die strandnahen meist schon früh ausgebucht. In diesem Fall empfiehlt es sich, auf Anlagen wie Bella Vista – etwa zehn Gehminuten vom Strand entfernt – auszuweichen.

ROUTE 14

START- UND ENDPUNKT
Bastia

BESTE JAHRESZEIT
Mai und September

STRECKENLÄNGE
701 Kilometer

FAHRZEIT
10 bis 14 Tage

MAUTSTRECKEN
keine

Start Bastia
N193 Terra-Vecchia alter Hafen
107 Silberstatue in Sainte-Marie
10
N193
N197 120 km
Calvi
N197 Zitadelle Hafen
81 Église St-Jean-Baptiste
74 km
Porto

↑ Gleich beginnt das Verladen. ↓ Altstadt Terra-Nova in Bastia: festlich illuminiert

STRAHLEND SCHÖNER KÜSTENSTRICH

Rund 60 Kilometer südlich öffnet sich der **Golf von Porto**, eine der zauberhaftesten Ecken Korsikas. Das UNESCO-Weltnaturerbe verdankt seine Schönheit dem leuchtend roten Granit. Den Nordteil, das Naturschutzgebiet Scandola, zeichnet obendrein eine reiche Flora und Fauna aus: Über den Klippen kreisen zum Beispiel die seltenen Fischadler. Das Befahren der Küstenstraße mit großen Wohnmobilen stellt besonders hier eine enorme Herausforderung dar, die zum Ort Porto hin noch größer wird, da die Fahrbahn zunehmend einspurig verläuft. Um schwierige Begegnungen mit Reisebussen zu vermeiden, ist es ratsam, die Strecke abends zu befahren, wenn sich die meisten Tagesausflügler wieder zum Essen versammelt haben. Ein weiterer Grund für die Abendstunden ist das warme, schräg einfallende Sonnenlicht, das die Felsen noch intensiver strahlen lässt.

Wer **Porto** erreicht hat und glaubt, dass die ärgste Kurbelei schon überwunden sei, wird leider enttäuscht. Die Straße hinüber nach Corte, der alten Inselhauptstadt, zählt zu den spektakulärsten Streckenabschnitten, welche die Insel aufweisen kann. Sie führt zunächst an der beeindruckenden Spelunca-Schlucht vorbei, die von genuesischen Steinbrücken überspannt wird, wie etwa der Pont Pianella mit ihrem markant geformten Bogen, kurz hinter Ota.

Weiter geht es dann über **Tombalo**, wo sich von der Straße aus ein weites Gebirgspanorama eröffnet, hinauf zum charmanten Bergdörfchen **Évisa** inmitten herrlicher Kastanienwälder. Ein Waldlehrpfad (Sentier de la Châtaigneraie) informiert dort über deren frühere große wirtschaftliche Bedeutung. Er beginnt 300 Meter links an einer Steigung hinter dem Rathaus und mündet wieder auf die Passstraße, wo kurz darauf der steile

KULTUR

CHRISTOPH KOLUMBUS

Einige Städte im Mittelmeerraum geben vor, der Geburtsort von Christoph Kolumbus zu sein. So auch Calvi. Obwohl inzwischen allgemeiner Konsens darüber besteht, dass der berühmte Entdecker bei seiner Geburt Genuese war, beharren viele darauf, dies würde ihrer These nicht widersprechen, denn schließlich gehörte die Stadt um 1450 zur Republik Genua. Ein Cristofanu-Colombu-Denkmal, das an der Treppe, die von der Place Colomb zur Zitadelle führt, errichtet wurde, soll der ganzen Diskussion aus Sicht der einheimischen Kolumbus-Verehrer ein Ende setzen.

↑ Westküste: Blau trifft auf Rot.
↓ Aussteigen und Innehalten – Küstenstraße bei Porto

Évisa: zauberhafter Ort im Inselinneren

Zugang zu den Aïtone-Wasserfällen abzweigt. Das Baden in den Kaskaden des Wildbachs ist verboten. Mühlenruinen erinnern daran, dass im Évisa-Gebiet bis zu Beginn des 20. Jahrhunderts Kastanien zu Mehl gemahlen wurden. Weiterführende Wanderwege – sie starten oberhalb des Feriendorfs Paisolu d'Aïtone – haben den Col de Salto (1391 m) und den Col de Cocavera (1475 m) zum Ziel. Von deren Gipfeln herab reicht der Blick weit übers Tal und den Aïtone-Wald bis zum Golf von Porto.

DAS IST DIE HÖHE!

Jenseits des Vergio-Passes, der Straße weiter folgend, erstreckt sich der 1968 angelegte Calacuccia-Stausee. Dieser fasst rund 25 Millionen Kubikmeter Wasser, geflutet aus dem Gebirgsfluss Golo. Seine Ufer bieten zwar keine Badestellen, dafür aber einen höher gelegenen Campingplatz. Die Besteigung des Monte Cinto (2706 m), Korsikas höchstem Berg, von Calcuccia aus, ist nur sehr gut trainierten Wanderern zu empfehlen.
Im Dorf **Albertacce** zeigt das kleine archäologische Museum Licninoi bemerkenswerte Funde aus der korsischen Bergwelt von der Jungsteinzeit bis zur Eisenzeit, darunter die berühmte Kopfplastik Tête de Ponte Altu.
Nächste Station ist **Castirla**. Der kleine Ort wartet mit der etwas außerhalb gelegenen Sankt-Michael-Kapelle auf, einem vorromanischen Bau mit schönen Fresken aus dem 15. Jahrhundert. Von da ist es nur noch ein Katzensprung bis nach **Corte**.
Die Stadt ist geprägt von einer ruhmreichen Vergangenheit. Diese verdankt sie Pasquale Paoli, einer außergewöhnlich starken Persönlichkeit. Dem siegreichen Widerstandskämpfer gelang es 1755, die Genuesen aus

dem Landesinneren zu vertreiben. Er gab den Inselbewohnern eine demokratische Verfassung und machte Corte kurzzeitig zum Sitz der Regierung. Als deren beachtlichste Leistung gilt der Bau einer Universität, die anno 1765 eröffnet wurde. Junge, begabte Insulaner wurden dort auf ein Regierungsamt vorbereitet.
Über der Stadt erhebt sich die Zitadelle auf zwei Ebenen. Oben wacht das Château, erbaut 1420 von Vincentello d'Istra, dem aragonesischen Vizekönig. Der untere Teil ist indes recht jung: Ludwig XVI. und Ludwig Philipp ließen ihn im 19. Jahrhundert ausbauen. Die Zitadelle ist nur zusammen mit dem Musée de la Corse zu besichtigen. Letzteres erzählt sowohl von der traditionellen Lebensweise der Bauern und Hirten als auch von den Konflikten mit der Moderne, welche die Insel seit der einsetzenden Industrialisierung und dem Aufkommen des Tourismus sehr verändert hat.

GUT ZU FUSS

Südlich von Corte ragt der **Monte Rotondo** in den oft wolkenverhangenen Himmel. Sein Name bedeutet auf Korsisch »runder Berg«. Die zweithöchste Erhebung Korsikas (2622 m) ist Teil einer massiven Gebirgskette. Die Besteigung vom Restonica-Tal aus gilt als gut zu meisternde Tageswanderung, die lediglich gute Kondition und Ausrüstung voraussetzt, was den Rotondo zum meistbegangenen Inselberg macht. Besondere Vorsicht ist jedoch bei plötzlich einsetzendem Schneefall geboten, der bis Anfang Juni immer mal wieder auftreten kann. Aber allein schon das Durchfahren der alpinen Zauberwelt mit dem Reisemobil stellt ein unvergessliches Erlebnis dar – besonders im Mai, wenn blühende Obstbäume den Straßenrand säumen.

↓ Hügeliges Küstenland im Südwesten
↘ Bizarre Schluchten wie hier bei Santa Régina durchziehen die Bergwelt.

Ajaccio
N193 Altstadt
Musée Fesch
N194
N193
1
701
303
3
203
N196 93 km
Sartène
Musée de
N196 Préhistoire
51 km
Bonifacio

Südöstlich schließt sich der **Monte d'Oro** (2389 m) an. Viele Quellen entspringen an seinen Flanken. Das Wasser läuft mal nach Westen, mal nach Osten ab, da er zur zentralen Kammlinie gehörend eine Wasserscheide bildet. Der Weg hinauf führt durch Laricio-Kiefern- und Buchenwälder und erweist sich als eine der schönsten Bergtouren auf Korsika; sie ist jedoch lang (zehn Stunden hin und zurück ab Vizzavona) und anstrengend. Die Gipfelbesteigung empfiehlt sich nur für außerordentlich erfahrene Bergsteiger.

DER KARDINAL UND DIE KUNST

Wieder am Meer, bietet sich ein Besuch der großen Hafenstadt **Ajaccio** an. Parkmöglichkeiten für Reisemobile bestehen nur auf den Parkplätzen der Supermärkte Carrefour oder Leclerc und gegenüber bei der Tankstelle Vito. Einen ersten Überblick über die Stadt verschafft von Osten kommend der Aussichtspunkt Pointe d'Aspreto auf einem Küstenvorsprung. Das erste Ziel im Zentrum ist

AUSFLUG

COL DE PALMENTE

Die Bergtour zum Col de Palmente (1645 m; vier Stunden hin und zurück) startet an der N 193. Sie verläuft auf einem Teilstück des Fernwanderwegs GR 20, das sich auch für untrainierte Wanderer eignet. Der breite, ehemalige Hirtenweg steigt zunächst leicht an. Nach zirka 25 Minuten durch Mischwald muss man der rot-weißen Markierung des GR 20 folgen und nach links abbiegen. Nach weiteren 20 Minuten kommt ein Buchenwald, der nach einer halben Stunde durchquert ist. Später folgt dann ein steilerer Aufstieg – ebenfalls eine halbe Stunde lang – durch kahles Gebiet zu besagtem Pass (1645 m). Dieser gewährt einen schönen Ausblick auf den Monte d'Oro. Einst wanderten die Hirten vom Col de Palmente aus weiter nach Ghisoni.

Schneehauben krönen die Gipfel um Corte bis in den Frühsommer.

im Allgemeinen der Square César Campinchi neben dem Rathaus, wo allmorgendlich buntes Markttreiben herrscht.
Prächtige Palmen und Platanen beschatten die nahe gelegene Place du Maréchal-Foch, den wichtigsten Treffpunkt für Einheimische und Gäste. Der Platz öffnet sich zum Hafen hin, an der Südseite reihen sich Restaurants. Der Löwenbrunnen am westlichen Ende trägt ein Standbild von Napoleon Bonaparte, dem berühmten Sohn der Stadt. Hier beginnt auch die Rue Cardinal-Fesch, eine betriebsame Geschäftsstraße, an deren Ende das Musée Fesch Kunstfreunde aus aller Welt anlockt (Zugang von dort über den Ehrenhof). Kardinal Fesch war Erzbischof von Lyon und ein Onkel Napoleons. Er sammelte wie besessen italienische Gemälde, unter anderem große Werke von Bellini, Botticelli und Tizian – und vermachte sie der Stadt. Diese richtete später das Museum im ehemaligen Palais Fesch ein, um die Gemälde dort auszustellen. Besucher finden dort auch Bilder von Künstlern aus anderen Schulen, wie beispielsweise der spanischen oder flämischen.

Weite Strände säumen den Golf von Ventilegne.

Sartène, das nächste Etappenziel, ist nach den Worten von Prosper Mérimée (1803–1870) die »korsischste Stadt Korsikas«. Sie krönt einen Bergrücken – ein Stück weit im Landesinneren – hoch über dem Golf von Valinco. Der französische Schriftsteller zeigte sich besonders beeindruckt von ihren wehrhaft anmutenden hohen Häusern und den uralten, gelebten Bräuchen.
In Sartène regierten im Mittelalter die Grafen della Rocca mit eiserner Hand, gefolgt von herrschsüchtigen Großgrundbesitzern,

Massive hohe Häuser prägen die Altstadt von Sartène.

Bonifacios Steilküste begeistert – links der Felsen Grain de Sable.

Sgió (Herren) genannt. Häufige Piratenübergriffe erschwerten viele Jahrhunderte lang das Leben der Bewohner. So wurden etwa bei einem Überfall im Jahr 1532 fast 400 Bürger der Stadt als Sklaven verschleppt. Belebtester Platz – vor allem am Samstag, dem Markttag – ist die von Ulmen umrahmte Place de la Libération, überragt von der imposanten Kirche Sainte-Marie. In dieser sind das Kreuz und die Kette zu sehen, die am Karfreitagsumzug U Catenacciu eine zentrale Rolle spielen. Sie wiegen zusammen fast 50 Kilogramm und werden vom Hauptbüßer getragen, dem Catenacciu (Geketteten), der die Prozession anführt. Nur der Pfarrer weiß, wer sich unter dem roten Kapuzenmantel verbirgt. Der Zug bewegt sich – unablässig vom Lied »Perdono mio Dio« (»Verzeih, mein Gott«) begleitet – langsam durch die Gassen.

Von der einstigen Atmosphäre tiefer Religiosität und Bedrücktheit spürt man heute nur noch wenig: Es überwiegt die Folklore – auch das Fernsehen ist live dabei. Trotzdem ist das Spektakel sehenswert für all jene, die zu dieser frühen Jahreszeit auf der Insel unterwegs sind. Sehenswert auch das ganzjährig geöffnete Musée départemental de préhistoire corse et d'archéologie de Sartène mit antiken Fundstücken; die ältesten sind gut 11 000 Jahre alt. Sehr stark mit rund tausend Exponaten ist die Eisenzeit (800 bis 300 v. Chr.) vertreten – vor allem Schmuck, Gefäße und Waffen gibt es aus dieser Epoche zu bewundern. Das Wohnmobil parkt während einer Stadtbesichtigung auf einem der zwei gebührenpflichtigen Großparkplätze am Ortsrand.

GROTTEN UND STEILKÜSTEN

Auf der Strecke nach Bonifacio blinkt einem immer wieder von der Straße aus das Meer entgegen, wie etwa im Bereich von **Olmeto**. Den darauf folgenden **Golf von Figari** säumt ein bizarres Felsenmeer. Die Höhlen, die es dort überall gibt, waren früher bewohnt und

werden heute als Schuppen oder Ställe genutzt. Gleich am Ortseingang von **Bonifacio** liegt Camping Araguina. Falls dieser ein freies Plätzchen bietet, sollte man hier sofort Quartier beziehen, denn die schwierige Parkplatzsuche in der Stadt zehrt gehörig an den Nerven. Von Araguina aus sind es ohnehin nur ein paar Schritte zum Hafen.
Trotz der vielen Menschen, die sich auch in der Nebensaison hier um das Becken in der Unterstadt drängen, muss man den Ort an der Südspitze einfach gesehen haben. Die alten Häuser der Oberstadt erstrecken sich auf bis zu 90 Meter hohen, brüchig wirkenden und vom Meerwasser ausgewaschenen Kreidefelsen. Die spektakuläre Wohnlage beeindruckt besonders vom Boot aus, weshalb die am Kai von zahlreichen Anbietern beworbenen Schiffsfahrten wirklich sehr zu empfehlen sind. Diese verkehren von Mitte April bis Mitte Oktober.
Die Tour mit dem Thema »Grottes et Falaises« (»Grotten und Steilküsten«) dauert eine Stunde und führt unter anderem in die Sdragonato-Grotte, falls eine ruhige See dies zulässt. Auch unter optimalen Wetterbedingungen ist die Einfahrt eng und niedrig, weshalb insbesondere Hochgewachsene dabei vorsorglich den Kopf einziehen sollten. Die Decke der riesigen, sich dahinter ausbreitenden Höhle ist eingestürzt und Sonnenlicht dringt durch die Öffnung ein, was das Wasser türkis leuchten lässt. Das Loch – oh Wunder – entspricht weitgehend den Umrissen von Korsika. Ob vielleicht ein Schlitzohr mit Hammer und Meißel nachgeholfen hat? Wieder draußen, umschifft das Ausflugsboot die Grain de Sable, einen mächtigen Felsblock, der vor vielen hundert Jahren von der Steilwand abgebrochen ist. Nicht nur das Meer nagt unaufhörlich an den Klippen, sondern auch das Regenwasser dahinter, das in das Plateau eindringt und es aushöhlt.

Steigt man vom Hafen aus den breiten Treppenweg bei der Kirche Saint-Érasme hinauf, gelangt man zum Col Saint-Roch, wo sich ein prächtiger Ausblick über das offene Meer bis Sardinien eröffnet. Zur Linken erhebt sich die schon bekannte, vom Wasser umspülte Felssilhouette. Ein Weg führt von hier weiter zum Capo Pertusato, das wiederum eine herrliche Sicht auf die Altstadt bietet. Zu Fuß in die Ville Haute (Oberstadt) gelangt man über die Montée Rastello und Montée Saint-Roch oder mit dem Touristenbähnchen vom

Bonifacio
N196 Marina
Meeresgrotten
N198 Altstadt
859 32 km
Plage de Palombaggia
859 schöner Dünenstrand
N198 85 km
Aléria
N193 Musée Jérôme-Carcopino
10
107
N193 81 km
Bastia

↑ Bastion de l'Étendard, farbig in Szene gesetzt ↓ Neu gestaltete Hafenmeile in Bonifacio

↑ Alérias Kern erstreckt sich auf einem Hochplateau. ↓ Angler bei Sonnenaufgang am Strand von Camping Marina d'Aléria

Jachthafen aus. Zur Oberstadt gehören der mittelalterliche Kern und die Bastion de l'Étendard. Diese überwachte einst als zentraler Teil der Stadtbefestigung sowohl die schmale Hafeneinfahrt als auch das große Hafenbecken.
Unter den Kirchen sticht besonders die Église Saint-Dominique hervor. Das dem Dominikaner-Gründer geweihte Gotteshaus gehört zu den wenigen erhaltenen Beispielen gotischer Baukunst auf Korsika. Ein sechsteiliges Kreuzrippengewölbe überspannt das Hauptschiff. Es trägt zur außerordentlich guten Akustik bei, weshalb hier regelmäßig Konzertabende stattfinden.

EIN WENIG EXOTIK ZUM SCHLUSS

Exquisite Badefreuden verheißt der fast kitschig schöne Sandstrand **Palombaggia**. Er erstreckt sich 30 Kilometer nordöstlich von Bonifacio. Seine Einzigartigkeit rührt sowohl von den seltsamen Felsformationen, die ihn einrahmen, als auch von den Pinien, welche die Dünenkämme säumen. Exotische Gefilde lassen hier grüßen. Das Reisemobil parkt am besten, wie die vielen anderen Fahrzeuge auch, oben am Straßenrand. Ein Fußweg führt etwa bei Tamariccio hinunter zum Strand.
Nach der Plage de Fautea etwas weiter nördlich, einem ebenfalls sehr schönen weißen Strand, wird die Landschaft zusehends flacher. Es folgt die Ebene um **Aléria**, die zwar mit langen, aber weniger spektakulären Stränden aufwartet. Das Kurvenfahren hat hier ein Ende, dazu laden große, moderne Campingplätze wie Marina d'Aléria zu einem ruhigen Aufenthalt unter hohen Bäumen ein.
Die von Griechen gegründete Stadt liegt vier Kilometer vom Meer entfernt. Das antike Alalia wuchs nach und nach zum größten Einfuhrhafen der Insel heran. Auch unter den Römern entwickelte sich der Handel weiter. Doch der Zerfall des Römischen Reichs, die Ausbreitung der Malaria und ein Vandalenangriff im Jahr 456 bescherten dem Aufstieg ein jähes Ende. Den Mücken wurde inzwischen der Garaus gemacht und dank moderner Agrartechniken geht es mit der Stadt wieder bergauf. Das Fort de Matra mit dem darin untergebrachten Musée Jérôme-Carcopino, benannt nach dem korsischen Archäologen (1881–1970), zeigt Objekte aus vorrömischer und römischer Zeit. Zu den Glanzlichtern zählt die kostbare Keramiksammlung, die den steten Handel zwischen Aléria, Griechenland und Italien hervorhebt.
Meist kerzengerade verläuft die Straße zurück nach Bastia, wo es – schneller, als einem lieb ist – an der Zeit ist, »avvèdeci Corse« zu sagen, »auf Wiedersehen Korsika«.

Angelegter Steingarten im Dorf Bocca an der Südostküste

PRAKTISCHE HINWEISE

TOURISTINFORMATIONEN

Agence du Tourisme de la Corse
17, Boulevard du Roi-Jérôme, 20000 Ajaccio, Tel. 04 95 51 77 77, www.visit-corsica.com

Office de Tourisme de l'Agglomération de Bastia
Place Saint-Nicolas, 20200 Bastia, Tel. 04 95 54 20 40, www.bastia-tourisme.com

Office Municipal de Tourisme de Calvi
Port Plaisance, 20260 Calvi, Tel. 04 95 65 16 67, www.balagne-corsica.com

Office Municipal de Tourisme d'Ota Porto
Quartier la Marine, 20150 Ota Porto, Tel. 04 95 26 10 55, www.ouestcorsica.com

Office de Tourisme Centru di Corsica
La Citadelle, 20250 Corte, Tel. 04 95 46 26 70, www.corte-tourisme.com

Office de Tourisme d'Ajaccio
3, Boulevard du Roi-Jérôme, 20000 Ajaccio, Tel. 04 95 51 53 03, www.ajaccio-tourisme.com

Office Municipal de Tourisme de Bonifacio
2, Rue Fred Scamaroni, 20169 Bonifacio, Tel. 04 95 73 11 88, www.bonifacio.fr

Office de Tourisme de Porto-Vecchio
Avenue du Maréchal Leclerc, 20137 Porto-Vecchio, Tel. 04 95 70 09 58, www.ot-portovecchio.com

Office de Tourisme intercommunal de l'Oriente
80, Avenue Saint-Alexandre Sauli, 20270 Aléria, Tel. 04 95 57 01 51, www.oriente-corsica.com

Camping L'Araguina in Bonifacio – der Platz liegt sehr zentrumsnah.

Stündlich verkehren die Ausflugsboote zur Sdragonato-Grotte.

CAMPINGPLÄTZE UND STELLPLÄTZE

C 14.1 **Camping San Damiano** (S. 284 C3)
Lido de la Marana, 20620 Biguglia, Tel. 04 95 33 68 02, www.campingsandamiano.com
GPS: 42.629082, 9.467092
Gut eingerichteter Campingplatz in einem Pinienwald auf schmalem Landstreifen, der den Étang de Biguglia – das ist der größte Lagunensee Korsikas – vom Meer trennt. Die Nähe zu Bastia (5 km) macht ihn zu einer ersten Anlaufstelle auf der Insel. Eine Ankunft in den Nachtstunden für spät eingetroffene Fährgäste ist ebenfalls möglich. Ein 800 m langer Sandstrand, Freibad und Restaurant sind weitere Vorzüge. April bis Oktober.

C 14.2 **Camping le Panoramic** (S. 284 B3)
Route de Lavatoggio, 20260 Lumio, Tel. 04 95 60 73 13, www.le-panoramic.com
GPS: 42.589722, 8.848056
Terrassenlage mit hohen Bäumen, die, wie der Name sagt, einen schönen Blick auf Berge und Küste bietet. Die Gegend in der Nähe von Calvi im Nordwesten ist berühmt für ihre herrlichen Sonnenuntergänge über dem Meer. Dieses liegt 3 km entfernt, ein Freibad befindet sich am Platz. Die Zufahrt ist sehr steil. Mai bis September.

C 14.3 **Camping Bella Vista** (S. 284 B3)
Route de Pietra Maggiore, 20260 Calvi,
Tel. 04 95 65 11 76,
www.camping-bellavista.com

Saisonbeginn Anfang Mai auf Camping Marina d'Aléria

GPS: 42.552276, 8.756172
Der Campingplatz mit hohen Bäumen und vielen Oleanderbüschen ist ansprechend gelegen, zum Strand sind es zehn Minuten zu Fuß. Die Einrichtungen sind sehr gepflegt. April bis September.

C 14.4 Camping La Pinède
(S. 284 A3)
Route de la Pinède, 20260 Calvi, Tel. 04 95 65 17 80,
www.camping-calvi.com
GPS: 42.553809, 8.768882
Von Mietunterkünften geprägtes Gelände unter Pinien mit vielen Freizeitangeboten in Strandnähe, 2 km von der Altstadt entfernt. Weitere Ausstattungsmerkmale: Pool mit Rutsche und Wasser-Spray-Park, Restaurant und Supermarkt. Mai bis September.

C 14.5 Camping les Oliviers
(S. 284 A4)
Pont de Porto, 20150 Ota Porto, Tel. 04 95 26 14 49,
www.camping-oliviers-porto.com
GPS: 42.262091, 8.710079
Schön gelegener Terrassenplatz am Fluss Le Porto mit kleinen Badestellen zwischen Felsen, 3 km vom Meer entfernt. Zur Ausstattung gehört ein Saunabereich. Angeboten werden auch geführte Wanderungen. Ende März bis Anfang November.

C 14.6 Camping Acquaviva
(S. 284 B4)
Scardacciole, 20224 Calacuccia, Tel. 04 95 48 06 90,
www.acquaviva-corse.fr
GPS: 42.332965, 9.009936
Der Campingplatz mit 50 Stellplätzen erstreckt sich auf naturbelassenem Gelände auf einer Kuppe über einem Stausee. Die Zufahrt über die D 84 ist eng und kurvenreich, der Ortskern liegt 600 m entfernt. Mai bis Mitte Oktober.

C 14.7 **Camping L'Esplanade** (S. 284 B5)
D157, 20113 Olmeto-Plage, Tel. 04 95 76 05 03, www.campingesplanade.com
GPS: 41.695483, 8.888478
Ansprechend gelegener Platz (5 ha) auf Terrassen an einem steilen Hang zwischen Straße und Meer mit Blick auf die Propriano-Bucht. Restaurant und Freibad befinden sich am Platz. April bis Oktober.

C 14.8 **Camping Kévano Plage** (S. 284 B6)
Route du Bord de Mer, 20131 Pianottoli-Caldarello, Tel. 04 95 71 83 22, www.campingkevano.com
GPS: 41.472749, 9.044383
Naturbelassenes Areal mit Nischenplätzen zwischen großen Felsen. Zwischen Büschen und Bäumen hat man eine schöne Sicht auf Berge und Meer. April bis Mitte Oktober.

C 14.9 **Camping L'Araguina** (S. 284 B6)
Avenue Sylver Bonh, 20169 Bonifacio, Tel. 04 95 73 02 96, www.campingaraguina.com
GPS: 41.392186, 9.165304
Einfacher, aber extrem günstig gelegener Platz – nur wenige Schritte vom Hafen und der Altstadt entfernt. Gegenüber der Straße befindet sich noch ein weiteres (Ausweich-) Gelände mit Sanitärgebäude. April bis Mitte Oktober.

C 14.10 **Camping Rondinara** (S. 284 B6)
Route de la Plage de Rondinara, 20169 Suartone, Tel. 04 95 70 43 15, www.camping-rondinara.com
GPS: 41.472877, 9.263186
Der Campingplatz, der nur über eine schmale Straße erreichbar ist, breitet sich 10 km nördlich von Bonifacio über einer Bucht aus. Das Gelände ist von Findlingen durchsetzt. Es gibt ein Restaurant. Mitte Mai bis September.

C 14.11 **Camping Arinella Bianca** (S. 284 C5)
Bruscheto, 20240 Ghisonaccia, Tel. 04 95 56 04 78, www.arinellabianca.com
GPS: 41.995123, 9.445102
Komfortabel eingerichtete Anlage mit See. Der Sandstrand am Meer ist fein und groß. Surf- und Segelkurse zählen zum Angebot. Mitte April bis Anfang Oktober.

C 14.12 **Camping Marina d'Aléria** (S. 284 C4)
Plage de Padulone, 20270 Aléria, Tel. 04 95 57 01 42, www.marina-aleria.com
GPS: 42.111549, 9.550089
Leicht hügeliges Terrain (10 ha) in ruhiger Lage mit Eukalyptusbäumen und Pinien, direkt an einem 1 km langen, feinen Sandstrand. Ende April bis Anfang Oktober.

Traum in Blau und Türkis: Palombaggia-Sandstrand

Faszination Meeresrauschen:
Golf von Ventilegne im Inselsüden

REISEINFOS VON A BIS Z

Bei der Vorbereitung und während der Tour sind die Reiseinfos sehr hilfreich!

Ausflug zur Vogelinsel an der Côte de Granit Rose

ANREISE

Die schnellsten Verbindungen aus Norddeutschland etwa in die Normandie führen über Aachen und Belgien beziehungsweise in die Champagne über Trier und Luxemburg. Aus Süddeutschland und Österreich bieten sich sowohl der Übergang Kehl/Straßburg zur A 4 als auch die Ausfahrt am Autobahndreieck Neuenburg zur A 36 an. Über die Schweiz gelangt man via Genf über die A 40 und A 42 zur A 7, der Autoroute du Soleil, die Lyon mit Marseille verbindet. Für Wohnmobile bis 3,5 Tonnen ist auf Schweizer Autobahnen eine (normale) Vignette erforderlich, für Fahrzeuge über 3,5 Tonnen ist eine Schwerverkehrsabgabe zu entrichten (www.ezv.admin.ch).

AUTOVERKEHR

Die französischen Autobahnen sind durch blau-weiße Schilder gekennzeichnet. Etwa 75 Prozent der Strecken werden von privaten Gesellschaften betrieben und sind daher gebührenpflichtig; mautfrei sind in aller Regel die Autobahnen im Elsass, in der Bretagne und rund um die großen Städte, wie beispielsweise Lyon. Einen Gebührenrechner findet man unter www.autoroutes.fr. Eine landesweit kostenlose Alternative stellen die vom Staat gebauten und unterhaltenen Nationalstraßen (Routes Nationales) dar; sie sind grün-weiß beschildert. Auch sie haben häufig vier oder zumindest drei Spuren, das heißt eine oder zwei Richtungsfahrbahnen im Wechsel. Die Landstraßen (Routes Départementales) sind gelb markiert.
Innerorts beträgt die erlaubte Höchstge-

schwindigkeit im Allgemeinen 50 km/h (im Raum Paris neuerdings 30 km/h); sonst sind maximal 80 km/h (in manchen Départements auch 90 km/h) und auf Autobahnen 130 km/h (bei Nässe, Führerscheinbesitz weniger als 3 Jahre und über 3,5 t: 110 km/h) erlaubt, auf mehrspurigen Schnellstraßen 110 km/h beziehungsweise 100 km/h (über 3,5 t). Bereits geringe Tempoüberschreitungen werden teuer geahndet, die Strafen liegen zwischen 90 und 1500 Euro. Die Bußgeldbescheide werden auch ins Ausland versandt.
Lichtpflicht besteht bei Regen oder Schneefall sowie in Tunnels und Galerien. Das Telefonieren ist nur per Freisprecheinrichtung erlaubt (Headsets sind verboten). Straßenbahnen haben immer Vorfahrt. Gelbe Linien am Fahrbahnrand signalisieren Parkverbot. Viele Parkplätze, vor allem in touristischen Gebieten, sind für Wohnmobile durch in 1,90 oder 2 Meter Höhe angebrachte Querbalken gesperrt; es besteht aber fast immer eine Alternative auf einem ausgewiesenen Stellplatz in der Nähe oder auch ein Stück außerhalb. Das Übernachten außerhalb von Campingplätzen und markierten Stellplätzen ist nur mit Genehmigung der örtlichen Behörden erlaubt.

DIPLOMATISCHE VERTRETUNGEN

Bei schwerwiegenden Problemen ist es ratsam, sich mit der Botschaft des Heimatlandes in Verbindung zu setzen.

Botschaft der Bundesrepublik Deutschland (Ambassade de la République fédérale d'Allemagne): 13/15, Avenue Franklin Delano Roosevelt, 75008 Paris, Tel. 00 33 (0)1 53 83 45 00, www.allemagneenfrance.diplo.de/fr-de/vertretungen/botschaft.

Deutsches Generalkonsulat Marseille (Le Consulat Général d'Allemagne à Marseille): 10, Place de la Joliette – Les Docks, Hôtel de Direction, 13002 Marseille, Tel. 00 33 (0)491 16 75 20, Notfallnummer (außerhalb der offiziellen Öffnungszeiten bis 24 Uhr): Tel. 06 15 09 41 03, www.allemagne.diplo.de.

↓ Stellplatz in Champtoceaux am Loire-Ufer
↘ Schmuckes Häuschen in der Südbretagne

Österreichische Botschaft Paris (Ambassade d'Autriche à Paris): 6, Rue Fabert, 75007 Paris, Tel. 00 33 (0)1 40 63 30 63, www.bmeia.gv.at/oeb-paris.

Botschaft der Schweiz (Ambassade de Suisse en France): 142, Rue de Grenelle, 75007 Paris, Tel. 00 33 (0)1 49 55 67 00, www.eda.admin.ch/paris.

DOKUMENTE

Obwohl die Grenzkontrollen in der Regel entfallen, benötigen Bürger der EU und der Schweiz bei der Einreise gültige Papiere (Personalausweis oder Reisepass). Für Kinder bis zwölf Jahre ist ein eigenes Dokument vorgeschrieben: der Kinderreisepass. Der nationale Führerschein und der Kraftfahrzeugschein (Zulassungsbescheinigung Teil 1) sind mitzuführen. Angebracht ist ferner die Mitnahme der Grünen Versicherungskarte, ebenso einer Halterbescheinigung bei Mietfahrzeugen.

FEIERTAGE

Öffentliche Einrichtungen, Post, Banken und viele Geschäfte bleiben an diesen Tagen geschlossen: 1. Januar, 1. Mai, 8. Mai (Tag des Sieges), Christi Himmelfahrt, Pfingstmontag, 14. Juli (Nationalfeiertag; erinnert

↓ Parc de la Préhistorie in Tarascon-sur-Ariège ↗ Der Frühling hält in den Pyrenäen Einzug. ↘ Saint-Valery-en-Caux, Normandie

Am Leuchtturm Saint-Valery: Schau, hier unten!

an den Sturm auf die Bastille im Jahr 1789), 15. August (Mariä Himmelfahrt), 1. November (Allerheiligen), 11. November (Waffenstillstand Erster Weltkrieg), 1. Weihnachtstag, 2. Weihnachtstag (nur in den ehemals deutschen Gebieten im Elsass und Lothringen, ebenso der Karfreitag dort).

GESUNDHEIT

Die medizinische Versorgung ist sehr gut. Apotheken erkennt man an einem grünen, blinkenden Kreuz. Ärzteverzeichnisse findet man in den Pages Jaunes (Gelbe Seiten). Auch das Tourismusbüro, der Campingplatz und die Polizei helfen bei der Arztsuche. Für Staatsangehörige der EU- und EFTA-Länder (Mitglieder der Europäischen Freihandelsassoziation) gilt die Europäische Krankenversicherungskarte (EHIC). Die EHIC regelt die Versorgung und Kostenrückerstattung im Krankheitsfall. Ausführender Träger ist die Ortskasse für Krankenversicherung (Caisse Primaire d'Assurance Maladie).

Für eine ärztliche oder zahnärztliche Behandlung müssen die Kosten zunächst einmal selbst getragen werden. Der Arzt

↑ Fauler Hund – Stilleben, typisch für die Provence ↓ Massat (Haut-Pyrénées): Der letzte Gast ist schon lange ausgezogen.

händigt dem Versicherten daraufhin den Behandlungsvordruck »Feuille de soins (assurance maladie)« aus, mit dem man gegen Vorlage der EHIC bei der Caisse Primaire d'Assurance Maladie die Kosten erstattet bekommt. Die enorm hohen Kosten bei einem Rücktransport nach einer schweren Erkrankung oder einem Unfall im Ausland werden grundsätzlich nicht übernommen, da die gesetzlichen Krankenkassen diese Leistung nicht anbieten dürfen. Einen Rücktransport bezahlen nur private Reiseversicherungen. Es empfiehlt sich also dringend, eine Auslandsreise-Krankenversicherung abzuschließen, die alle Risiken abdeckt.

HAUSTIERE

Die Einreise mit Hunden, Katzen, Frettchen, Vögeln und anderen Kleintieren ist möglich, sofern kein Tierhandel vorliegt und die aktuellen Bestimmungen beachtet werden. Diese sind seit 2015 in der EG-Verordnung 998/2003 festgelegt, welche die bis dahin gültige EU-Verordnung 576/2013 ersetzt hat. Sie regelt die Verbringung von Heimtieren zwischen Mitgliedstaaten der EU oder aus Drittländern in die EU. Nähere Informationen dazu unter https://de.ambafrance.org/Haustiere-Einreisebestimmungen.

INFORMATIONEN

Ausführliche Tipps zum Reiseland Frankreich findet man unter http://de.france.fr. Die Französische Zentrale für Tourismus versendet auf Anfrage Informationsmaterial. Die Broschüren werden aus Frankreich verschickt, darum dauert eine Zustellung etwa vier bis fünf Werktage. Anzufordern über E-Mail unter info.de@france.fr, über die Postadresse Atout France, Französische Zentrale für Tourismus, Postfach 100128, 60001 Frankfurt oder über die Faxnummer 069/74 55 56. E-Mail-Adresse in Österreich: info.at@france.fr, in der Schweiz: info.ch@france.fr.

SICHERHEIT

Nach dem Charlie-Hebdo-Anschlag 2015 trat die Neufassung des »Plan Vigipirate« in Kraft, der die Verschärfung der Überwachung öffentlicher Anlagen insbesondere im Raum Paris vorsieht. Diese äußert sich unter anderem in der massiven Präsenz von Sicherheitskräften vor allem an Bahnhöfen und an Orten mit vielen Touristen. Es gibt jetzt nur noch die zwei Stufen »Vigilance« (Wachsamkeit) und »Alerte attentat« (bei unmittelbarer Gefahr). Die zweite Stufe beschränkt sich im Moment auf die Île de France und das Département Alpes-Maritimes, für alle anderen Regionen Frankreichs gilt bis auf Weiteres die Stufe Vigilance. In Großstädten und touristischen Zentren

Fantastische Kreideklippen in Veulettes-sur-Mer

Toulouse am Abend heißt das Leben genießen.

besteht grundsätzlich erhöhte Gefahr, bestohlen zu werden. Papiere, Bargeld und Bankkarten sollte man daher weder in der Handtasche noch in den hinteren Hosentaschen oder leicht zugänglichen Rucksackfächern verstauen. Es ist nicht empfehlenswert, Wertsachen bei Abwesenheit im Wohnmobil zurückzulassen. Sinnvoll ist, alle wichtigen Dokumente separat aufzubewahren und einen Satz Kopien bei einer Vertrauensperson zu Hause zu hinterlegen. Verlust oder Diebstahl von Ausweispapieren, Kreditkarten und Geld sind bei einem Commissariat de Police anzuzeigen, das eine entsprechende Verlust- oder Diebstahlsanzeige (Déclaration de perte/de vol) ausstellt. Besonders wichtig ist, verloren gegangene (deutsche) Bankkarten unter der zentralen Rufnummer 00 49 11 61 16 sperren zu lassen. Betroffene Österreicher oder Schweizer müssen sich bei ihrer Bank melden. Die allgemeine Notrufnummer für Polizei, Notarzt und Feuerwehr lautet 112.

Aromatischer Essig aus der »Veilchenstadt« Toulouse

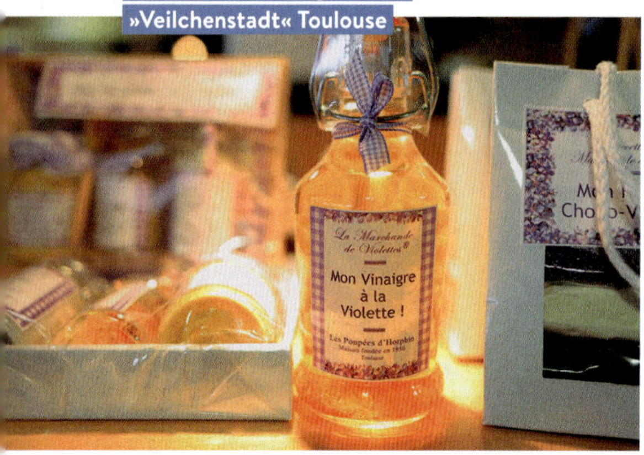

UMWELTZONEN

Seit Sommer 2016 gibt es auch in Frankreich eine Umweltplakette, sie trägt den Namen Crit´Air-Vignette. Das Ziel ihrer Einführung ist, vor allem ältere Fahrzeuge aller Art nach und nach aus den Innenstädten zu verbannen. Das zugehörige komplizierte Regelwerk sieht sechs Emissionsklassen vor. Sie gelten auch für ausländische Fahrzeuge. Ganzjährige und zeitlich begrenzte sowie emissionsbedingte Umweltzonen gibt es zurzeit unter anderem in Paris, Bordeaux, Grenoble, Nancy, Lille, Rouen, Toulouse und Strasbourg. Weitere sind in Planung; eine aktuelle Übersicht findet man im Internet unter lez-france.de. Die Feinstaubplakette ist nur online und per Kreditkarte erhältlich (certificat-air.gouvc.fr). Die Bearbeitungszeit beträgt ungefähr zwei Wochen.

↑ Im Hafen von Fécamp

↓ Per Seilrutsche (Zip-line) in Ornans über die Loue

Echt steil! Die Küste
der Normandie

PACK- UND CHECKLISTEN

Die Reise beginnt bereits beim Packen. Hilfreich sind stets Pack- und Checklisten!

CAMPING-PACKLISTE

ALLGEMEIN

DIE BORDAPOTHEKE

- ◯ Persönliche Medikamente und Salben
- ◯ Sonnenschutz und After-Sun
- ◯ Mücken- / Zeckenschutz
- ◯ Erste-Hilfe-Set / Wundpflege
- ◯ Ohrstöpsel

HYGIENE AN BORD

- ◯ Toilettenpapier
- ◯ Kosmetikartikel
- ◯ Handwaschmittel
- ◯ Hand- und Duschtücher

DER KLEIDERSCHRANK

- ◯ Kleidung für alle Einsätze
- ◯ Badesachen
- ◯ Wetterfeste Regenkleidung
- ◯ Schuhe
- ◯ Warmes, auch im Sommer

DIE AUSSTATTUNG ZUM WOHNEN AUF DEM CAMPINGPLATZ

- ◯ Essen und gemütlich sitzen
- ◯ Sonnenschutz (verspannbar)
- ◯ Windlichter und evtl. Lichterkette
- ◯ Kuscheldecke für kühle Abende
- ◯ Wäscheleine und -klammern
- ◯ Grill und Feuerschale
- ◯ Hängematte
- ◯ Strandtuch

ESSENZIELLES

- ◯ Reisepass (nur zur Sicherheit)
- ◯ Kfz-Schein
- ◯ Grüne Versicherungskarte
- ◯ Schutzbrief eines Automobilclubs oder Versicherung
- ◯ Bargeld in kleinen Scheinen
- ◯ Personalausweis
- ◯ EC- und Kreditkarten

NOTIZEN

....

....

....

....

....

....

CHECKLISTE

CAMPERKÜCHE

GRUNDAUSSTATTUNG

- ◯ Teller, Schüsseln und Schalen
- ◯ Besteck und Messer
- ◯ Trinkgefäße
- ◯ Pfannen & Töpfe

DIE KÜCHE IN VAN ODER WOHNMOBIL

- ◯ Grundausstattung Nahrungsmittel
- ◯ Gewürze, Salz, Pfeffer, Zucker
- ◯ Mülltüten (kleine und große)
- ◯ Geschirrtücher
- ◯ Aufbewahrungsdosen (stapelbar)
- ◯ Handfeger für den Innenraum
- ◯ Trinkwasser
- ◯ Ökologisches Putzmittel
- ◯ Kaffee und Tee
- ◯ Feuerzeuge für Gasherd
- ◯ Kochutensilien
- ◯ Geschirr und Besteck

PACKLISTE KÜCHE MINIMALISTISCH

- ◯ Spülmittel, 2–3 Schwämme, Stahlschwamm oder Bürste, Spülschüssel, zwei Geschirrtücher
- ◯ Schneidebrett aus Holz (auch als Untersetzer praktisch)
- ◯ großes Küchenmesser
- ◯ Messbecher mit Anzeige für Liter sowie für Mehl und Zucker in Gramm
- ◯ Taschenmesser mit Korkenzieher, Flaschen- sowie Dosenöffner, Schere
- ◯ Küchenpapier
- ◯ Alufolie oder Wachstücher
- ◯ Aufbewahrungsdose(n) für Reste
- ◯ Feuerzeug oder Streichhölzer
- ◯ Trinkflasche zum Wiederauffüllen für Ausflüge

PACKLISTE KÜCHE KOMFORTABEL

- ◯ Topflappen – zur Not nimm Handtücher
- ◯ Schneebesen
- ◯ Sieb: klein und feinmaschig
- ◯ Reibe: grob und fein
- ◯ zusätzliches Schneidebrett aus Kunststoff für bessere Hygiene
- ◯ Backpinsel
- ◯ Küchenwaage
- ◯ Knoblauchpresse
- ◯ Pfeffermühle
- ◯ Teigschaber für Bäcker/innen
- ◯ als Erweiterung zum Taschenmesser: Dosenöffner, Schere, Korkenzieher
- ◯ Gemüseschäler

PACKLISTEN FÜR ALLE FÄLLE

KINDER | WERKZEUG | BELEUCHTUNG

MIT KINDERN UNTERWEGS – WICHTIGER KINDERKRAM

- ◯ Schnorchelzeug und Flossen und / oder Schwimmhilfen, Sonnenschutz
- ◯ Neoprenanzüge machen Sinn, damit die Kids trotz kühler Temperaturen gerne und unbesorgt lange ins Wasser können
- ◯ Fahrräder, Roller, Skateboards und alles andere Sportzeug
- ◯ Kleine Boxen zum Sammeln von Fundstücken
- ◯ Großes Reisetagebuch, in dem alle mitschreiben und malen, Stifte
- ◯ Hängematte mit Mückennetz ist fast ein Garant für Mittagsschlaf
- ◯ Musik, Bücher und Hörspiele für alle
- ◯ Taschenlampen (für jedes Kind eine eigene) oder besser noch Stirnlampen, denn damit lässt sich noch einfacher im Dunklen Feuerholz sammeln oder zum Strand spazieren.
- ◯ Fernglas, Kompass, Taschenmesser
- ◯ Reisespiele und Tablet mit Spielen und Filmen

IMMER DABEI: WERKZEUG-GRUNDAUSSTATTUNG

- ◯ Ein Multitool / Bitkasten mit vielen verschiedenen Schraubenziehern, Inbus- und Steckschlüsseln
- ◯ Panzertape (gewebeverstärktes Universalklebeband)
- ◯ Eine Dose WD40 oder Ballistol Universalspray: Diese »Geheimwaffen« lösen verrostete Schrauben, schmieren die quietschende Markise oder verhindern das Vereisen der Türgummis u. Ä.
- ◯ Kfz-Sicherungen aller Art
- ◯ Sekundenkleber
- ◯ Universalzange
- ◯ Klappspaten (Befreiung aus sandigen, tiefschotterigen Untergründen)
- ◯ Hammer
- ◯ Kabelbinder und stabile Schnüre

BELEUCHTUNG ALLER ART ZUM WOHLFÜHLEN

- ◯ Eine Lichterkette bzw. ein dimmbares, kleines Licht für innen, wenn es (für die Kinder) nachts nicht stockduster sein soll
- ◯ Leselampen an allen Betten
- ◯ Kerzen bzw. Windlichter
- ◯ Lichterkette oder eine gemütliche Laterne für außen
- ◯ Gute Beleuchtung für den Campingtisch zum Spielen, Essen, Lesen
- ◯ Ein kleines Licht, das man sich auf die Trittstufe / neben den Zelteingang stellt, um im Dunkeln gut nach Hause zu finden

PACKLISTEN FÜR ALLE FÄLLE

BEHÄLTER | SAUBERKEIT

TIPP: VERSCHIEDENE BEHÄLTER AN BORD

- ◯ Ein kleiner Rucksack für die Fährfahrt, den Tagesausflug zum Sightseeing, den Stadtbummel oder das Picknick am etwas entfernten Strand.
- ◯ Einige Ziploc-Beutel, mit denen man beispielsweise das Handy gut gesichert an den Strand nehmen kann, in denen man Essen (Orangenschnitze) zum Picknick transportieren oder Reste im Kühlschrank aufbewahren kann (sehr oft verwendbar, weil leicht auswaschbar).
- ◯ Einen wasserdichten Beutel für die Handtasche oder den Rucksack, in dem man die wichtigsten Sachen deponiert, wenn man zum Beispiel eine Rafting-Tour, einen Regenspaziergang, eine Höhlenbesichtigung machen möchte.
- ◯ Kleine Müllbeutel für den täglichen Müll
- ◯ Große Müllbeutel für das schnelle Aufbewahren von nassem Badezeug oder noch feuchter Wäsche. Außerdem auch gut, um gesammeltes Feuerholz aufzubewahren.
- ◯ Einige, kleine (ineinander) stapelbare Tupperboxen für den Kühlschrank und für Kleinkram, der sich unterwegs ansammelt (Muscheln, undefinierbare Schrauben nach der Reparatur, ausgefallene Milchzähne etc.)

SAUBERKEIT SCHAFFT FRIEDEN

- ◯ Faltschüssel zum Abspülen und Wäschewaschen in den manchmal nicht so sauberen Sanitäranlagen der Campingplätze. Damit kann man außerdem gut das Geschirr transportieren.
- ◯ Öko-Allzweckreiniger oder Fensterputzmittel
- ◯ Zwei Schwämme (für Geschirr und Grobes)
- ◯ Öko-Spülmittel
- ◯ Küchenrolle
- ◯ Fußmatte (nimmt den meisten Sand und Dreck auf und kann man schnell mal ausschütteln)
- ◯ Handwaschmittel
- ◯ Zwei Geschirrtücher
- ◯ Handfeger
- ◯ Waschmittel in Einzelportionen

NOTIZEN

CHECKLISTE

FÜR EIN GEMIETETES WOHNMOBIL

Da die Kaution für ein Mietmobil nicht unerheblich und schon im kleinsten Schadensfall verloren ist, sollte das Fahrzeug vor der Übernahme genauestens überprüft werden. Vor allen Dingen der Wohnmobil-Neuling sollte sich die Funktionen ganz genau erklären lassen, um für den Urlaub gut gerüstet zu sein. Empfehlenswert ist es, folgende Checkliste mitzunehmen, Punkt für Punkt abzuhaken und vom Vermieter unterschreiben zu lassen.

AUSSEN

- ○ Beschädigungen an Karosserie, Stoßfängern, unter den Stoßfängern, auf Scheiben
- ○ Reifenzustand, evtl. einseitige Abnutzung, Luftdruck
- ○ Dach, Einschläge durch herabfallende Teile
- ○ Gepäckträger bzw. Fahrradträger auf dem Kugelkopf auf Funktion prüfen
- ○ Warntafel vorhanden
- ○ Umweltplaketten vorhanden
- ○ Markise, Abspannbänder vorhanden
- ○ Unterlegkeile

INNEN

- ○ Gereinigter Zustand
- ○ WC und Bad in Ordnung, WC-Kassette geleert
- ○ Küche sauber, Kochfeld
- ○ Besteck auf Vollständigkeit prüfen
- ○ Töpfe und Pfannen, Gläser, Geschirr
- ○ Kühlschrank auf Funktion prüfen bei a) Landstrom, b) Gas, c) Lichtmaschine automatische Umschaltung
- ○ Heizung bzw. Warmwasseraufbereitung prüfen, Boiler füllen und entleeren, Funktion des automatischen Ablasses erklären lassen
- ○ Auslasshähne im Bad, Küche auf Funktion Warm-/Kaltwasser prüfen, inkl. Duschkopf
- ○ Elektro-Sicherung und Fehlerschalter prüfen
- ○ Sitze und Möbel auf Abnutzung, bzw. Beschädigung oder Verunreinigung prüfen
- ○ Matratzen auf Sauberkeit prüfen
- ○ Campingstühle und Tisch

TECHNIK

- ○ Motoröl
- ○ Kühlflüssigkeit
- ○ Scheibenwaschwasser
- ○ Bremsflüssigkeit
- ○ 2 volle Gasflaschen
- ○ Frischwassertank
- ○ Abwassertank, Ablassventil
- ○ Funktion der Scheibenheber, Spiegeleinstellung und Rückfahrkamera
- ○ Reparaturkit für Reifen
- ○ Warndreieck, Warnwesten, Verbandskasten
- ○ Werkzeug
- ○ Kompletter Schlüsselsatz, am besten zweifach
- ○ CE-Stecker und Kabeltrommel

CHECKLISTE

BEI VERLASSEN DES CAMPINGPLATZES

AUSSEN

- ◯ Ist der Stromstecker gezogen?
- ◯ Ist die Kabeltrommel verstaut?
- ◯ Ist die Trittstufe eingefahren?
- ◯ Hast du die Fußmatte schon hineingeräumt?
- ◯ Liegt das Solarpaneel schon im Kofferraum?
- ◯ Ist die Wäscheleine eingepackt?
- ◯ Sind alle Campingmöbel im Fahrzeug verstaut?
- ◯ Hast du allen Müll vom Platz geräumt?

OBEN

- ◯ Ist die TV-Schüssel eingefahren?
- ◯ Sind die Dachboxen fest verschlossen?
- ◯ Ist das Aufstelldach geschlossen und verriegelt?

UNTEN

- ◯ Bist du von den Auffahrkeilen heruntergefahren?
- ◯ Sind die Keile auch wirklich eingepackt?
- ◯ Liegen vielleicht noch die Gummitiere unter dem Auto?

INNEN

- ◯ Fest verriegelt?
- ◯ Ist der Kühlschrank verriegelt? Bei Bedarf schon auf 12 V umgestellt?
- ◯ Sind wirklich alle Schränke und Schubladen geschlossen?

NOTIZEN

REGISTER

↑ Begegnungen: Am Loire-Ufer treffen Radfahrer auf Wanderer. ↓ Promenade in Royan – ein schier endloses Vergnügen

PS: DA FÄLLT MIR NOCH WAS EIN!

FRANKOPHILIE

Angefangen hat meine Liebe zu Frankreich vor etlichen Jahren. Dabei waren die Voraussetzungen dafür denkbar schlecht: Wir kurvten seit annähernd zwei Tagen quer durchs Land, ohne unserem Ziel, der Heimat, ein nennenswertes Stück näher zu kommen. Was war passiert? Französische Fernfahrer blockierten mit ihren quer gestellten Sattelzügen wichtige Transitrouten, um ihren Streikforderungen gehörig Nachdruck zu verleihen. Wenigstens bemühten sich einige freundliche Lastwagenlenker, uns Umwege auf der Karte zu zeigen. Doch der Maßstab des Atlas war dafür zu klein.

GASTFREUNDSCHAFT

Wenig später brach die Nacht herein und die empfohlene Straße wurde zusehends enger und holpriger und endete schließlich an der Pforte eines Weinguts. Die Chefin des Hauses trug gerade im Hof das Essen auf: geschmortes Kaninchen in einer Sauce aus Dijonsenf. Ohne zu zögern, bat die Familie die gestrandeten Wohnmobilinsassen zu Tisch. Dieser Abend ist bis heute unvergessen: Alle nahmen uns herzlich auf, dabei wurde viel gelacht – auch wegen des ein oder anderen sprachlichen Missverständnisses. Man muss einräumen, dass einem nicht überall im Land eine solche »Willkommenskultur« entgegenschlägt. Letztendlich aber haben wir uns in Frankreich immer sehr wohlgefühlt.

An eine weitere Episode erinnere ich mich ebenfalls gern: Als ich im letzten Jahr auf der Recherchereise zu diesem Buch ein Übersichtsfoto eines schönen Dorfes im Limousin machen wollte, näherte sich vom Talgrund knatternd und fauchend ein Leichtkraftwagen aus heimischer Produktion. Das Wägelchen – es erfordert keinen Führerschein – wurde am Berg immer langsamer und blieb laut aufheulend neben mir stehen. Ich dachte erst, dass mich der Herr hinterm Lenkrad um Hilfe bitten würde. Doch weit gefehlt: Er fragte mich, ob ich Hilfe benötigte, da mein Wohnmobil am Straßenrand stehe!

In diesem Sinne wünsche ich auch Ihnen stets gute Fahrt durch das wunderschöne Frankreich!

Herzlichst, Ihr

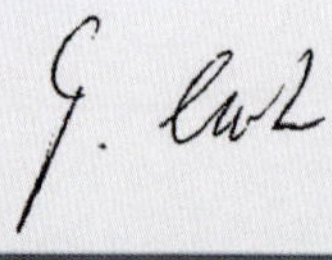

UNSER NACHHALTIGKEITSKODEX

Die Welt birgt viele Wunder, Abenteuer und spektakuläre Aussichten, die wir gerne erkunden möchten. Doch sie ist auch leicht aus dem Gleichgewicht zu bringen. Hier ein paar Tipps, wie wir unsere Welt nachhaltig entdecken können:

- **Abfall wieder mitnehmen:** Plastikverpackungen jeglicher Art, Dosen, Flaschen und Papiertaschentücher (es dauert Jahre, bis sich ein einzelnes Taschentuch vollständig abgebaut hat!) gehören nicht in die Natur, sondern artgerecht entsorgt. Dazu zählen natürlich auch Toilettenpapier und der Inhalt von (Chemie-)Toiletten. Entsprechende Entsorgungsstationen finden sich überall.

- **Ressourcen gewissenhaft nutzen:** Manche Umweltressourcen sind bereits knapp, endlich sind auf jeden Fall alle. Um sie zu schonen, sollten wir sparsam mit ihnen umgehen, gerade in Gegenden, in denen zum Beispiel Wasser oder Strom nicht im Überfluss vorhanden sind.

- **Ein guter Gast sein:** Nachhaltig unsere Umgebung zu erkunden bedeutet auch, der hiesigen Flora und Fauna mit Respekt zu begegnen. Pflanzen sollten auf keinen Fall gepflückt werden, aber sie stehen uns bestimmt gerne Modell für das eine oder andere Foto. Das Gleiche gilt für wilde Tiere: Wir füttern sie nicht, halten Abstand und beobachten sie aus der Ferne.

- **Lokal kaufen:** Dadurch lernen wir nicht nur Land und Leute besser kennen und unterstützen die regionale Wirtschaft, sondern können auch so unsere Campingküche mit frischen Produkten nachhaltig gestalten.

- **Flexibel bleiben:** Camper sind keine Rudeltiere. Wir schonen die Natur auch, indem wir einen Ort nicht geballt belasten. Einen tollen Stellplatz entdeckt? Wir behalten es für uns und teilen ihn am besten nicht mit der Öffentlichkeit. Übrigens gibt es inzwischen vielerorts auch nachhaltige Campingplätze.

- **Umweltbewusst fahren:** Reisen mit dem Auto oder Womo sind grundsätzlich umweltfreundlicher als mit dem Flugzeug, dennoch können wir noch mehr tun und zum Beispiel den Kraftstoffverbrauch minimieren, indem wir vorausschauend fahren, so wenig Last wie möglich mit uns führen und die Umgebung vor Ort mit dem Fahrrad oder zu Fuß erkunden.

- **Nur dort parken und campen, wo es erlaubt ist:** Selbst wenn wir uns noch so vorbildlich verhalten und unseren Aufenthaltsort so hinterlassen, wie wir ihn vorgefunden haben, stören wir den Lebensraum von Wildtieren und hinterlassen Spuren und Gerüche. Auch Lagerfeuer entzünden wir ausschließlich an den dafür vorgesehenen Stellen und achten dabei auf Waldbrandstufen und Naturschutzgebiete.

So wie wir die Umwelt respektieren, wollen wir auch unseren Mitmenschen und deren Kultur Respekt entgegenbringen, gerade im Hinblick auf deren Traditionen, Religion oder typische Gebräuche. So kann ein Lächeln Berge versetzen!

Herrliche Aussichten
auf Frankreichs Straßen

STRASSEN-ATLAS

Gut orientiert ist der Reisemobilist mit den Karten. Stell- und Campingplätze sind aufgeführt.

LEGENDE

1 Route 1 - WO DAS MEER UNAUFHÖRLICH AM GRANIT NAGT

2 Route 2 - KREIDEKLIPPEN, KÖSTLICHER CIDRE UND CALVADOS

3 Route 3 - DIE WIEGE DES WELTBERÜHMTEN SCHAUMWEINS

4 Route 4 - KOSTBARE KUNSTSCHÄTZE UND GESCHMÜCKTE KÜHE

5 Route 5 - DEM LIEBREIZENDEN FLUSS DER KÖNIGE FOLGEND

6 Route 6 - GENUSSTOUR ENTLANG MALERISCHER FLUSSLANDSCHAFTEN

LEGENDE

- 7 Route 7 - BEGEGNUNG MIT EINER UNBEKANNTEN SCHÖNEN
- 8 Route 8 - WELLEN, WEIN UND WÄLDER NEBEN ALTEN TRADITIONEN
- 9 Route 9 - AUF DEM WEG IN DAS GRÜNE HERZ DER GRANDE NATION
- 10 Route 10 - ALTES KULTURLAND AM FUSS GROSSARTIGER GIPFEL
- 11 Route 11 - TRAUMTOUR DURCH DAS LEGENDÄRE LAND DER KATHARER
- 12 Route 12 - AUF DER STRASSE NACH SÜDEN
- 13 Route 13 - FRÖHLICHE FRÜHLINGSFESTE AN AZURBLAUER KÜSTE
- 14 Route 14 - BLAU-WEISS-ROTE TRAUMINSEL IM MITTELMEER

A7 Autobahn mit Anschlussstelle

75 Schnellstraße

Fernstraße

Nebenstraße

Sonstige Straße

Fahrweg

Eisenbahn

Flüsse

See

Bebauung

Natur-, Nationalpark

Staatsgrenze mit Grenzübergang

C 10 Campingplätze

S 10 Stellplätze

Sehenswürdigkeit - Kultur

Sehenswürdigkeit - Natur

Kirche, Kloster

Klosterruine

Schloss

Schlossruine

Museum

Höhle

Windmühle

Leuchtturm

Hünengrab

Aussichtspunkt

Flughafen

HUBER KARTOGRAPHIE

N

0 20 km

1 : 500.000

A
B
C
D
1
2
3
4
5
6
King Arthur's Castle
Okehampton
Launceston
Camelford
Bodmin
Newquay
Redruth
Truro
St. Austell
Liskeard
Tavistock
Ashburton
Exeter
Exmouth
Torbay
Torpoint
Plymouth
Totnes
Dartmouth
Kingsbridge
Falmouth
Kynance Cove
Lizard
Bridport
Dorchester
Weymouth
Alderney
St. Peter Port
Guernsey
Sark
Channel Islands
Jersey
Golf von St-Malo
Côte de Granit Rose
Î. de Bréhat
S 1.14
C 1.12
C 1.13
S 1.11
C 1.10
S 1.18
S 1.17
S 1.16
S 1.9
C 1.8
C 1.5
C 1.7
S 1.6
S 1.4
Trégastel-Plage
Trébeurden
Perros-Guirec
Tréguier
Paimpol
Lannion
St-Michel-en-Grève
Plestin-les-Grèves
Bégard
Guingamp
Brignogan-Plages
Roscoff
L'Aber-Wrac'h
Lesneven
Château de Kerjean
Morlaix
St-Thégonnec
Landerneau
Sizun
Brest
Océanopolis
Le Conquet
Camaret-sur-Mer
Vauban-Turm
Crozon
Carhaix-Plouguer
Bretagne
St-Brieuc
Cap Frehel
Erquy
Pléneuf-Val-André
Lamballe
St-Malo
Dinard
Ploubalay
Dinan
Caulnes
Châteaulin
Douarnenez
Locronan
Pointe du Raz
Audierne
Plozévet
Quimper
Fouesnant
Concarneau
Bénodet
St-Guénolé
Le Faouët
Quimperlé
Mur-de-Bretagne
Loudéac
Pontivy
St-Méen-le-Grd.
Ploërmel
Josselin
Guer
Hennebont
Le Pouldu
Ile de Groix
Plouhamel
Auray
Vannes
Redon
280

Ärmelkanal
Baie de la Seine
Strait of Dover
Lymington
Cowes
Portsmouth
Bognor Regis
Brighton
Worthing
Newhaven
Eastbourne
Bexhill
Hastings
Dungeness
Newport
Isle of Wight
Ventnor
Boulogne-sur-Mer
Le Touquet-Paris-Plage
Berck-Plage
Cayeux-s.-M.
Eu
Dieppe
Blangy-s.-B.
S 2.1
S 2.2
S 2.3
S 2.4
S 2.5
C 2.6
S 2.7
S 2.8
S 2.9
C 2.10
S 2.11
C 2.12
C 2.13
C 2.14
S 2.15
S 2.16
S 2.17
S 2.18
S 2.19
S 2.25
C 2.26
C 2.27
S 1.20
Veulettes-sur-Mer
St-Valéry-en-Caux
Fécamp
Étretat
Goderville
Yvetot
Bolbec
Le Havre
Caudebec-en-Caux
Abbaye St-Wandrille
Abbaye de Jumièges
Abbaye de St-Georges
Pont de Tancarville
Honfleur
Deauville
Kathedrale von Rouen
Rouen
Neufchâtel-en-Bray
Tôtes
Pont-Audemer
Pont-l'Évêque
Cabourg
Brionne
Barfleur
St Vaast-la-Hougue
Valognes
Ste-Mère-Eglise
Landungsstrände
Carentan
Arromanches-les Bains
St.-Aubin-s.-M.
Ouistreham
Bayeux
Wandteppich von Bayeux
St-Lô
Villers-Bocage
Caen
Cambremer
Lisieux
Crèvecœur-en-Auge
Bernay
Evreux
Andelys
Maison et Jardin de Claude Monet
Coutances
Granville
Villedieu-les-Poêles
Vire
Falaise
Normandie
Mont-Saint-Michel
Avranches
St-Hilaire-du-Harcouët
Flers
Domfront
Argentan
Nonant-le-Pin
l'Aigle
Verneuil-sur-Avre
Dreux
Anet
Sées
Mortagne-au-P.
Châteauneuf-en-Thymerais
Kathedrale von Chartres
Chartres
Pré-en-Pail
Alençon
Fougères
Mayenne
Maine
Bellême
Nogent-le-Rotrou
Sillé-le-Guillaume
Evron
Vitré
Laval
Le Mans
Brou
Châteaudun
Janzé
la Guerche-de-Bret.
Craon
Château-Gontier
Sablé-s.-S.
St-Calais
Vendôme
Châteaubriant
A 29
A 131
A 151
A 13
A 84
A 28
A 11
A 81
E
F
G
H
1
2
3
4
5
6
12

278
281

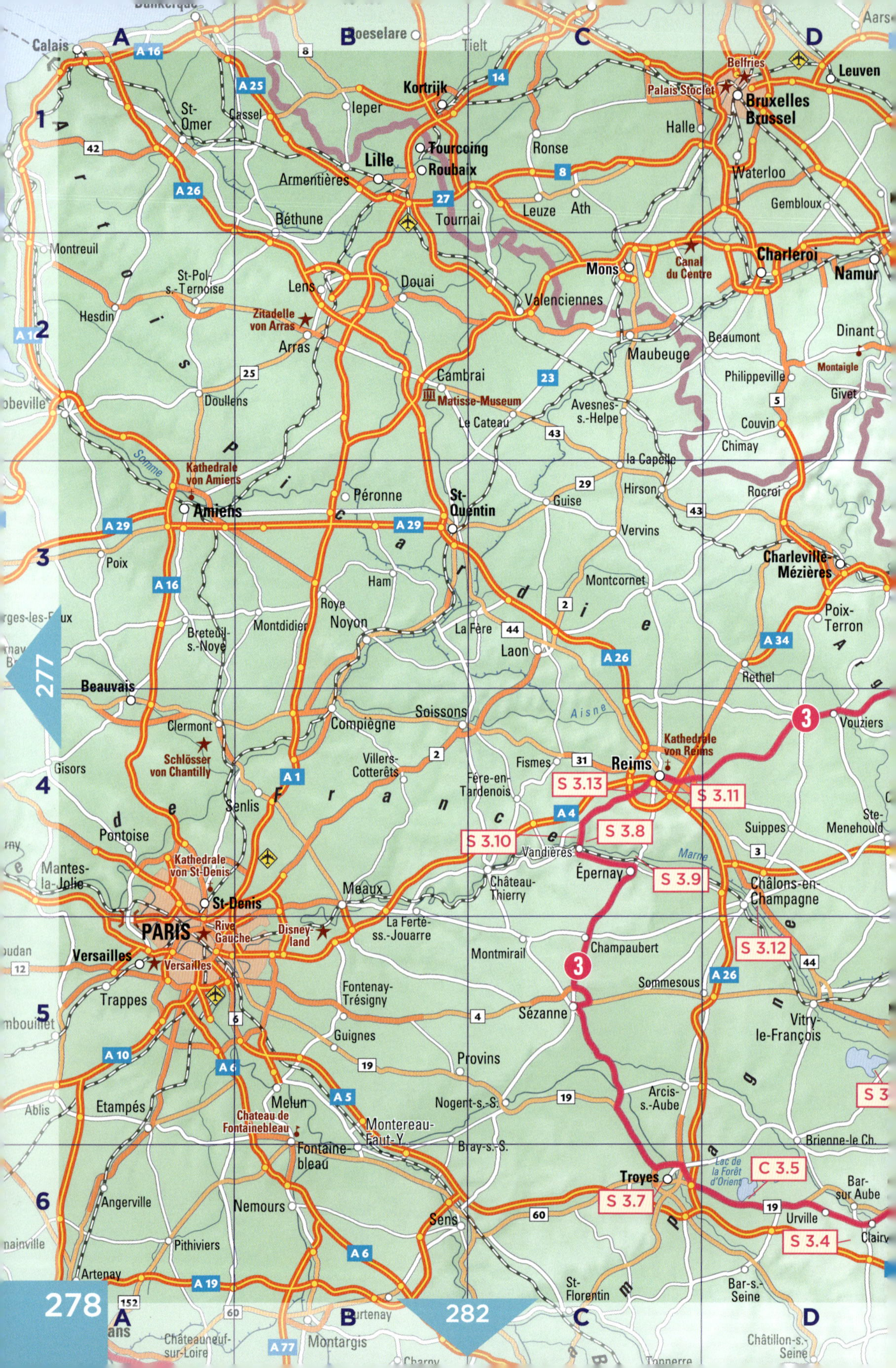
Calais
Roeselare
Tielt
Leuven
Belfries
Palais Stoclet
Bruxelles
Brussel
Kortrijk
Ieper
St-Omer
Cassel
Tourcoing
Roubaix
Lille
Ronse
Halle
Armentières
Waterloo
Gembloux
Leuze
Ath
Béthune
Tournai
Montreuil
St-Pol-s.-Ternoise
Lens
Douai
Mons
Canal du Centre
Charleroi
Namur
Hesdin
Zitadelle von Arras
Arras
Valenciennes
Beaumont
Dinant
Maubeuge
Montaigle
Philippeville
Givet
Cambrai
Matisse-Museum
Doullens
Avesnes-s.-Helpe
Le Cateau
Couvin
Chimay
la Capelle
Kathedrale von Amiens
Amiens
Péronne
St-Quentin
Guise
Hirson
Rocroi
Vervins
Poix
Ham
Charleville-Mézières
Montcornet
Roye
Noyon
Breteuil-s.-Noye
Montdidier
La Fère
Poix-Terron
Laon
Rethel
Beauvais
Soissons
Aisne
Vouziers
Clermont
Compiègne
Kathedrale von Reims
Schlösser von Chantilly
Villers-Cotterêts
Fismes
Reims
Gisors
Fère-en-Tardenois
Senlis
Ste-Menehould
Suippes
Pontoise
Vandières
Épernay
Marne
Mantes-la-Jolie
Kathedrale von St-Denis
Château-Thierry
Châlons-en-Champagne
St-Denis
Meaux
PARIS
Rive Gauche
Disney-land
La Ferté-ss.-Jouarre
Versailles
Montmirail
Champaubert
Sommesous
Trappes
Fontenay-Trésigny
Sézanne
Vitry-le-François
Guignes
Provins
Etampes
Melun
Nogent-s.-S.
Arcis-s.-Aube
Ablis
Chateau de Fontainebleau
Montereau-Faut-Y.
Fontaine-bleau
Bray-s.-S.
Brienne-le-Ch.
Lac de la Forêt d'Orient
Troyes
Angerville
Nemours
Bar-sur Aube
Sens
Urville
Clairv.
Pithiviers
Artenay
St-Florentin
Bar-s.-Seine
Montargis
Châteauneuf-sur-Loire
Châtillon-s.-Seine
Tonnerre
Charny
Beauvais
277
282
A
B
C
D
1
2
3
4
5
6
A 16
A 25
A 26
A 29
A 1
A 4
A 6
A 5
A 10
A 19
A 77
A 34
A 26
S 3.13
S 3.11
S 3.10
S 3.8
S 3.9
S 3.12
S 3.7
S 3.4
C 3.5

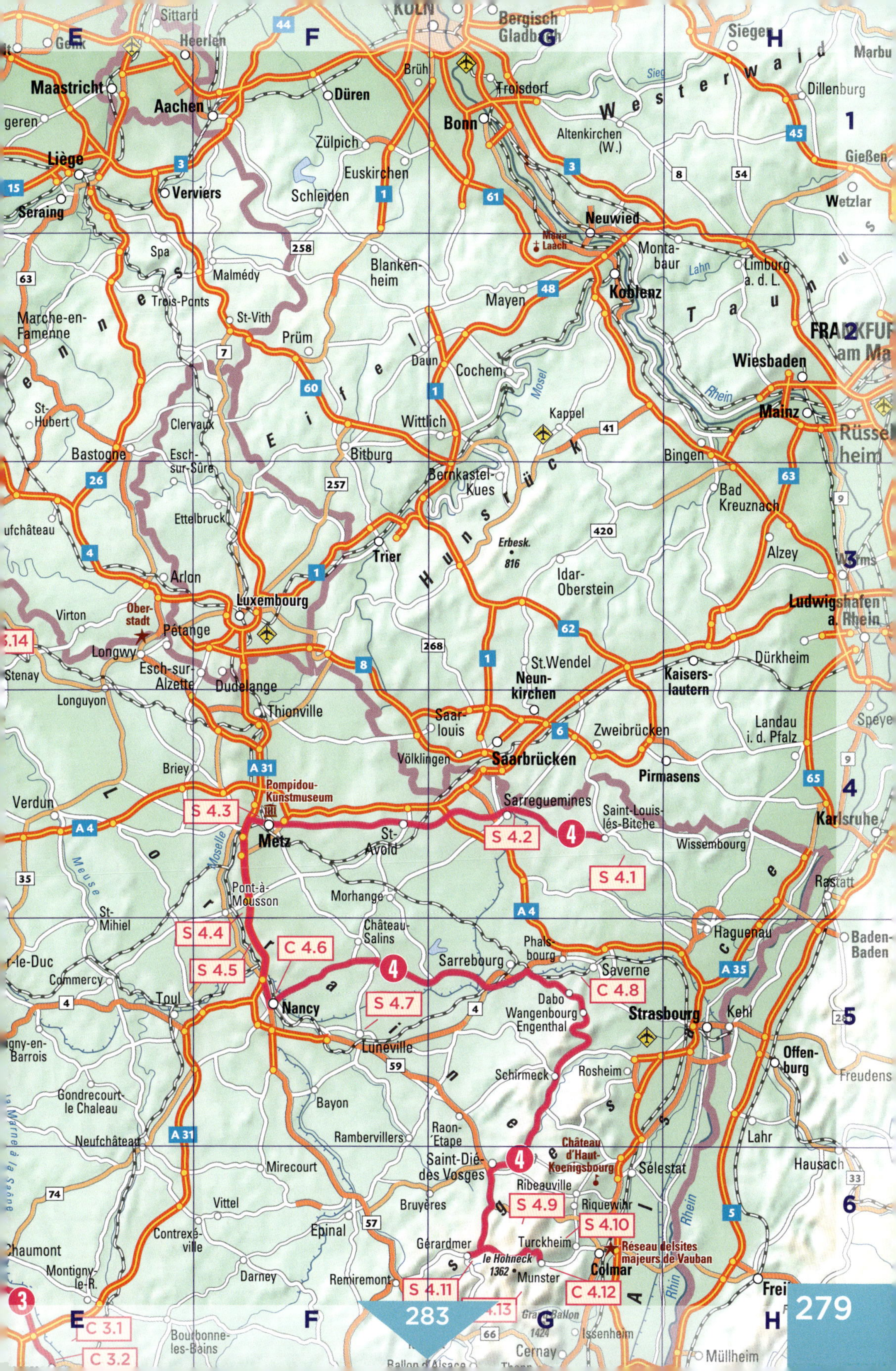
Maastricht
Aachen
Düren
Bonn
Liège
Verviers
Koblenz
Neuwied
Wiesbaden
Mainz
Trier
Luxembourg
Metz
Saarbrücken
Nancy
Strasbourg
Colmar
Kaiserslautern
Karlsruhe
S 4.1
S 4.2
S 4.3
S 4.4
S 4.5
C 4.6
S 4.7
C 4.8
S 4.9
S 4.10
S 4.11
C 4.12
Pompidou-Kunstmuseum
Château d'Haut-Koenigsbourg
Réseau des sites majeurs de Vauban
283

276
A
B
C
D
1
2
3
4
5
6
Le Pouldu
Messac
166
Ile de Groix
Plouhamel
Vannes
Redon
Vilaine
Steinreihen von Carnac
Carnac
S 1.3
S 1.2
Port Navalo
Quiberon
S 1.1
La Roche-Bernard
Blain
165
171
Pontchâteau
Le Palais
137
Belle-Île
Le Croisic
St-Nazaire
Loire
La Baule
Mindin
Nantes
Préfailles
Pornic
Noirmoutier-en-Illee
Beauvoir-sur-Mer
Challans
St-Jean-de-Monts
Île d'Yeu
160
Les Sables-d'Olonne
Talmont-St.-Hilaire
ATLANTISCHER
OZEAN
284

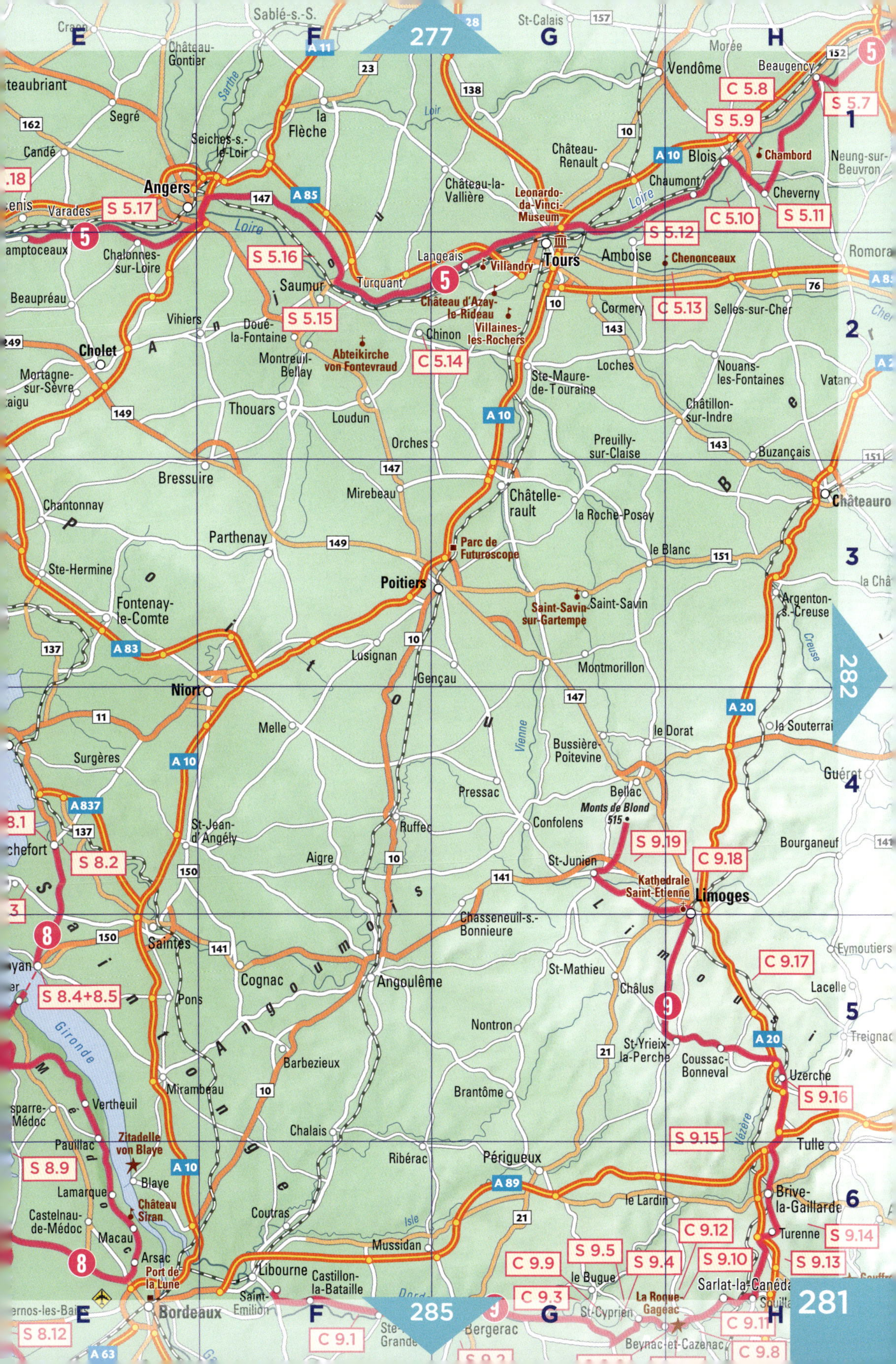

277
282
285
E
F
G
H
1
2
3
4
5
6
Château-Gontier
Sablé-s.-S.
St-Calais
Vendôme
Beaugency
Segré
la Flèche
Seiches-s.-le-Loir
Candé
Angers
Varades
Chalonnes-sur-Loire
Saumur
Turquant
Langeais
Villandry
Tours
Amboise
Chenonceaux
Blois
Chambord
Cheverny
Chaumont
Château-Renault
Château-la-Vallière
Leonardo-da-Vinci-Museum
Neung-sur-Beuvron
Beaupréau
Cholet
Mortagne-sur-Sèvre
Vihiers
Doué-la-Fontaine
Montreuil-Bellay
Abteikirche von Fontevraud
Chinon
Château d'Azay-le-Rideau
Villaines-les-Rochers
Cormery
Selles-sur-Cher
Loches
Ste-Maure-de-Touraine
Nouans-les-Fontaines
Vatan
Châtillon-sur-Indre
Thouars
Loudun
Orches
Preuilly-sur-Claise
Buzançais
Châteauroux
Bressuire
Mirebeau
Châtellerault
la Roche-Posay
Chantonnay
Parthenay
Parc de Futuroscope
le Blanc
Ste-Hermine
Poitiers
Saint-Savin
Saint-Savin-sur-Gartempe
Argenton-s.-Creuse
Fontenay-le-Comte
Lusignan
Gençay
Montmorillon
Niort
Melle
Bussière-Poitevine
le Dorat
la Souterraine
Surgères
Pressac
Bellac
Guéret
Monts de Blond 515
Confolens
St-Jean-d'Angély
Ruffec
Bourganeuf
Aigre
St-Junien
Kathedrale Saint-Étienne
Limoges
Chasseneuil-s.-Bonnieure
Saintes
Cognac
Angoulême
St-Mathieu
Châlus
Eymoutiers
Pons
Lacelle
Nontron
St-Yrieix-la-Perche
Coussac-Bonneval
Barbezieux
Mirambeau
Uzerche
Vertheuil
Brantôme
Chalais
Pauillac
Zitadelle von Blaye
Ribérac
Périgueux
Tulle
Blaye
Lamarque
Château Siran
Castelnau-de-Médoc
Macau
Coutras
le Lardin
Brive-la-Gaillarde
Turenne
Arsac
Port de la Lune
Libourne
Castillon-la-Bataille
Mussidan
le Bugue
La Roque-Gageac
Sarlat-la-Canéda
Souillac
Bordeaux
Saint-Émilion
St-Cyprien
Bergerac
Beynac-et-Cazenac
Loire
Sarthe
Vienne
Creuse
Gironde
Vézère
Isle
A 10
A 11
A 20
A 83
A 85
A 89
A 837
A 63
C 5.8
S 5.7
S 5.9
C 5.10
S 5.11
S 5.12
S 5.16
S 5.17
S 5.15
C 5.13
C 5.14
S 9.19
C 9.18
C 9.17
S 9.16
S 9.15
S 9.14
S 9.13
C 9.12
S 9.10
S 9.5
S 9.4
C 9.9
C 9.3
C 9.11
C 9.8
C 9.1
S 8.2
S 8.4+8.5
S 8.9
S 8.12

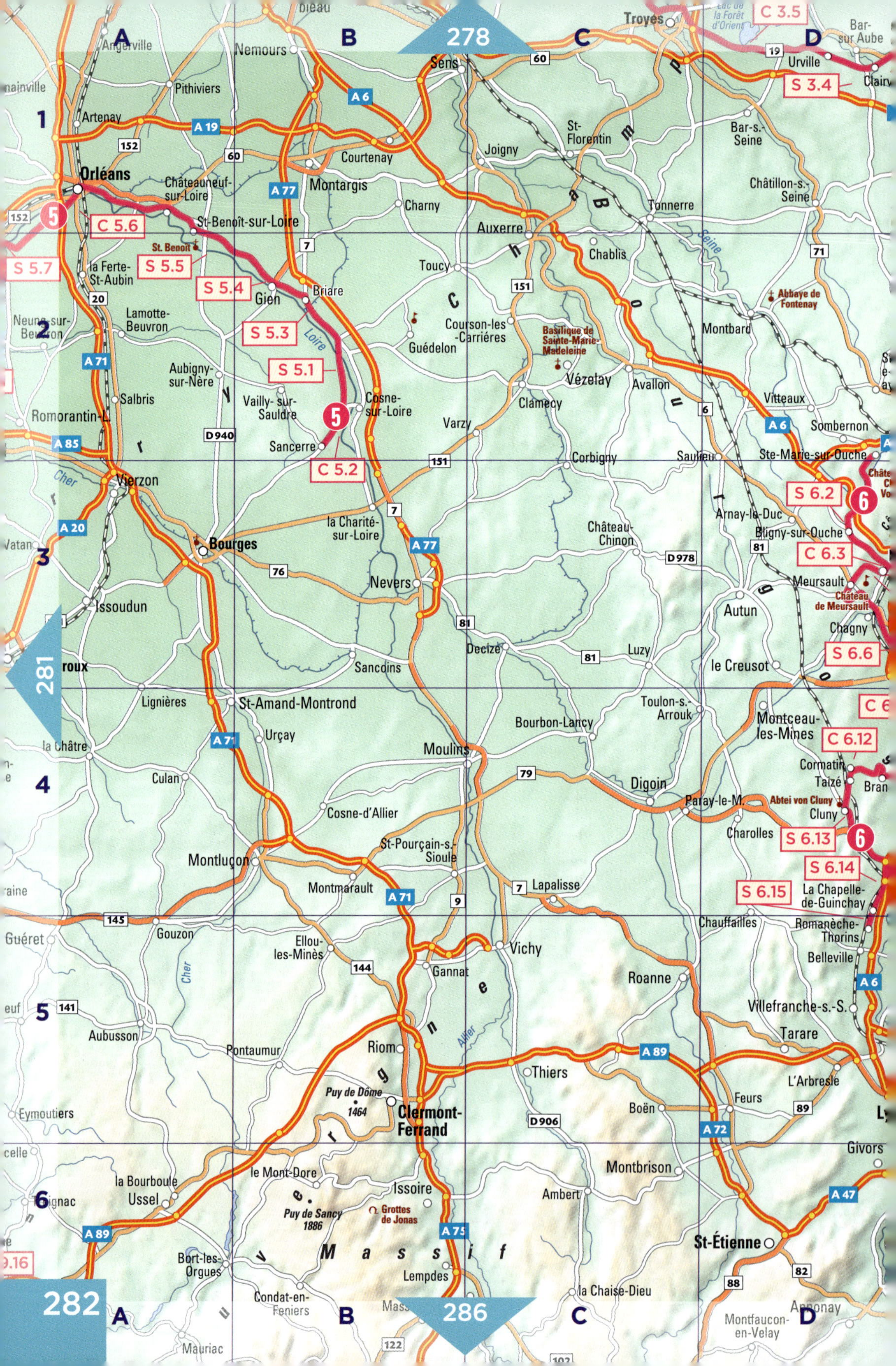
278
286
281
A
B
C
D
1
2
3
4
5
6
Troyes
C 3.5
Bar-sur Aube
Urville
S 3.4
Nemours
Sens
A 6
Angerville
Pithiviers
Artenay
A 19
152
60
Courtenay
Joigny
St-Florentin
Bar-s.-Seine
Orléans
Châteauneuf-sur-Loire
A 77
Montargis
Charny
Châtillon-s.-Seine
Tonnerre
C 5.6
St-Benoît-sur-Loire
Auxerre
St. Benoît
S 5.7
S 5.5
la Ferte-St-Aubin
7
Toucy
Chablis
71
S 5.4
Gien
Briare
151
Abbaye de Fontenay
20
Lamotte-Beuvron
S 5.3
Courson-les-Carrières
Basilique de Sainte-Marie-Madeleine
Montbard
Guédelon
A 71
S 5.1
Aubigny-sur-Nère
Vézelay
Avallon
Salbris
Vailly-sur-Sauldre
Cosne-sur-Loire
Clamecy
Vitteaux
Romorantin-L.
5
Varzy
A 6
Sombernon
A 85
D 940
Sancerre
6
Saulieu
Ste-Marie-sur-Ouche
C 5.2
151
Corbigny
Cher
Vierzon
S 6.2
A 20
la Charité-sur-Loire
Château-Chinon
Arnay-le-Duc
Bligny-sur-Ouche
Bourges
A 77
81
C 6.3
76
D 978
Nevers
Meursault
Château de Meursault
Issoudun
Autun
81
Chagny
Decize
81
Luzy
S 6.6
Sancoins
le Creusot
Lignières
St-Amand-Montrond
Toulon-s.-Arrouk
Montceau-les-Mines
la Châtre
A 71
Urçay
Bourbon-Lancy
C 6.12
Moulins
Cormatin
Culan
79
Taizé
Digoin
Abtei von Cluny
Paray-le-M.
Cosne-d'Allier
Cluny
Charolles
S 6.13
St-Pourçain-s.-Sioule
Montluçon
S 6.14
Lapalisse
7
Montmarault
A 71
9
S 6.15
La Chapelle-de-Guinchay
Guéret
145
Chauffailles
Romanèche-Thorins
Gouzon
Vichy
Ellou-les-Minès
144
Gannat
Belleville
Cher
Roanne
A 6
141
Villefranche-s.-S.
Aubusson
Tarare
Riom
Pontaumur
Allier
A 89
Thiers
L'Arbresle
Puy de Dôme 1464
Clermont-Ferrand
Boën
Feurs
89
Eymoutiers
D 906
A 72
Givors
la Bourboule
le Mont-Dore
Montbrison
Issoire
Ussel
Ambert
A 47
Puy de Sancy 1886
Grottes de Jonas
A 89
A 75
St-Étienne
Bort-les-Orgues
Massif
Lempdes
82
88
la Chaise-Dieu
Condat-en-Feniers
Annonay
Montfaucon-en-Velay
Mauriac
122
Seine
Loire

279

E
F
G
H
1
2
3
4
5
6
Mirecourt
Vittel
Contrexé-ville
Chaumont
Montigny-le-R.
Epinal
Darney
Remiremont
Gérardmer
le Hohneck 1362
Munster
Ribeauville
Riquewihr
Koenigsbourg
Sélestat
Turckheim
Colmar
Réseau des sites majeurs de Vauban
Freiburg
Feldberg 1493
S 4.9
S 4.10
S 4.11
S 4.12
S 4.13
Grand Ballon 1424
Issenheim
Rhein
Müllheim
C 3.1
C 3.2
S 3.3
Bourbonne-les-Bains
Langres
Luxeuil-les-Bains
le Thillot
Ballon d'Alsace
Cernay
Thann
S 7.1
C 7.2
S 7.3
C 7.4
Giromagny
Cité de l'Automobil
Mulhouse
Waldshut-Tiengen
Combeau-fontaine
Lure
Belfort
Altkirch
Lörrach
Basel
Brugg
Vesoul
Saône
L'Isle-sur-le-Doubs
Montbéliard
Porrentruy
Liestal
Laufen
Delémont
Olten
Aare
Gray
Rioz
Pont-de-Roide
Clerval
Baume-les-Dames
S 7.5
S 7.6
S 7.7
S 7.8
Mirebeau-sur-Bèze
Pesmes
Dijon
Doubs
Festungs-anlagen
Besançon
Tavannes
Solothurn
Bienne
Langenthal
Sursee
Auxonne
La-Chaux-de-Fonds
Morteau
Lods
Source de la Loue
Amancey
Dôle
Arc-et-Senans
Salines Royales
Seurre
Arbois
C 7.11
C 7.12
C 7.10
S 7.9
S 7.13
C 7.14
C 7.15
S 7.16
C 6.8
S 6.9
S 6.10
Neuchâtel
Lac de Neuchâtel
Boudry
Pontarlier
Burgdorf
Bern
Sarnen
Schwarzenburg
Wiggen
Langnau i.E.
Brienz
Salins-les-Bains
Payerne
Fribourg
Thun
Thunersee
Champagnole
Malbuisson
Yverdon-l. B.
Lons-le-Saunier
Mouthe
Jura
Baumes-les-Messieurs
Moudon
Boltigen
Interlaken
Grindelwald
Louhans
Cascades du Hérisson
Vufflens
Lausanne
Bulle
Kandersteg
Jungfrau 4158
Adelboden
St-Laurent-En-Grandvaux
Morges
Vineyard Terraces Lavaux
Evian
Château-d'Oex
Berner Alpen
Nyon
Lac Léman
Vevey
Montreux
Wildhorn 3248
Brig
St-Claude
Gex
Thonon
Aigle
Sierre
Simplonpass
Simplon Dorf
Ain
Rhône
Sion
Genève
Annemasse
Bellegarde-s.-V.
Ayer
Wallis
Martigny
les Haudères
M. Rosa 4634
Pont-d'Ain
Chamonix-Mt.-B.
Breuil-Cervinia
Alagna Valsesia
Annecy
Sallanches
Megève
Mt. Blanc 4807
Aosta
Chatillon
Culoz
Belley
Lac du Bourget
C. du Pt. St. Bernard 2188
Dora Baltea
Albertville
Biella
Aix-les-Bains
Bourgoin
les Abrets
Chambéry
Gran Paradiso 4061
Noasca
Ivrea
Val d'Isère
Col d'Iseran
Moûtiers
Aiguebelle
les Echelles
Bonneval-s.-Arc
Castellamonte
Voiron
Lanslebourg-Mont-Cenis
Ceres
Beaurepaire
Grenoble
St-Michel-de-Maurienne
Isère
Vizille
Susa
TURIN
A 36
A 39
A 41
A 42
A 43
A 48
A 5
A 32

287

280
A
B
C
D
1
2
3
4
5
6
ATLANTISCHER
OZEAN
Golf von
Biscaya
Mer Ligurienne
Mer
Méditerranée
Cap Corse
Col de Serra
369
Macinaggio
Rogliano
Pino
Luri
Ste-Catherine
Marine de Sisco
Mte. Stello
1307
Erbalunga
Nonza
Golfe de St-Florent
Bastia
Bicca di Vezzu
St-Florent
Anc. Cath. de Nebbio
C 14.1
312
Sto-Pietro-di-Tenda
Oletta
368
Etang de Biguglia
L´Île Rousse
Lozari
Algajola
St. Antonino
C 14.4
Belgodère
Mte. Asto
1535
Col de S.-Stefano
Pietralba
Murato
Calvi
C 14.2
Casamozza
N. D. de la Serra
Castifao
Golo
C 14.3
Vescovato
Mte. Padro
2393
Asco
Folelli
14
Ponte Leccia
Haut-Asco
Galéria
Fango
Mte. Cinto
Parc
Francardo
Mte. S. Petrone
1767
Piedicroce
Réserve Naturelle de Scandola
2707
Girolata
Calacuccia
Soveria
Cervione
Golfe de Girolata
Col de la Croix
272
Corte
14
C 14.6
Moïta
Golfe de Porto
Porto
Piana
Naturel
Capo Rosso
Evisa
Mte. Rotondo
Venaco
Piedicorte-di-Gaggio
Bravone
C 14.5
2622
Vezzani
St-Roch
Vico
Soccia
Vivario
Col de Sorba
Mte. d'Oro
2389
1311
Tavignano
Cateraggio
Cargèse
Salice
Sagone
Sari-d'Orcino
Bocognano
Mte. Renoso
Ghisoni
C 14.12
Golfe de Sagone
Tiuccia
14
2352
St-Antoine
Aléria
Chateau de la Punta
Maison Bonaparte
Bastelica
Col de Verde
1289
Ghisonaccia
Gravona
750
Prunelli-di-Fiumorbo
Capo di Feno
Ocana
C 14.11
Ajaccio
Régional
Pointe de la Parata
Cauro
Zicavo
Chisa
Travo
Porticcio
de la
Ste-Maria Siché
Mte. Incudine
2136
Solenzara
Golfe d'Ajaccio
1187
Col de Bavella
Petreto-Bicchisano
1218
Aullène
Acqua-Doria
C 14.7
Zonza
Cucuruzzu
Bocca d'Illarata
991
Porto Pollo
Olmeto
Levie
Golfe de Valinco
Corse
Pinarellu
Propriano
L'Ospédale
Castellu d'Araghju
Sartène
Ortolo
Belvédère-Campomoro
Golfe de Porto-Vecchio
Pta. d'Ovace
1339
Porto-Vecchio
Alignements de Palaggiu
Orasi
Tizzano
Pianottoli-Caldarello
Sotta
Mégalithes de Cauria
107
C 14.10
C 14.8
14
Golfe de Ste-Manza
Bonifacio
Grotte du Sdragonato
C 14.9
Capo Pertusato
St-G
C
Hoss
Capb
S 8.17
Bayonne
C 8.18
Donostia/ S. Sebastián
S 8.19
St-J
Irun
la Rhune
900
A 8
S 8
Tolosa
N I
A 15
Mugairi
1427
N 121
Alsasu
N 240
Irurzun
Pamp
Iruñe
Lizarra/ Estella
A 12
N 2
N 111
Tafalla
N 121
Calahorra
Arnedo
AP 15
R. Aragón
Alfaro
Grávalos
Tudela

281
286
E
F
G
H
1
2
3
4
5
6
S 8.9
S 8.10
S 8.12
S 8.13
S 8.21
8
9
10
S 9.15
C 9.1
S 9.2
C 9.3
S 9.4
S 9.5
S 9.6
S 9.7
C 9.8
C 9.9
S 9.10
S 9.11
C 9.12
S 10.1
S 10.2
S 10.3
C 10.4
C 10.5
S 10.7
S 10.9
S 10.10
C 10.11
S 10.12+10.13
S 10.14
C 10.15
S 11.1
Pauillac
Zitadelle von Blaye
Blaye
Lamarque
Castelnau-de-Médoc
Château Siran
Macau
Lacanau
Arsac
Port de la Lune
Bordeaux
Andernos-les-Bains
Biganos
Coutras
Libourne
Castillon-la-Bataille
Saint-Emilion
Mussidan
Chalais
Périgueux
Isle
Dordogne
Ste-Foy-la-Grande
Bergerac
le Lardin
Brive-la-Gaillarde
Turenne
le Bugue
St-Cyprien
La Roque-Gageac
Sarlat-la-Canéda
Souillac
Beynac-et-Cazenac
Castillonnès
Villefranche-du-Périgord
Fumel
Lot
Cahors
Garonne
la Réole
Langon
Marmande
Bazas
Belin-Béliet
Biscarrosse
Parentis-en-Born
Sore
Casteljaloux
Villeneuve-s.-Lot
Aiguillon
Labouheyre
Mimizan
Houeillès
Agen
Nérac
Baïse
Moissac
Caussade
Sabres
Roquefort
Mont-de-Marsan
St-Justin
Condom
Lectoure
Montauban
Tartas
Adour
Fleurance
Grisolles
St-Sever
Dax
Aire-s.-l'Adour
Nogaro
Auch
L'Isle-Jourdain
Aubiet
Peyrehorade
Orthez
Salies-de-Béarn
Mirande
Villefranche-de-Lauragais
Lombez
Muret
Mauléon-Licharre
Vic-en-Bigorre
Trie-s.-B.
Boulogne-s.-Gesse
Pau
Tarbes
Oloron-Ste-Marie
Louvie-Juzon
Grotte de Médous
Grotte de Bétharram
Lourdes
Montréjeau
St-Martory
Pamiers
Pic d'Orhy
2017
St-Bertrand-de-Commings
St-Gaudens
Saint-Lizier
Foix
Isaba
Argelès-Gazost
Urdos
Cauterets
Arreau
Massat
Cirque & Wasserfall
Luz-St-Sauveur
La Mongie
Tarascon-sur-Ariège
Gavarnie
Bagnères-de-Luchon
Aulus-les Bains
Sigüés
Villanúa
3355
Vielha
M. Perdu/ M. Perdido
Parzán
P. de Aneto
3404
Jaca
Sabiñánigo
Benasque
Vall de Boí
Llavorsí
Andorra la Vella
Triste
Bernués
Pont de Suert
Vall de Madrin Perafita-Claror
Ainsa
R. Cinca
R. Esera
Ayerbe
R. Gállego
Ejea de los Caballeros
Graus
Benabarre
Tremp
Huesca
Barbastro
A 10
A 89
A 63
A 62
A 65
A 20
A 64
A 66
A 23
A 138
A 132
N330
N230
N260
D933
21
124
134
125
117
20

282
285
A
B
C
D
1
2
3
4
5
6
Tulle
Condat-en-Feniers
Brioude
la Chaise-Dieu
Montfaucon-en-Velay
Brive-la-Gaillarde
Argentat
Mauriac
Murat
Langeac
le Puy-en-Velay
Turenne
S 9.14
S 9.13
Gouffre de Padirac
St-Flour
Le Monastier-s.-Gazeille
1754
Souillac
Rocamadour
St-Céré
Aurillac
Chaudes-Aigues
Mézilhac
9.11
9.8
Gramat
Central
St-Chély-d'Apcher
Langogne
Abbaye de Ste-Foy
Entraygues-s.-Truyère
A 75
Marvejols
Figeac
Decazeville
Conques
Espalion
Mende
Aubenas
Cajarc
Lot
Villefort
Cévennes
Ste-Enimie
C 11.4
C 11.2
C 11.6
A 20
Rignac
Rodez
Séverac-le-Château
Gorges du Tarn
Florac
C 11.1
St-Paul-le-Jeune
Villefranche-de-Rouergue
la Primaube
Point Sublime
La Malène
C 11.3
Avend' Orgnac
C 11.7+C 11.8
Grotte de Gargilan
Bagnols-
Caussade
Laguépie
Aguessac
Meyrueis
Corniche de Cévennes
Alès
S 11.13
11
Viaduc de Millau
Millau
C 11.5
Tarn
Cordes-sur-Ciel
Carmaux
Réquista
C 11.9 + C 11.10
Musée Toulose-Lautrec
le Vigan
Sauve
Gaillac
Albi
C 11.12
St-Sernin-s. R.
St-Affrique
Ganges
Grottes des Demoiselles
Nîmes
S 11.14
S 11.11
A 680
A 75
Lodève
Lautrec
Lavaur
C 11.15
Lacaune
A 9
Lunel
Toulouse
Bédarieux
Gignac
Montpellier
Caraman
Castres
St-Pons-de-T.
Villefranche-de-Lauragais
Revel
Mazamet
Pézenas
Stes-Maries-de-la-Mer
Languedoc
S 11.16
Castelnaudary
A 61
Canal du Midi
Béziers
Sète
S 11.18
Carcassonne
Agde
A 66
Canal du Midi
Narbonne
A 9
S 10.6
S 11.19
C 11.17
A 61
Pamiers
C 11.20
Lagrasse
Golf von Lion
Mirepoix
Limoux
Villerouge-Termenès
Port-la-Nouvelle
Mouthoumet
Foix
Couiza
A 9
S 11.21
C 10.8
Quillan
Tarascon-s.-Ariège
D 117
Estagel
St-Laurent-de-la-Salanque
St-Paul-de-Fenouillet
10.9
Axat
S 11.22
Perpignan
Ax-les-Thermes
Prades
S 11.24
Argelès-sur-Mer
l'Hospitalet
Font-Romeu
Villefranche-de-Conflent
le Boulou
C 11.23
Collioure
Mont-Louis
le Perthus
Puigcerda
Bourg-Madame
la Preste
Cerbère
La Jonquera
Portbou
N 260
R.Segre
N 152
Cadaqués
Ripoll
Figueres/Figueras
Roses
Empùries
Olot
L'Escala
122
102
120
140
806
88
140
88
106
88
106
112
126
112
20
116

Grenoble
St-Michel-de-Maurienne
TURIN
Susa
Vizille
la Grave
Festungsanlagen
Briançon
Sestriere
Pinerolo
Valence
Romans-s.-Isère
Massif du Pelvoux
les Ecrins 4102
Carmagnola
Beaufort-sur-Gervanne
Corps
Abriès
Die
Crest
la Croix-Haute
Guillestre
3841 M. Viso
Saluzzo
Savigliano
Gap
Lac de Serre Ponçon
Prazzo
Cleon-d'Andran
Aspres-s.-Buëch
Barcelonnette
Argentera
Serres
Grignan
Nyons
Durance
Mondovi
Col de la Bonette
Limone-Piemonte
St-Etienne-de-Tinée
Vaison-la-Romaine
Mt. Ventoux 1909
Sisteron
Orange
Malaucène
Flassan
Digne-les-Bains
Guillaumes
Tende
Carpentras
Bédoin
Sault
Villes-sur-Auzon
Château-Arnoux
St-André-les-Alpes
Gorges de Daluis
Annôt
Breil-sur-Roya
Pernes-les-Fontaines
Forcalquier
Barrême
Plan-du-Var
Fondation Maeght
Ménerbes
Apt
Castellane
St-Paul-de-Vence
Menton
Monaco
Cavaillon
Grand Canyon du Verdon
Nice
Salon-de-Pr.
Vinon-s-Verdon
Grasse
Antibes
Tavernes
Cannes
Aix-en-Provence
Draguignan
Le Trayes
Fréjus
Martigues
Gardanne
St-Maximin-la-Ste-Baume
Le Luc
Brignoles
St-Raphaël
Ste-Maxime
Carro
MARSEILLE
Aubagne
La Môle
St-Tropez
Cogolin
Toulon
Cavalaire-sur-Mer
Bormes-les-Mimosas
la Ciotat
Hyères
la Seyne-s.-M.
Giens
Îles d'Hyères
MITTELMEER
C 12.1
C 12.2
C 12.3
C 12.4
C 12.5
C 12.6
S 12.7
C 12.8
S 12.9
C 12.10
C 12.11
S 12.12
S 12.13
S 12.14
S 12.15
C 12.16
S 12.17
C 12.18
C 12.19
S 12.20
S 13.1
C 13.2
S 13.3
S 13.4
S 13.5
C 13.6
C 13.7
C 13.8
S 13.9
S 13.10
C 13.11
C 13.12+13.13
12
13
A 7
A 49
A 51
A 8
A 50
A 57
A 32
A 6
A 33
E
F
G
H
1
2
3
4
5
6

IMPRESSUM

Verantwortlich: Kerstin Thiele, Tabea Rheinert
Lektorat: Michaela Zelfel
Layout- und Reihengestaltung: Mathias Frisch
Satz: Eva-Maria Klaffenböck
Repro: Cromika / LUDWIG:media
Kartografie: Heidi Schmalfuß, Huber Kartographie
Herstellung: Alexander Knoll
Printed in Poland by CGS Printing

Exklusiv für Sie als Leser:

MIT GPS-DATEN ZUM DOWNLOAD

unter: gps.bruckmann.de

★★★★★

Sind Sie mit diesem Titel zufrieden? Dann würden wir uns über Ihre Weiterempfehlung freuen.
Erzählen Sie es im Freundeskreis, berichten Sie Ihrem Buchhändler, oder bewerten Sie bei Onlinekauf. Und wenn Sie Kritik, Korrekturen, Aktualisierungen haben, freuen wir uns über Ihre Nachricht an Bruckmann Verlag, Postfach 40 02 09, D-80702 München oder per E-Mail an lektorat@verlagshaus.de.

Unser komplettes Programm finden Sie unter www.bruckmann.de

In diesem Buch wird aus Gründen der besseren Lesbarkeit das generische Maskulinum verwendet. Weibliche und anderweitige Geschlechteridentitäten werden dabei ausdrücklich mitgemeint, soweit es für die Aussage erforderlich ist.

Bildnachweis: Alle Abbildungen des Umschlags und des Innenteils stammen vom Autor, mit Ausnahme der Karte auf S. 8 (Shutterstock/Gantar Prihandoko08).
Umschlagvorderseite: Saint-Raphaël an der Côte d'Azur
Umschlagrückseite: Küstenstraße bei Porto, Korsika

Thomas Cernak dankt Thomas Schmidt von der Französischen Zentrale für Tourismus Atout France, Caroline Ducasse und Ralph Schetter von Ducasse & Schetter PR, Reinhard Ilg von northern lights text & Kommunikation, Eckhard Kloth von Corsica Ferries sowie Thomas Jerzembeck und Thomas Neubert vom Hobby-Wohnwagenwerk für ihre Unterstützung.

Die Deutsche Nationalbibliothek verzeichnet diese Publikation in der Deutschen Nationalbibliografie; detaillierte bibliografische Daten sind im Internet über http://dnb.d-nb.de abrufbar.

Vollständig überarbeitete Neuauflage

Infanteriestraße 11a
80797 München

ISBN: 978-3-7343-3067-4

Originalausgabe mit dem Titel »Frankreich mit dem Wohnmobil«
ISBN: 978-3-7343-0933-5